ULLSTEIN

Die Autorin

Louise L. Hay begann ihre Arbeit, als sie bei der Selbstheilung ihrer eigenen Krebserkrankung erfuhr, welche Bedeutung eine positive Lebenseinstellung für den Heilungsprozess haben kann. Ihre ersten Bücher stellten in den achtziger Jahren eine Revolution für das Selbstverständnis von Aids- und anderen Schwerstkranken dar. Seitdem hat sie mit ihrer Methode der positiven Selbstbeeinflussung mehr als 40 Millionen Menschen in über 30 Ländern der Welt geholfen. Um ihr Werk ist mit Hay House ein eigener Verlag entstanden, der heute in den USA zu den wichtigsten Vorreitern alternativer Gesundheitslehren und eines neuen humanen Umgangs mit menschlichen Problemen gehört. Ihr Name wurde zum Synonym für die Aktivierung von Selbstheilungskräften zur Unterstützung jeder ärztlichen Therapie. Sie lebt in Kalifornien.

Von Louise L. Hay sind in unserem Hause erschienen:

Gesundheit für Körper und Seele
Balance für Körper und Seele
Wahre Kraft kommt von Innen
Die Kraft einer Frau
Das große Buch der heilenden Gedanken
Die innere Ruhe finden
Du bist Dein Heiler!
Das Leben lieben
Du selbst bist die Antwort
Das große Buch der wahren Kraft

Louise L. Hay

Du selbst bist die Antwort

Botschaften an Ratsuchende

Aus dem Amerikanischen übertragen
von Thomas Görden

W. Gärtner

Ullstein

Besuchen Sie uns im Internet:
www.ullstein-taschenbuch.de

Ullstein Esoterik
Herausgegeben von Michael Görden

Aus dem Amerikanischen von Thomas Görden

Titel der Originalausgabe
LETTER TO LUISE
Erschienen bei Hay House, Inc., Carlsbad, California, USA

Umwelthinweis:
Dieses Buch wurde auf chlor- und säurefreiem Papier gedruckt.

Ullstein ist ein Verlag der Ullstein Buchverlage GmbH, Berlin.
Neuausgabe
1. Auflage Dezember 2004

Umschlaggestaltung: FranklDesign, München
Titelabbildung: Shivananda Ackermann
Gesetzt aus der Palatino
Satz: Leingärtner, Nabburg
Druck und Bindearbeiten: Ebner & Spiegel, Ulm
Printed in Germany
ISBN 3-548-74185-1

Inhalt

Einleitung

von Louise L. Hay

In diesem Buch finden Sie eine Auswahl der Briefe, die ich im Lauf der Jahre erhalten und in meiner in zahlreichen Ländern erscheinenden Kolumne beantwortet habe. In den Briefen werden wichtige Sorgen und Probleme in vielen Lebensbereichen geäußert. Fast alle Menschen, die mir geschrieben haben, wollten sich – und ihre Welt – auf die eine oder andere Weise verändern. In meinen Antworten habe ich versucht, als ein Katalysator zu dienen, der ihnen bei der Erreichung dieser Ziele hilft. Ich möchte für meine Leser ein Trittstein auf ihrem Weg der Selbstentdeckung sein. Indem ich Menschen lehre, sich selbst zu lieben, schaffe ich einen Raum, wo Menschen lernen können, wie wunderbar sie sind. Das ist alles, was ich tue. Ich bin keine Heilerin. Ich bin jemand, der Menschen unterstützt, der Hilfestellungen gibt. Ich helfe ihnen, ihre persönliche Macht, ihre innere Weisheit und ihre Stärken zu entdecken, und ich helfe ihnen, Blockaden und Hindernisse aus dem Weg zu räumen, damit sie sich selbst lieben können, wie auch immer die äußeren Lebensumstände aussehen mögen.

Vielleicht werden Sie auf diesen Seiten Aspekte Ihrer eigenen Persönlichkeit wieder finden. Ich bin davon überzeugt, dass wir uns selbst und unsere Probleme in einem neuen Licht sehen, wenn wir von den Herausforderungen und Schwierigkeiten lesen, mit denen andere Menschen konfrontiert sind. Manchmal können wir das, was wir von anderen lernen, dazu benutzen, in unserem eigenen Leben Veränderungen herbeizuführen. Ich hoffe, dieses Buch kann Ihnen die Einsicht vermitteln, dass Sie über eine innere Kraft verfügen, die es Ihnen ermöglicht, sich zu ändern und selbstständig Lösungen für Ihre Probleme zu finden – dass es sich also lohnt, in sich »hineinzuhorchen« und von dort Antworten zu erwarten.

Affirmationen, Spiegelarbeit und Visualisierungen sind Hilfsmittel, die Sie dabei einsetzen können.

Denjenigen unter Ihnen, die mit der segensreichen Wirkung positiver Affirmationen noch nicht vertraut sind, möchte ich gerne kurz erläutern, was es damit auf sich hat. Alles, was Sie sagen oder denken, ist im Grunde eine Affirmation. Vieles von dem, was wir normalerweise sagen und denken, ist ziemlich negativer Natur und bringt keine guten Erfahrungen hervor. Wenn wir unser Leben ändern wollen, müssen wir die Angewohnheit entwickeln, auf positive Weise zu denken und zu sprechen.

Wenn wir sagen, dass wir Affirmationen anwenden, ist damit gemeint, dass wir bezüglich einer Sache, die wir in unserem Leben gerne ändern wollen, eine positive Feststellung treffen. Allzu oft sagen wir: »Ich will dieses und jenes nicht in meinem Leben haben«, vergessen dabei aber, klar zum Ausdruck zu bringen, was wir uns stattdessen wünschen. Wenn wir sagen: »Ich will nicht mehr krank sein«, gibt das unserem Körper kein klares Bild der Gesundheit, die wir uns vorstellen. Ebenso wenig verhilft uns die Feststellung: »Ich hasse diesen Job« zu einer neuen, besseren Arbeit. Um die von uns gewünschten neuen Erfahrungen herbeizuführen, müssen wir klar benennen, was wir wollen.

Affirmationen sind wie Samen, die wir aussäen. Zuerst keimen sie, dann bilden sie Wurzeln aus und schließlich wachsen sie üppig in die Höhe. Vom Samenkorn zur voll entwickelten Pflanze braucht es einige Zeit. So ist es auch mit Affirmationen. Von der ersten Verkündung des gewünschten Resultates bis zu dessen Manifestation vergeht einige Zeit. Haben Sie also Geduld.

Spiegelarbeit ist ein weiteres wertvolles Hilfsmittel. Spiegel enthüllen uns die Gefühle, die wir uns selbst gegenüber hegen. Sie spiegeln uns jene Bereiche wider, die wir verändern müssen, wenn wir ein freudvolles, erfülltes Leben führen möchten. Am wirkungsvollsten sind Affirmationen, wenn wir sie laut aussprechen und dabei in einen Spiegel schauen. Ich rate den Leuten, jedes Mal, wenn sie an einem Spiegel vorbeikommen, ihrem Spiegelbild in die Augen zu schauen und etwas Positives über sich selbst zu sagen. So werden sie sich sofort aller inneren Widerstände bewusst und können sich rascher weiterentwickeln.

Visualisierungen ermöglichen es uns, unsere Phantasie zur Erreichung unserer Ziele einzusetzen. Einfach ausgedrückt, stellen Sie sich die von Ihnen gewünschten Veränderungen bildhaft vor. Wenn Sie sich zum Beispiel ein neues Zuhause wünschen, stellen Sie sich ein Haus oder eine Wohnung vor, die genau so sind, wie Sie es sich wünschen, wobei Sie möglichst präzise sein sollten. Sehen Sie dann den bereits erreichten Zustand genau vor sich. Bekräftigen Sie, dass Sie das Gewünschte verdienen. Malen Sie sich lebhaft aus, wie Sie in Ihrem neuen Zuhause wohnen und wie Ihr Alltag dort aussieht. Stellen Sie sich das alles so klar und deutlich vor, wie Sie können, in dem Bewusstsein, dass Visualisierungen etwas ganz Leichtes und Natürliches sind, bei dem Sie nichts falsch machen können. Praktizieren Sie Ihre Visualisierungen häufig und überlassen Sie es dem universalen Geist, für die Resultate zu sorgen. Bitten Sie darum, dass sich alles zu Ihrem höchsten Wohl manifestieren möge. Kombiniert mit positiven Affirmationen, sind Visualisierungen eine außerordentlich wirkungsvolle Methode, Ihre Lebensqualität zu verbessern.

Denken Sie daran, dass wir mit Hilfe von Affirmationen, Spiegelarbeit und Visualisierungen zu der Einsicht gelangen, dass die Antworten tatsächlich *in uns* liegen.

Ich habe die Briefe in diesem Buch bestimmten (alphabetisch aufgeführten) Kategorien, wie etwa »Ängste und Phobien«, »emotionale Probleme«, »Gesundheit« usw., zugeordnet. Jede Kategorie bildet ein Kapitel, insgesamt sind es zwanzig. Jedes Kapitel beginnt mit einer Meditation und endet mit Affirmationen, die Ihnen helfen, innere Stärke zu finden. Am Ende des Buches sind Lektüreempfehlungen und Selbsthilfeadressen aufgelistet, als zusätzliche Angebote für Ihr persönliches Wachstum und zur Vertiefung der angesprochenen Themen.

1. KAPITEL

Ängste und Phobien

In jedem Augenblick meines Lebens habe ich die Wahl zwischen Liebe und Angst. In Augenblicken der Angst erinnere ich mich an die Sonne. Sie scheint unaufhörlich, auch wenn sie manchmal von Wolken verdeckt wird. Wie das Sonnenlicht scheint auch das Licht der einen unendlichen Macht ständig auf mich herab, auch wenn es vorübergehend durch Wolken negativen Denkens verdeckt sein mag. Ich entscheide mich bewusst dafür, mich an das Licht zu erinnern. Das Licht schenkt mir ein Gefühl der Sicherheit. Und wenn Ängste mir zu schaffen machen, betrachte ich sie gelassen und lasse sie vorüberziehen wie Wolken am Himmel. Ich bin nicht meine Ängste. Ich bin sicher und geborgen, so dass ich nicht ständig abwehrbereit sein und mich verteidigen muss. Wenn ich Angst spüre, öffne ich mein Herz und lasse die Liebe meine Angst auflösen.

Man kann wirklich sagen, dass auf unserem Planeten die Angst grassiert. Jeden Tag sehen wir in den Nachrichten ihre Auswirkungen in Form von Kriegen, Mord und Gier. Angst bedeutet einen Mangel an Selbstvertrauen. Und deshalb vertrauen wir auch dem Leben nicht. Wir bauen nicht darauf, dass auf einer höheren Ebene gut für uns gesorgt wird, und meinen daher, auf der physischen, materiellen Ebene ständig alles kontrollieren zu müssen. Daraus entsteht zwangsläufig Furcht, denn wir können unmöglich alles in unserem Leben unter Kontrolle halten.

Die Angst zu überwinden lernen heißt, vertrauen zu lernen. Vertrauen auf unsere innere Kraft, die in ständiger Verbindung zur universalen Intelligenz steht. Denken Sie daran, dass jene Kraft, die Sie atmen lässt, dieselbe Kraft ist, die das gesamte Universum erschaffen hat. Sie sind eins mit allem, was lebt.

Je mehr Sie sich selbst lieben und dem Leben vertrauen, desto mehr Liebe, Hilfe und Führung schenkt Ihnen das Leben. Damit meine ich nicht, dass wir die Hände in den Schoß legen und passiv bleiben sollen, aber wenn wir Vertrauen haben, verläuft unser Leben viel harmonischer. Wir müssen darauf vertrauen, dass stets gut für uns gesorgt wird, auch wenn wir physisch nicht alles unter Kontrolle haben können, was um uns herum geschieht. Lesen Sie doch einmal das Evangelium Matthäus, 6.

Angst ist eine Beschränkung unseres Bewusstseins. Die Menschen fürchten sich so sehr davor, krank zu werden oder obdachlos oder was auch immer. Wut ist Angst, die zu einem Abwehrmechanismus geworden ist. Wut schützt uns, doch wir wären viel stärker und könnten wirkungsvoller handeln, wenn wir damit aufhören würden, unsere Gedanken ständig um angstbesetzte Situationen kreisen zu lassen. Stattdessen sollten wir uns darauf konzentrieren, uns selbst mit all unseren Ängsten zu lieben. Wir sind das Zentrum von allem, was in unserem Leben geschieht. Jede Erfahrung, jede Beziehung ist ein Spiegel für ein geistiges Muster, das wir in uns tragen.

Liebe ist das Gegenteil von Angst. Je mehr wir zu lieben bereit sind und je mehr wir auf uns selbst vertrauen, desto mehr ziehen wir die entsprechenden Qualitäten in unser Leben. Ist es nicht erstaunlich, wie sehr in unserem Leben Missgeschick auf Missgeschick folgt, wenn wir ständig Angst haben, uns sorgen oder uns selbst ablehnen? Wenn wir uns selbst wirklich lieben, tritt ebenfalls der entsprechende Effekt ein: Alles entwickelt sich zu unseren Gunsten, unsere Ampeln stehen auf Grün und wir finden immer einen Parkplatz. Wir stehen am Morgen gut gelaunt auf und der Tag verläuft schön und harmonisch.

Wir müssen uns selbst lieben, damit wir gut für uns selbst sorgen können. Wir müssen alles tun, um Herz, Körper und Geist zu stärken. Wir müssen uns an die innere Kraft in uns wenden, eine gute spirituelle Verbindung zu ihr herstellen und diese Verbindung ständig bewusst aufrechterhalten.

Die folgenden Briefe beschäftigen sich mit Ängsten und Phobien:

Liebe Louise,
ich bin ein verheirateter Mann Anfang dreißig und meine Frau und ich haben zwei kleine Kinder. Mir macht eine immer wiederkehrende Angst zu schaffen, die man als irrational bezeichnen könnte, und vielleicht können Sie mir helfen, diese Angst zu überwinden. Im Wesentlichen fürchte ich mich davor, dass meine Frau sterben und mich allein lassen könnte. Immer wenn sie mit dem Auto unterwegs ist, ängstige ich mich, dass sie einen Unfall haben könnte. Ich habe sogar Angst, dass sie in der Badewanne ausrutschen oder einen anderen völlig unwahrscheinlichen Unfall im Haus erleiden könnte.

Ich weiß, dass es unsinnig ist, sich wegen solcher Dinge zu sorgen, aber ich werde diese Ängste einfach nicht los. Meine Frau ist jung und vital und es besteht eigentlich kein vernünftiger Grund, nicht davon auszugehen, dass sie noch viele Jahrzehnte gesund und munter sein wird. Aber mein Denken will einfach nicht meiner Vernunft folgen und kreist ständig um diese Sorgen. Können Sie mir helfen?

Louises Antwort:
Wovor haben Sie sich als Kind am meisten gefürchtet? Aus Ihrem Brief höre ich die Stimme eines kleinen Jungen heraus, der schon sehr früh im Leben damit konfrontiert wurde, allein gelassen zu werden. Ist jemand aus Ihrer Familie gestorben und hat Sie allein zurückgelassen? Vielleicht kam es bei Ihren Eltern zur Scheidung. Wann traten diese Gefühle, so weit Sie sich erinnern können, bei Ihnen zum ersten Mal auf? Ihre Gefühle sind keineswegs irrational; sie stammen aus einer Zeit des Verlustes in Ihrer Kindheit. Es ist gut, dass Sie deswegen Hilfe suchen.

Nun, da Sie bei Ihrer Frau und Ihren Kindern Glück gefunden haben, fürchten Sie, dass Ihnen dieses Glück genommen werden könnte. Es wäre gut, wenn Sie eine psychologische Beratung aufsuchen oder eine Therapie zur Aufarbeitung Ihrer Trauer machen würden. Das könnte Ihnen sehr dabei helfen, sich von Ihren Ängsten zu lösen. Eine gute Affirmation für Sie lautet: ICH VERDIENE ALLES GUTE IM LEBEN UND ICH BIN STETS SICHER UND GEBORGEN.

Liebe Louise,
danke für Ihr Buch Gesundheit für Körper und Seele. *Sie haben damit in so vieler Hinsicht den Nagel auf den Kopf getroffen, dass ich, als ich es zu Ende gelesen hatte, einfach nur dasaß und weinte. Sie haben mir geholfen, einige Problembereiche in meinem Leben zu identifizieren, wo ich etwas verbessern kann.*

Ich habe eine Frage zu zwanghaftem Verhalten: Ich vergewissere mich jede Nacht zehnmal, ob der Wecker auch wirklich eingeschaltet ist. Alles in meinem Leben ist überorganisiert und ich stehe unter dem Zwang, Dinge mehrmals hintereinander berühren oder zurechtrücken zu müssen, ehe ich das Gefühl habe, dass alles »in Ordnung« ist.

Ich habe schon gesehen, dass über solche Verhaltenszwänge in Talkshows diskutiert wurde, aber nie werden die Ursachen angesprochen, und als Gegenmittel werden immer nur Medikamente empfohlen. Ich fühle mich inzwischen in meiner Lebensqualität stark beeinträchtigt. Vielleicht können Sie neues Licht auf diese Problematik werfen.

Louises Antwort:
Ich höre die Stimme eines Kindes, das sich verunsichert fühlt. Vielleicht hat man es Ihnen in Ihrer Kindheit nie gestattet, Fehler zu machen, oder Sie dann sogar unnachsichtig bestraft. Oder vielleicht haben Sie als Kind bestimmte Rituale erfunden, um eine bedrohliche Zeit in Ihrem Leben heil zu überstehen. Welche »Regeln« gab es in Ihrer Kindheit?

Es würde Ihnen bestimmt weiterhelfen, wenn Sie einmal eine Liste jener Regeln erstellen, die Sie als Kind gelernt haben, und sich erinnern, wer diese Regeln aufstellte. Es mag einige Tage dauern, bis Sie sich sämtliche Regeln ins Gedächtnis gerufen und sie aufgeschrieben haben. Gehen Sie die Liste sorgfältig durch und fragen Sie sich: »Möchte ich diese Regel auch heute noch befolgen?«

Als Kind mussten Sie den Regeln gehorchen, die in Ihrer Familie galten, doch jetzt sind Sie erwachsen und können sich Ihre eigenen Regeln aufstellen, die Ihrer heutigen Lebenssituation angemessen sind. Denken Sie daran, dass sich Regeln genauso verändern können, wie wir selbst uns verändern. Was für Sie als Kind angemessen war, muss heute keineswegs mehr angemessen sein. Gestatten Sie es sich, frei zu atmen und zu wachsen. Gestatten Sie es sich, Fehler zu machen und aus ihnen zu lernen.

Eine gute Affirmation für Sie ist: ICH BIN FREI, ICH SELBST ZU SEIN. Sprechen Sie diesen Satz mindestens einen Monat lang möglichst häufig während des Tages laut oder in Gedanken aus. Ihr persönlicher Weg der Heilung hat begonnen.

Liebe Louise,
ich bin eine siebenundzwanzigjährige Frau, die bislang ein sehr hartes Leben hatte. Ich litt unter familiären Problemen und finanziellen Nöten und hatte Schwierigkeiten in meiner Beziehung, die nun seit drei Jahren besteht. Der starke Stress hat bei mir zu Panikattacken, Magenbeschwerden und Anfällen von Atemnot geführt. Auch leide ich unter Schuppenflechte. Ich habe alle möglichen Behandlungen dagegen ausprobiert, aber nichts hat bisher geholfen. Ich glaube an ganzheitliche Medizin und Geistheilung, doch trotzdem bin ich immer noch krank und habe Angst, dass mein Zustand sich weiter verschlimmert. Ich möchte gerne gesund werden und ein schönes Leben voller Liebe führen.

Was soll ich tun? Was raten Sie mir? Warum passieren mir all diese Dinge? Ich habe das Gefühl, überhaupt keine Kontrolle mehr über mein Leben zu haben. Bitte helfen Sie mir.

Louises Antwort:
Viel zu lange haben Sie sich auf Stress und Angst konzentriert. Haben Sie eine Uhr mit Weckautomatik? Stellen Sie sie so ein, dass jede halbe Stunde das Wecksignal ertönt. Atmen Sie dann immer dreimal hintereinander tief durch und sagen Sie dabei leise zu sich selbst: »Alles ist gut, alles ist gut, alles ist gut.« Segnen Sie die Ihrem Körper innewohnende Heilkraft. Das Leben hat Ihnen genug Atem für Ihr ganzes Leben geschenkt. Wenn Sie sich entspannen und zur Ruhe kommen, werden Sie neues Lebensvertrauen entwickeln, und ich bin sicher, dass dann Ihre Schuppenflechte verschwinden wird. Unsere Haut schützt unsere *Individualität*. Die Hautkrankheit zeigt an, dass Sie sich bedroht fühlen. Ein

Yoga-Kurs würde sich sehr positiv auf Ihren Geist und Ihren Körper auswirken. In vielen Volkshochschulen und kirchlichen Bildungseinrichtungen werden heute Yoga-Kurse sehr kostengünstig angeboten.

Die Tür zu Ihrem Herzen und Ihren Träumen öffnet sich nach innen. Das bedeutet, dass Sie lernen sollten, sich zu entspannen, ehe Sie darangehen, Ihre vielen Probleme zu lösen. Ich weiß, Sie denken, dass Sie zuerst Ihre Probleme lösen müssen, bevor Sie sich entspannen können, aber so herum funktioniert es nicht. Um sich von dem Druck zu befreien, der auf Ihnen lastet, müssen Sie zunächst in Ihrem Herzen Raum für andere Möglichkeiten schaffen.

Ich empfehle Ihnen die Teilnahme an einer Selbsthilfegruppe oder einem Zwölf-Stufen-Programm. Diese Gruppen sind gebührenfrei und Sie treffen dort Menschen, denen Sie vertrauen können und die gemeinsam an der Lösung ihrer Probleme arbeiten. Bekräftigen Sie möglichst oft: ICH LASSE MEINE VERGANGENHEIT HINTER MIR. ICH VERTRAUE DEM LEBEN. ICH BIN STETS SICHER UND GEBORGEN.

Liebe Louise,
als ich klein war, fürchtete ich mich sehr vor allem Unbekannten. Ganz besonders machte mir die Vorstellung Angst, dass es den Satan, Gespenster, Außerirdische und dergleichen geben könnte. Ich habe jahrelang eine katholische Schule besucht und es mir dort zur Gewohnheit gemacht, Jesus um Hilfe zu bitten, wenn ich mich fürchte. Aber jetzt möchte ich mein per-

sönliches Gefühl der Sicherheit nicht mehr von äußeren *Wesenheiten abhängig machen. Ich möchte in dem Gefühl leben, selbst für meine Sicherheit sorgen zu können. Ich merke, dass ich mich im Vergleich zu solch gewaltigen Wesen wie Jesus oder Satan sehr klein fühle. Daher erscheint es mir seltsam, mir vorzustellen, ich könnte ebenso mächtig sein wie sie. Ich glaube, diese ganze katholische Erziehung hat mich sehr verwirrt, als ich erwachsen wurde. Ich möchte gerne einen Rat, wie ich in mir ein Gefühl der Sicherheit erzeugen kann, eine Gewissheit, dass mir aus okkulten Bereichen keine Gefahr droht. Können Sie mir auf diesem Gebiet helfen?*

Louises Antwort:
Es ist wirklich traurig, dass Menschen Angst als Instrument benutzen, um andere zu kontrollieren und zu beherrschen. Ich erkenne deutlich, dass Sie in Ihrer Kindheit in ständiger Furcht lebten. So ist es mir auch ergangen. Keine Person, kein Ort oder Ding kann Macht über Sie ausüben, solange Sie dies nicht zulassen. Sie lassen es zu, dass »Erinnerungen« an nicht real existierende Wesen Ihr Denken beherrschen. Ich empfehle Ihnen, Schnüre zu visualisieren, die von Ihrem Solarplexus und Unterbauch zu diesen Phantasiebildern von Gespenstern, Außerirdischen und Satan führen. Sagen Sie dabei laut zu sich selbst: ICH WEISS, DASS ICH JEDERZEIT UNTER GÖTTLICHEM SCHUTZ STEHE. ICH HOLE MIR MEINE GEISTIGE KRAFT JETZT VON DIESEN NUR IN MEINER PHANTASIE EXISTIERENDEN WESEN ZURÜCK UND BIN SICHER UND GEBORGEN. Stellen Sie sich dann bildhaft vor, wie Sie diese Schnüre und damit auch Ihre persönliche Kraft zu sich zurückziehen. Machen Sie diese Übung täglich,

sooft Sie wollen, bis Sie sich innerlich stark und voller Vertrauen fühlen.

Dies ist eine Ihrer spirituellen Aufgaben: IHRE PERSÖNLICHE KRAFT ZURÜCKZUGEWINNEN UND SIE NICHT LÄNGER AUF OKKULTE PHANTASIEBILDER ZU ÜBERTRAGEN. Satan ist *kein* »gewaltiges Wesen«. Satan ist eine Idee in den Köpfen der Menschen, eine Idee, die dazu benutzt wird, andere zu beherrschen und einzuschüchtern. Lernen Sie, zwischen Aberglauben und der Wahrheit Ihres Seins zu unterscheiden. Sie sind stets behütet und geborgen.

Liebe Louise,
im vergangenen Jahr wurde zweimal in meine Wohnung eingebrochen. Jetzt fürchte ich mich, wenn ich nachts alleine bin. Trotz Gebeten und Affirmationen finde ich kaum Schlaf.

Letzte Nacht musste ich mich regelrecht dazu zwingen, in mein Schlafzimmer zu gehen und die Tür zu schließen. Ich betete und fragte Gott, warum ich solche Angst hätte. Daraufhin kamen mir sehr sonderbare Gedanken, die darauf hindeuteten, dass ich als Kind von meinem Stiefvater missbraucht wurde. In letzter Zeit ist in den Medien so viel über Kindesmissbrauch berichtet worden. Daher weiß ich nicht, ob ich wirklich selbst missbraucht wurde oder mir das alles nur einbilde. Es gibt eine achtjährige Phase in meinem Leben, an die ich mich kaum erinnern kann, aber ich möchte auch nichts zusammenphantasieren, was nicht wirklich geschehen ist.

Ich weiß nicht, was ich tun kann oder an wen ich mich wenden soll. Ich weiß nur, es kann nicht so weitergehen, dass mir bei jedem kleinsten Geräusch das Herz bis zum Hals schlägt.

Louises Antwort:
Sie müssen nicht länger leiden und Sie müssen das alles nicht allein durchstehen. Suchen Sie unbedingt sofort eine Beratungsstelle oder einen Therapeuten auf. Sie brauchen jemanden, der Ihnen mit klarem Blick beisteht und Sie durch diese schwierige Phase führt. Zumindest sollten Sie zu einem Al-Anon-Treffen (Adresse siehe Anhang; Anm. d. Übers.) gehen. Dort werden Sie liebevolle Unterstützung und verständnisvolle Weisheit erfahren. Al-Anon hat bereits vielen Menschen geholfen, schwere Lebenskrisen durchzustehen.

Wie auch immer die äußeren Umstände aussehen mögen, stets geht es vor allem darum, dass wir lernen müssen, uns selbst zu lieben. Sich selbst zu lieben heißt, Gott zu lieben. Sie sind eines von Gottes gesegneten Geschöpfen und Sie verdienen das Beste im Leben.

Machen Sie sich bewusst, dass Sie auf dem Weg zu Ihrer persönlichen Heilung sind, und bekräftigen Sie: Ich ziehe jetzt genau die Erfahrungen in mein Leben, die ich brauche, um mein Problem zu lösen und Selbstliebe zu lernen.

Liebe Louise,
ich muss Ihnen einfach schreiben und Ihnen erzählen, wie viel ich aus Ihren Büchern gelernt habe. Als ich fünfzehn war,

wurde ich von meinem Bruder sexuell missbraucht. Meine Verbitterung ihm gegenüber hat mir große seelische Schmerzen bereitet. Im Alter von siebenundzwanzig Jahren stellten sich bei mir Panikattacken ein, aus denen sich eine Agoraphobie entwickelte. Ich befand mich deswegen zwei Jahre lang in ärztlicher Behandlung. Danach dachte ich, ich wäre geheilt, aber nach wie vor leide ich von Zeit zu Zeit unter heftigen Angstgefühlen.

Nachdem ich Ihre Bücher gelesen und eine Therapie gemacht habe, sehe ich jetzt endlich Licht am Ende des Tunnels. Vielleicht bin ich einfach zu ungeduldig und erwarte zu schnelle Fortschritte. Ich liebe mich selbst, aber vielleicht nicht so sehr, wie ich es mir wünsche. Wenn Sie mir einen Rat geben könnten, wäre ich sehr dankbar.

Louises Antwort:
Agoraphobie steht normalerweise mit extremem Selbsthass und fehlendem Selbstvertrauen in Zusammenhang. Selbsthass bedeutet jedoch lediglich, die *Gedanken* zu hassen, die man über sich selbst hegt. Gedanken lassen sich verändern. Alle Gedanken, die wir denken, und alle Worte, die wir aussprechen, gehen von uns aus und kehren in Gestalt äußerer Erfahrungen zu uns zurück. Selbsthass und Selbstablehnung führen daher zwangsläufig zu negativen Erfahrungen.

Denken Sie daran: Sich selbst zu lieben heißt, sich selbst zu heilen. Die Tür zum Herzen öffnet sich nach innen. Wir können uns selbst erst lieben, wenn wir uns und anderen vergeben haben. Damit ist nicht gemeint, dass wir das Fehlverhalten anderer entschuldigen oder gutheißen sollen, sondern dass wir uns aus unserem

Gefängnis aus Groll und Verbitterung befreien. Wenn Sie wirkliche Vergebung praktizieren, wird sich ganz automatisch Liebe einstellen. Sie sollten sich selbst mehr lieben. In vielen Bereichen Ihres Lebens werden Sie dadurch Heilung erfahren. Eine gute Affirmation für Sie ist: ICH VERTRAUE AUF MICH UND ICH VERTRAUE DARAUF, DASS DAS LEBEN MICH TRÄGT UND BESCHÜTZT. ICH BIN STETS SICHER UND GEBORGEN UND ALLES IST GUT.

Liebe Louise,
ich wuchs in einer Familie auf, in der es viele Streitigkeiten gab. Oft fürchtete ich sogar um mein Leben. Immer wurde mir gesagt, ich sei verrückt und dass ich nicht wüsste, wovon ich redete. So wuchs ich mit dem Gefühl auf, tatsächlich verrückt zu sein. Daher bemühe ich mich ständig, »vernünftige« Dinge zu tun. Das gibt mir das Gefühl, gar nicht wirklich zu leben.

Allmählich erkenne ich, woher meine Ängste rühren. Aber aus Angst, dann für »verrückt« gehalten zu werden, zögere ich immer noch, ganz ich selbst zu sein und ein freies Leben zu führen. Können Sie mir eine Affirmation empfehlen, die mir bei der Heilung meines Kindheitstraumas hilft? Ich ertrage es nicht länger, ein »braves Mädchen« zu sein. Ich fühle mich wie in einem Gefängnis.

Louises Antwort:
Sie müssen die Lügen, die man Ihnen als Kind in Bezug auf Ihre Person und Ihren Charakter erzählt hat, von der Wahrheit Ihres Seins unterscheiden lernen. Ihre Eltern

sind als Kinder ihrerseits tief traumatisiert worden und so wuchsen sie mit vielen falschen Vorstellungen über das Leben auf. Darum haben sie diese Atmosphäre erzeugt, in der Sie als Kind leben mussten. Verängstigte Menschen neigen dazu, sich in hilflose Aggressionen zu flüchten. Gehen Sie also davon aus, dass all das Negative, das Ihre Eltern über Sie gesagt haben, *nicht wahr ist!* Als Kind konnten Sie das nicht wissen, aber jetzt sind Sie erwachsen und können Ihren erwachsenen Verstand gebrauchen.

Das Kind in Ihnen fürchtet sich. Sie sollten Ihr inneres Kind liebevoll unter Ihre Fittiche nehmen. Sagen Sie zu ihm: DIE VERGANGENHEIT IST VORBEI. ICH BIN JETZT BEI DIR UND WERDE DICH IMMER LIEBEN UND BESCHÜTZEN. NIE WIEDER WIRD DIR JEMAND SCHADEN ZUFÜGEN. DU BIST STRAHLEND SCHÖN. DU WIRST GELIEBT UND DU BIST FREI. Sagen Sie das immer wieder zu Ihrem inneren Kind, bis es anfängt, sich zu entspannen und Ihnen zu vertrauen.

Gehen Sie zu Al-Anon-Treffen. Dort werden Sie eine Menge darüber lernen, wie Sie Ihre familiären Traumata heilen können. Wenn Sie sich selbst heilen, werden Sie zugleich Mitgefühl für den Schmerz entwickeln, mit dem Ihre Eltern leben mussten.

Affirmationen für verängstigte, furchtsame Menschen

- Ich bin bereit, mich von meinen Ängsten zu lösen.
- Ich lebe und bewege mich in einer sicheren, behüteten Welt.
- Ich befreie mich von allen destruktiven Ängsten und Zweifeln.
- Ich akzeptiere mich selbst und schaffe Frieden in Herz und Verstand.
- Ich erhebe mich über alle wütenden oder furchtsamen Gedanken.
- Ich löse mich von der Vergangenheit und vertraue dem Leben.
- Ich verstecke mich nicht länger hinter seelischen Schutzwällen.
- Ich bin jetzt bereit, meine Großartigkeit anzuerkennen.
- Ich habe die Kraft, Dinge zu verändern.
- Ich stehe stets unter göttlichem Schutz.

2. KAPITEL

Alter

In der Unendlichkeit allen Lebens, von der ich ein Teil bin, ist alles vollkommen, heil und ganz. Ich entscheide mich bewusst, nicht länger den alten, einschränkenden Vorstellungen über das Altern anzuhängen. Ich freue mich über jedes neue Jahr. Mein Wissen wächst stetig und ich lebe in ständigem Kontakt mit meiner inneren Weisheit. Meine späten Jahre sind meine kostbarsten Jahre und ich weiß, wie ich mich jugendlich und gesund erhalten kann. Mein Körper wird in jedem Augenblick meines Lebens erneuert. Ich bin vital, gesund und quicklebendig und leiste bis zu meinem letzten Tag einen konstruktiven Beitrag. Von nun an lebe ich mein Leben gemäß diesen Einsichten. Ich bin im Frieden mit meinem Alter.

Seit Generationen haben wir zugelassen, dass die Zahl unserer Lebensjahre darüber bestimmt, wie wir uns fühlen, wie wir aussehen und wie wir uns verhalten. Wie in jedem Lebensbereich gilt auch hier, dass für uns Wirklichkeit wird, was wir mental akzeptieren und glauben. Es ist an der Zeit, unsere Glaubenssätze über das Altwerden zu ändern. Wenn ich gebrechliche, kranke, ängstliche alte Leute sehe, sage ich mir: »So muss es nicht sein.« Viele von uns haben gelernt, dass wir unser Leben verändern können, indem wir unser Denken verändern. Daher weiß ich, dass wir das Altern zu einer positiven, lebendigen und gesunden Erfahrung machen können.

Viele ältere Menschen sind voller Angst – vor Veränderungen, vor Armut, Krankheit, Senilität, Einsamkeit und, das ganz besonders, vor dem Tod. Ich glaube, dass alle diese Ängste wirklich unnötig sind. Es ist etwas, das uns beigebracht wurde. Wir sind dementsprechend konditioniert worden. Es handelt sich dabei lediglich um ein gewohnheitsmäßiges Denkmuster, das sich verändern lässt. Sehr viele Menschen neigen in vorgerücktem Alter dazu, negativ zu denken, was dazu führt, dass sie ihr Leben unzufrieden und unerfüllt beschließen. Wir müssen uns unbedingt immer wieder ins Gedächtnis rufen, dass das, was wir denken und sagen, sich als äußere Erfahrung in unserem Leben manifestiert. Daher sollten wir sorgfältig auf unsere Denk- und Sprechmuster achten. Das versetzt uns in die Lage, ein Leben zu führen, in dem unsere Träume sich verwirklichen.

Die Zahl der älteren Menschen in unserer Gesellschaft wächst stetig. Es ist an der Zeit, das Leben neu zu betrachten. Wir müssen unser Alter nicht so verbringen wie unsere Eltern. Wir können eine neue Lebensweise entwickeln. Wir können alle Regeln verändern. Wenn wir mit dem Wissen um unseren inneren Reichtum in die Zukunft gehen, dann erwartet uns nur Gutes. Wir können uns bewusst machen und bekräftigen, dass alles, was geschieht, unserem höchsten Wohl und unserer größten Freude dient. Dann befinden wir uns auf dem richtigen Weg.

Statt einfach nur alt zu werden, aufzugeben und zu sterben, können wir älteren Menschen im Leben einen wertvollen Beitrag leisten. Wir haben die Zeit, das Wissen und die Weisheit, liebevoll und wirkungsvoll die Welt zu verändern. Wir müssen unsere Gesellschaft, unsere soziale Sicherung und unser Gesundheitssystem neu strukturieren. Wir können durchaus bis ins hohe Alter hinein gesund, wohlhabend, liebevoll, weise und fröhlich sein. Wir alle sollten danach streben, auch im Alter alles zu sein, was wir sein können!

Die folgenden Briefe beschäftigen sich mit dem Älterwerden und der Fürsorge für alte Menschen:

Liebe Louise,
ich bin neunzig Jahre alt und stolz darauf, noch bei recht guter Gesundheit zu sein. Ich war ein guter Handballspieler und habe diesen Sport erst vor sieben oder acht Monaten aufgegeben, als ich ernste Probleme mit meinem linken Bein und meinen Zähnen bekam. Seither leide ich auch unter Sprach-

schwierigkeiten. Ich schrieb diese Beschwerden dem Stress und der körperlichen Gebrechlichkeit zu, unter denen alte Menschen zu leiden haben. Vor fünf Jahren verlor ich meine Frau. Wir waren dreiundsechzig Jahre verheiratet. Vor allem aber machen mir tief sitzende Schuldgefühle zu schaffen, über die ich bislang mit niemandem gesprochen habe.

Ich bin von drei Ärzten untersucht worden und sechzig Tage zur Krankengymnastik gegangen, doch das hat mir nicht weitergeholfen. Ich wollte wissen, was die Ursache für meine körperlichen Beschwerden ist, doch die Ärzte konnten es mir nicht sagen.

Nach der Lektüre Ihres Buches Gesundheit für Körper und Seele, *in dem die Bedeutung von Liebe und Freude hervorgehoben wird, setzte ich mir das Ziel, hundert Jahre alt zu werden, so Gott will. Dazu brauche ich die Unterstützung durch Ihre Lehren. Ich fühle, dass ich meine Gesundheit in kurzer Zeit zurückgewinnen könnte, wenn ich an einem von Ihnen geleiteten Seminar teilnehmen könnte. Ich bin dankbar für jeden Rat.*

Louises Antwort:
Ich möchte Sie ermutigen, Ihr Leben energisch anzupacken und aktiv nach Freude, Frieden und Verständnis zu streben. Die Frau zu verlieren, mit der man dreiundsechzig Jahre das Leben geteilt hat, ist eine schwere Prüfung.

Es ist wichtig, dass Sie Sinn in Ihrem Leben finden, eine Aufgabe, damit Sie sich jeden Tag darauf freuen können, sich dieser Aufgabe zu widmen. Möglicherweise besteht diese Aufgabe einfach darin, sich um die Pflege Ihrer gegenwärtigen zwischenmenschlichen

Beziehungen zu kümmern. Haben Sie Kinder und Enkelkinder? Welchen Interessen sind Sie in früheren Jahren nachgegangen? Und natürlich rate ich Ihnen, alte Wunden zu heilen – lösen Sie sich von allem alten Groll, so dass die Liebe in Ihrem Leben frei fließen kann. Ich bin überzeugt, dass wir alle hier auf der Erde sind, um die Liebe zum Ausdruck zu bringen, die wir immer in uns getragen haben.

Viele Menschen leiden unter Schuldgefühlen und glauben, sie hätten etwas so Schlimmes getan, dass sie mit niemandem darüber sprechen können. Solche Schuldgefühle schneiden uns aber von der Liebe ab, die wir brauchen. Unsere Fähigkeit, uns selbst und andere zu lieben, wird stark beeinträchtigt. Sie sollten unbedingt jemanden finden, bei dem Sie sich aussprechen können. Es ist wichtig, dass Sie sich von Ihren Schuldgefühlen befreien.

Unsere linke Körperhälfte steht symbolisch für das Weibliche, unsere rechte Seite für das Männliche in uns. Da Ihr linkes Bein Ihnen zu schaffen macht, frage ich mich, ob es vielleicht eine Frau in Ihrem Leben gibt, der Sie vergeben sollten, oder ob es in Bezug auf eine Frau etwas gibt, das Sie sich selbst vergeben sollten. Zahnprobleme stehen oft für Unentschlossenheit. Ihre Sprache ermöglicht es Ihnen, sich selbst anderen gegenüber auszudrücken. Was ist es, das Sie so schwer in Worte fassen können? Vielleicht ist es genau jene Sache, die Ihnen Schuldgefühle bereitet?

Leider muss ich Ihnen mitteilen, dass ich selbst keine Seminare mehr durchführe. Meine Arbeit hat sich in eine andere Richtung entwickelt. Heute schreibe ich mehr, halte nur noch wenige Vorträge, widme mich meinem Garten und sorge gut für mich selbst. Doch es gibt viele wunderbare Selbsthilfelehrer, die Ihnen genauso gut helfen werden, wie ich es könnte. Schauen Sie sich einmal die Aushänge in einem esoterischen Buchladen in Ihrer Gegend oder die entsprechenden Veranstaltungshinweise in örtlichen Zeitungen an.

Machen Sie sich bewusst, dass Sie etwas ganz Besonderes sind und dass Sie Anspruch auf die vielen Segnungen des Lebens haben. Gehen Sie mit sich selbst sehr sanft und mitfühlend um, während Sie auf Ihrem Pfad der Heilung voranschreiten. Bekräftigen Sie: ICH BIN OFFEN UND BEREIT FÜR DEN NÄCHSTEN SCHRITT IN MEINEM LEBEN.

Liebe Louise,
ich übe seit neunzehn Jahren einen medizinischen Beruf aus und arbeite dabei mit vielen alten Menschen. Sehr viele unter ihnen sind traurig und verbittert. Wenn ich sie mit einem fröhlichen »Guten Morgen« begrüße, bekomme ich oft zur Antwort: »Werden Sie bloß nicht alt« oder: »Es ist die Hölle, alt zu werden.«

Nachdem ich viele Jahre lang diese Botschaft immer wieder gehört hatte, fragte ich eines Tages eine Frau: »Was ist die Alternative?«

Sie antwortete mit leiser, rauer Stimme: »Der Tod!«

Ich bemühe mich stets, für die Patienten, die ich sehe, Glück und alle Segnungen des Lebens zu bejahen. Aber ich fühle mich frustriert. Ich will diese negativen Botschaften über das

Altwerden nicht länger hören. Ich möchte bis zu meinen letzten Tagen auf diesem Planeten lachen und tanzen. Was soll ich diesen Menschen sagen? Oder, noch besser, was kann ich mir selber sagen, damit diese sich ständig wiederholenden negativen Botschaften ein Ende haben?

Louises Antwort:
Die alten Menschen, die Sie beschreiben, waren es das ganze Leben lang gewohnt, sich zucker-, salz- und fettreich zu ernähren und schon bei kleinsten körperlichen Beschwerden Medikamente zu schlucken. Sie haben die Welt in einem negativen Licht gesehen und den Glauben verinnerlicht, Alter bedeute zwangsläufig Krankheit und Gebrechlichkeit. Das sind Menschen, die sich als Opfer des Lebens betrachten. Wenn Sie in einem medizinischen Beruf arbeiten, werden Sie nicht oft wirklich gesunde alte Menschen zu Gesicht bekommen. Es ist höchste Zeit, dass wir unseren Lebensabend endlich in einem positiven Licht betrachten. Wenn unsere Eltern auf sehr negative Weise alt wurden, muss es uns keineswegs ebenso ergehen. Wir sollten die alten Regeln und Glaubenssätze gründlich ändern. Sie und ich können eine neue Lebensweise erschaffen. Wir können beide bis zum letzten Tag tanzen und lachen und das gilt auch für alle anderen Menschen, die sich uns anschließen möchten.

Wenn die Leute in meiner Umgebung negativ sind, sage ich mir: »Das mag für sie zutreffen, aber für mich trifft es nicht zu.« Vielleicht wäre es lohnender für Sie, im Bereich der ganzheitlichen Gesundheitsvorsorge zu arbeiten. Dort werden Sie Menschen treffen, die sich aktiv um eine gute Gesundheit bemühen. Ich würde es sehr begrüßen, wenn jemand ein Seniorenwohnheim mit einem ganzheitlichen Gesundheitszentrum einrichten würde. Zusätzlich zur Schulmedizin sollte dort ein breites Angebot an Chiropraktik, Akupunktur, Homöopathie, traditioneller chinesischer Medizin, Ernährungs- und Gesundheitsberatung, Pflanzenheilkunde, Massage, Yoga und dergleichen zur Verfügung stehen. Das wäre ein Ort, an dem sich alle auf einen gesunden, sorgenfreien Lebensabend freuen könnten. Gewiss gäbe es dort in kürzester Zeit eine Warteliste.

Verwenden Sie die Affirmation: ICH BIN VON GESUNDEN, GLÜCKLICHEN MENSCHEN UMGEBEN. Schauen Sie dann, wie das Universum diesen Wunsch für Sie manifestiert.

Liebe Louise,
ich bin eine einunddreißigjährige allein erziehende Mutter mit einer dreizehnjährigen Tochter. Derzeit beabsichtige ich, an einem Krankenpflegekurs teilzunehmen. Mein Problem besteht darin, dass ich seit zwei Monaten für meine fünfundsiebzigjährige Großmutter zu sorgen habe, die an Alzheimer im zweiten Stadium leidet.

Wie kann ich angesichts ihrer ständigen Negativität und verbalen Attacken die Kraft behalten, mich trotzdem liebevoll um sie zu kümmern? Ich liebe sie und bin aufrichtig bemüht, gut für sie zu sorgen, aber ich möchte mich dabei nicht selbst verlieren. Und könnten Sie mir auch einen Rat geben, wie ich meiner Tochter durch diese schwere Zeit helfen kann? Wie sie selbst gesagt hat: »Großmama hat ihr Leben schon gelebt, aber meines beginnt doch gerade erst.« Bitte helfen Sie mir!

Louises Antwort:
Wenn wir das Gefühl haben, dass uns die Dinge über den Kopf wachsen, ist es gut, sich ganz bewusst nicht länger auf das Negative zu konzentrieren. Wenn wir nur die Einschränkungen und negativen Aspekte sehen, können wir keine gute Lösung finden. Atmen Sie tief durch. Entspannen Sie Schultern, Gesicht und Kopfhaut. Übergeben Sie Ihre gesamte Situation dem Universum. Sagen Sie sich immer wieder: Alles ist gut. Alles entwickelt sich so, wie es für alle Beteiligten am besten ist. Aus dieser Situation entsteht nur gutes. Das Universum beschützt uns und sorgt für uns.

Konzentrieren Sie sich dann auf das, was Ihnen als die beste Lösung erscheint. Was wäre eine ideale Entwicklung? Schreiben Sie Ihre Intentionen auf. Halten Sie an Ihrer Vision fest. Teilen Sie sie mit Ihrer Tochter. Sie beide sollten täglich positive Affirmationen anwenden. Entspannen Sie sich dann und überlassen Sie alles Weitere dem Universum. Sie und Ihre Tochter werden herausfinden, wie stark Sie beide sind.

Liebe Louise,
das Älterwerden macht mir sehr zu schaffen. Ich bin bezüglich meines Aussehens inzwischen so neurotisch, dass ich es tagelang vermeide, überhaupt in den Spiegel zu schauen. Wenn ich dann doch einen Blick auf mich werfe, fühle ich mich entsetzlich.

Obgleich ich im Moment mit allen möglichen Schwierigkeiten zu kämpfen habe, scheinen meine depressiven Gefühle ganz um den Verlust meiner Jugend und Schönheit zu kreisen. Wie kann ich mit dem Problem des Älterwerdens auf eine Weise umgehen, dass dadurch nicht mein ganzes Leben beeinträchtigt wird?

Louises Antwort:
Gott hat uns als göttliche, wunderbare Wesen erschaffen, denen ein reiches, erfülltes Leben zugedacht ist. Wir sind dazu bestimmt, alle Lebensphasen zu durchlaufen, denn jede dieser Phasen hält ihre besonderen Erfahrungen für uns bereit. Wir können von der Kindheit an bis ins hohe Alter in Freude leben oder aber uns selbst das Leben schwer machen.

Machen Sie sich bitte nicht den gegenwärtig in unserer Kultur vorherrschenden Glauben zu Eigen, nur die Jugend sei lohnend und lebenswert. Dadurch berauben Sie sich Ihres Glücks. Jedes Alter ist schön. Waren Ihre Jugend und Schönheit so außerordentlich, dass Sie es darüber versäumt haben, andere Werte für sich zu entdecken? Wer hat Ihnen eingeredet, dass es im Leben nur auf Äußerlichkeiten ankäme? Glauben Sie, dass Sie nicht mehr geliebt werden, nur weil Ihr Äußeres sich verändert? Möchten Sie wirklich lieber sterben, als alt werden?

Wenn Sie sich ständig Sorgen machen, lässt das Ihren Körper nur schneller altern. Es ist sehr problematisch, dass in den Medien der Jugend und Schönheit so viel Bedeutung beigemessen wird. Auch wenn wir alle im Herzen jung sein können, entsprechen dennoch nur wenige von uns dem gegenwärtigen Schönheitsideal. Wir sollten uns nicht länger diesem Druck aussetzen.

Lernen Sie, Ihr inneres Kind zu lieben. Sorgen Sie dafür, dass Ihr inneres Kind glücklich ist. Dann werden Sie von Tag zu Tag jünger wirken. Bekräftigen Sie: JE MEHR ICH MICH SELBST LIEBE, DESTO JÜNGER SEHE ICH AUS.

Lernen Sie, sich hier und jetzt zu lieben. Engagieren Sie sich für Menschen, die echte Probleme haben. Da ist in unserer Gesellschaft eine Menge zu tun. Es gibt so viele Bereiche, wo Ihre Mithilfe dringend gebraucht wird. Genießen Sie den Fluss und Rhythmus des Lebens.

Liebe Louise,
es fällt mir sehr schwer zu glauben, dass Gott so genannte genetische oder »altersbedingte« Krankheiten heilen kann oder wird, weil mir von Kindheit an beigebracht wurde, dass bestimmte Krankheiten »normal« seien, wenn man älter wird, und dass Gott sie ebenso wenig heilt, wie er Glatzenbildung, nachlassende Sehkraft oder graue Haare zu beseitigen vermag.

Ich bin sicher, dass Millionen Menschen mit diesem Glauben aufwuchsen, der von der Ärzteschaft zusätzliche Nahrung erhält. Für eine Heilung zu beten ist schwierig, wenn man vom Arzt gesagt bekommt: »Das sind normale Altersbeschwerden.«

Wie ist Ihre Meinung dazu?

Louises Antwort:
Nur weil Ihnen etwas von Kindheit an eingeredet wurde, muss es deshalb noch lange nicht wahr sein. Immerhin haben wir einmal geglaubt, die Erde sei eine Scheibe.

Was wirklich der Heilung bedarf, ist unser Glaube, es sei »normal«, dass die Gesundheit im Alter nachlässt. Wir müssen das nicht glauben. Wir als Gesellschaft müssen diesen einschränkenden Glauben überwinden. Ihr Körper muss sich nicht zwangsläufig immer mehr abnutzen; er erneuert sich ständig.

Sie sollten den Arzt wechseln und sich einen ganzheitlich arbeitenden Mediziner suchen. Sind Sie sich bewusst, dass Ihre Ernährung einen Einfluss auf Ihren Gesundheitszustand haben kann? Wenn Sie bewusst im Reformhaus oder Bioladen einkaufen und einige Bücher über gesunde Ernährung lesen, können Sie zu neuen Erkenntnissen über Gesundheit und Heilung gelangen.

Gott gibt uns genau das, woran wir glauben. Wenn wir an Einschränkungen und Behinderungen glauben, werden wir sie erleben. Eine gute Affirmation für Sie wäre: ICH BIN BEREIT, STETIG DAZUZULERNEN, UND ICH WERDE JEDEN TAG JÜNGER.

Liebe Louise,
meine Mutter leidet an neurotisch-zwanghaftem Verhalten. Sie wäscht sich mindestens hundertmal am Tag die Hände und wiederholt ständig bestimmte Gedanken und Verse. Sie ist jetzt einundneunzig Jahre alt und lebt mit meinem achtundneunzigjährigen Vater allein in ihrem Haus. Sie ist nicht mehr in der Lage, das Haus in Ordnung zu halten, will sich aber weder von mir noch von anderen bei der Hausarbeit helfen lassen.

Als ich sie kürzlich besuchte, sagte sie mir, dass ich nicht mehr kommen solle, weil Unterbrechungen in ihrem Tagesablauf sie nervös machen würden. Ich bin sehr traurig, dass sie meine Hilfe zurückweist, und sehne mich danach, sie in die Arme zu nehmen, obwohl ich sie erst vor sieben Tagen zuletzt gesehen habe.

Können Sie mir ein paar Tipps für den Umgang mit alternden Eltern geben? Wie kann ich lernen, loszulassen und die Wünsche meiner Mutter zu respektieren?

Louises Antwort:
Machen Sie sich bitte klar, dass das Verhalten Ihrer Mutter nichts mit Ihnen zu tun hat. Alle Verhaltensweisen und Krankheiten entstehen aus dem Versuch, bestimmte Bedürfnisse zu befriedigen. Wenn wir die Bedürfnisse erkennen, die sich im Verhalten uns nahe stehender Menschen offenbaren, fällt es uns leichter, den Betreffenden in seinem Entwicklungsprozess liebevoll zu unterstützen.

Neurotisch-zwanghaftes Verhalten dient dazu, ein Kontrollbedürfnis zu befriedigen. Hinter solch übertriebenen Kontrollbedürfnissen steht immer Angst. Ängste entstehen zumeist in der Kindheit, weil wir uns als Kinder am wenigsten in der Lage fühlen, unser Leben und unsere Umwelt zu kontrollieren. Viele von uns fühlen sich im Alter wieder genauso verletzlich wie in der Kindheit. Wenn wir uns an unsere eigene kindliche Verletzlichkeit und Angst erinnern, kann uns das helfen, unseren alternden Eltern auf einfühlsame Weise Liebe und Unterstützung zu geben.

Helfen Sie Ihrer Mutter dabei, sich sicher zu fühlen, so weit sie das zulässt. Wenn Sie zunächst einmal herausfinden, welche Wünsche sie hat und was sie braucht, um sich geborgen zu fühlen, wird sie möglicherweise Ihre Nähe eher akzeptieren.

Möglicherweise beschließt Ihre Mutter jedoch, Sie nicht mehr ins Haus zu lassen. Es könnte notwendig werden, dass Sie sich von Ihrem persönlichen Verantwortungsgefühl gegenüber Ihrer Mutter lösen, so herzzerreißend das sein mag. Unbedingt sollten Sie dabei Hilfe suchen. Sie sind mit Ihrem Problem nicht allein. Viele Menschen stehen vor der Herausforderung, ihren alternden Eltern auf angemessene Weise Liebe und Unterstützung zu geben und dabei gleichzeitig die Würde der alten Menschen zu achten. Tauschen Sie sich mit anderen Betroffenen aus. Auch sollten Sie nicht zögern, sich an kirchliche Beratungsstellen und andere soziale Einrichtungen zu wenden. Eine passende Affirmation für Ihre Situation: MEINE MUTTER UND ICH ÜBERWINDEN ALLE SCHRANKEN UND FINDEN DEN WEG ZU PERSÖNLICHER FREIHEIT. WIR SIND FREI, ALLES ZU WERDEN, WAS WIR SEIN KÖNNEN!

- Ich bin jung und schön – in jedem Alter.
- Ich bin offen für alle Segnungen des Lebens.
- Ich leiste einen produktiven Beitrag für die Gesellschaft.
- Ich sorge gut für meine Finanzen, meine Gesundheit und meine Zukunft.
- Ich ehre und respektiere die Kinder und Jugendlichen in meinem Leben.
- Meine Familie unterstützt mich und ich unterstütze sie.
- Ich werde von allen Menschen in meiner Umgebung respektiert.
- Ich ehre und respcktiere alle alten Leute in meinem Leben.
- Ich habe alle Zeit der Welt.
- Es gibt keine Grenzen für mich.

3. KAPITEL

Ausbildung

Ständig erweitere ich mein Wissen und mein Verständnis. Ich bin lernwillig und lernfähig. Jeden Tag öffne ich mein Bewusstsein etwas mehr für die göttliche Weisheit in mir. Ich bin froh, leben zu dürfen, und dankbar für das Gute, das mir geschenkt wird. Das Leben ist für mich eine Schule. Jeden Tag öffne ich meinen Geist und mein Herz und entdecke neue Erkenntnisse, neue Menschen, neue Sichtweisen. Ich gewinne immer neue Einblicke in das, was in mir und um mich herum geschieht. Je mehr ich verstehe, desto mehr erweitert sich meine Welt. Meine neu gewonnenen geistigen Fähigkeiten helfen mir, besser mit den vielen Veränderungen in dieser unglaublichen Schule des Lebens hier auf dem Planeten Erde zurechtzukommen.

Es spielt keine Rolle, was wir im Leben tun. Es spielt keine Rolle, ob wir Bankdirektor, Tellerwäscher, Hausfrau oder Matrose sind. Wir alle verfügen über innere Weisheit, die in Kontakt zur universalen Weisheit steht. Wenn wir bereit sind, uns nach innen zu wenden und uns zu fragen, was wir wirklich wollen und brauchen, und wenn wir wirklich zuhören, werden wir die Antwort finden. Wir dürfen uns nicht von den Vorstellungen anderer Menschen darüber beherrschen lassen, was wir angeblich brauchen oder was gut oder schlecht für uns ist. Wir müssen selbst über unser Leben bestimmen. Wenn wir uns dessen bewusst sind, können wir den für uns richtigen Weg einschlagen.

Eine meiner Seminarteilnehmerinnen wollte gerne Schauspielerin werden. Ihre Eltern überredeten sie dazu, Jura zu studieren. Alle Leute in ihrer Umgebung übten Druck auf sie aus, die Juristenlaufbahn einzuschlagen. Doch nach einem Monat brach sie dieses Studium ab. Sie beschloss, stattdessen auf eine Schauspielschule zu gehen, was ihrem wirklichen Wunsch entsprach. Bald darauf wurde sie von düsteren Träumen gequält, dass sie es im Leben zu nichts bringen würde. Sie begann, sich elend und deprimiert zu fühlen. Sie konnte ihre Zweifel nicht überwinden und bekam das Gefühl, mit dem Abbruch des Jurastudiums den größten Fehler ihres Lebens begangen zu haben. Als ich sie fragte, wessen Stimme sie in ihren Träumen höre, antwortete sie, es sei die Stimme ihres Vaters.

Viele Menschen erkennen sich in dieser Geschichte wieder. Die junge Frau wollte gerne Schauspielerin werden, doch ihre Eltern sahen sie lieber als erfolgreiche

Anwältin. Sie fühlte sich verwirrt, bis sie erkannte, dass sie das tun musste, was sich für sie selbst richtig anfühlte. Sie musste Verbindung zu ihrer inneren Weisheit aufnehmen und erkennen, dass es allein darauf ankam, dass sie sich selbst zufriedenstellte, niemanden sonst. Sie konnte ihre Eltern lieben und dennoch ihre eigene Erfüllung anstreben.

Eine unserer Herausforderungen besteht darin, das zu tun, was richtig für uns ist, auch wenn es nicht den Vorstellungen uns nahe stehender Menschen entspricht. Wir sind nicht auf der Welt, um die Erwartungen anderer zu erfüllen. Ich glaube, dass sich letztlich alles auf bestmögliche Weise entfaltet, aber manchmal ist es schwer für uns, diesen Glauben aufrechtzuerhalten, wenn wir uns herausfordernden Konfrontationen gegenübersehen. Wir sollten darauf vertrauen, dass die göttliche Intelligenz uns hilft, das Leben auf die für uns beste Weise zu erfahren. Das verleiht uns die Kraft, unseren ganz persönlichen Weg der Erfüllung zu gehen und uns an allem zu freuen, was das Leben uns zu bieten hat.

Die folgenden Briefe beschäftigen sich mit dem Thema Aus- und Weiterbildung:

Liebe Louise,
immer hatte ich mir vorgenommen, wieder aufs College zu gehen, wenn mein jüngstes Kind in die Schule kommt. Doch ich habe vier Kinder und einen Ehemann und ich fürchte,

dass er mich bei meinem Plan auf keinen Fall unterstützen wird. Ich habe das Gefühl, dass er sich nicht genügend an der Betreuung der Kinder beteiligt und mich nicht entlastet. Er macht Bemerkungen wie: »Du wolltest doch so viele Kinder; jetzt musst du auch bereit sein, dafür Opfer zu bringen.«

Aber müssen wir denn auf die Erfüllung unserer Träume verzichten, nur weil wir Kinder haben? Was soll ich tun?

Louises Antwort:
Offenbar fürchtet Ihr Mann, Sie zu verlieren, wenn Sie anfangen, sich Ihre Träume zu erfüllen. Er hat Angst, dass Sie ihm dann über den Kopf wachsen. Auch scheint er sehr traditionelle Auffassungen darüber zu besitzen, wo der Platz einer Frau ist.

Trotzdem haben Sie absolut das Recht auf persönliche Erfüllung. Niemand kann über Sie bestimmen, wenn Sie es nicht zulassen. Ihre Gedanken sind Ihre Privatsache. Dort, in Ihrem Inneren, in Ihrem Denken, sollten Sie mit der Veränderung Ihres Lebens beginnen. Informieren Sie sich, lesen Sie, hören Sie Kassetten für persönliches Wachstum. Versorgen Sie sich in der örtlichen Bibliothek mit Literatur. Schaffen Sie sich eine klare geistige Vorstellung davon, welches Leben Sie führen möchten. Wenden Sie regelmäßig Affirmationen an.

Denken Sie daran, dass alles, was Sie denken, sagen und glauben, eine Affirmation ist. Sie müssen Ihre innere Programmierung, die bislang besagt, dass Ihr Mann Sie kontrolliert, dahingehend verändern, dass Sie einen Mann haben, der Sie liebevoll unterstützt. Benutzen Sie die folgenden sehr wirkungsvollen Affirmationen:

Meine Familie unterstützt mich rückhaltlos bei der Erfüllung meiner Träume. Ich verdiene alle Segnungen des Lebens.

Liebe Louise,
ich bin College-Student und interessiere mich seit mehreren Jahren für Ihre Lehren. Während der Semesterferien verschlinge ich Selbsthilfebücher, übe mich darin, Vergebung zu praktizieren und mich von meiner Vergangenheit zu lösen, und versuche, mein Selbstvertrauen und meine Selbstachtung zu verbessern. Ich studiere an einer Universität mit sehr hohen Leistungsanforderungen und die von mir belegten Kurse sind zwar interessant, aber schwer zu bewältigen. Während der Semester geschieht es jedes Mal, dass ich meine geistige und körperliche Gesundheit aufs Spiel setze, indem ich zu hart arbeite, zu viel esse, zu wenig schlafe, mich völlig einigele und in ständiger Angst wegen meiner Seminarnoten lebe.

Am Ende jedes Semesters muss ich praktisch wieder »ganz von vorn« anfangen und meine Gesundheit und Selbstachtung neu aufbauen. Ich habe vor, noch mehrere Jahre zu studieren, und will nicht während meines ganzen Studiums unglücklich sein. Ich wäre sehr dankbar, wenn Sie mir einen Rat geben könnten.

Louises Antwort:
Warum sind die Noten so wichtig für Sie? Sie sind lediglich Ziffern auf einem Blatt Papier und haben nichts mit Ihrem Selbstwert und Ihrer Selbstachtung zu tun. Hören Sie damit auf, sich ständig selbst niederzumachen. Ich

glaube, dass Klausuren und Noten viel zu viel Bedeutung beigemessen wird, so dass Studenten deswegen zu sehr in Stress geraten. Tests und Zwischenprüfungen sollen Ihnen lediglich zeigen, wie gut Sie Ihr Fachgebiet bereits beherrschen und wo noch Wissenslücken bestehen.

Beginnen Sie jeden Tag mit einigen Minuten stiller Meditation. Bekräftigen Sie Ihren Selbstwert und Ihre Selbstachtung. Bejahen Sie, dass das Studium für Sie immer leichter wird. Entwickeln Sie ein Gefühl der Dankbarkeit für jede Erfahrung, die Ihnen geschenkt wird. Lernen Sie, sich am gegenwärtigen Augenblick zu freuen. Es ist Ihr Leben. Lieben Sie es, dann wird das Leben diese Liebe erwidern. Bejahen Sie: ICH HABE ERFOLG IM LEBEN. ALLES, WAS ICH UNTERNEHME, GEDEIHT.

Liebe Louise,
ich bin neunzehn und gerade durch die Abschlussprüfung gefallen, so dass ich nun das letzte Schuljahr wiederholen muss. Das macht mir sehr zu schaffen. Ich weiß, wenn ich fleißiger gewesen wäre, könnte ich jetzt schon aufs College gehen. Ich war faul und unfähig und jetzt fühle ich mich schuldig deswegen. Gott hat mich nicht erschaffen, damit ich faulenze und herumtrödele. Ich habe das Gefühl, dass ich eine schwere Sünde begangen habe. Ich fühle mich sehr entmutigt wegen dieses Fehlschlags und würde gerne völlig neu anfangen. Was raten Sie mir?

Louises Antwort:
Der beste Neuanfang für Sie besteht darin, dass Sie damit beginnen, sich selbst zu lieben. Über alte Fehler

zu jammern ist Energie- und Zeitverschwendung. Legen Sie die Angewohnheit, sich mit Selbstvorwürfen zu quälen, besser jetzt gleich ab, sonst wird sie Ihnen das ganze Leben hindurch zu schaffen machen.

Betrachten Sie Ihren schulischen Fehlschlag als wertvolle Lernerfahrung und schauen Sie nach vorn. Gewiss warten in diesem Jahr noch viele wunderschöne Erfahrungen auf Sie. Ich schlage vor, dass Sie die folgende Affirmation einen Monat lang mindestens fünfhundertmal am Tag vor sich hinsagen: ICH LIEBE MICH, VERTRAUE AUF MEINE FÄHIGKEITEN UND FREUE MICH AN DEM, WAS ICH BIN. Ihr Leben wird sich dadurch zum Besseren verändern. Da bin ich mir sicher.

Liebe Louise,
ich bin College-Studentin und habe Probleme damit, mein Energieniveau anzuheben und mich spirituell auszurichten. Zum Beispiel finde ich nicht die innere Ruhe zum Meditieren. Auch fällt es mir schwer, mich bei spirituellen Versammlungen oder im Musik- und Kunstunterricht zu konzentrieren. Es scheint, dass ich wegen dieser mangelnden Konzentrationsfähigkeit nicht wirklich lernen, schöpferisch sein oder mich und andere heilen kann.

Eine mögliche Erklärung ist, dass ich eigentlich Linkshänderin bin, von meinen Eltern aber zum Umlernen auf die rechte Hand gezwungen wurde. Möglicherweise habe ich dadurch Schuldgefühle, wenn ich meine rechte Gehirnhälfte einsetze, was ja notwendig ist, um sich im schöpferischen »Fluss« zu befinden. Ein anderer Grund könnte sein, dass ich mit Autori-

tätspersonen und Partnern zu tun hatte, die sich als nicht vertrauenswürdig erwiesen und mich zu beherrschen versuchten. Vielleicht habe ich deshalb kein Vertrauen in meinen eigenen Energiefluss. Auch habe ich ein schwaches Gedächtnis und eine ziemlich schlechte Körperkoordination und ich schaffe es kaum, ein Lied bis zum Ende zu singen. Selbst wenn ich etwas vom Verstand her begriffen habe, kann ich dieses Wissen irgendwie nur schwer in Worte fassen oder praktisch umsetzen. Was raten Sie mir?

Louises Antwort:
Es klingt, als wäre das Leben für Sie zu einem ständigen »Kampf« geworden. Dabei sollte unser Leben natürlicherweise leicht und mühelos verlaufen. Haben Sie schon einmal überlegt, Yoga-Unterricht zu nehmen? Yoga könnte Ihnen sehr helfen, sich körperlich zu entspannen und die blockierten Energiebahnen in Ihrem Körper zu öffnen.

Vergeben Sie Ihren Eltern, dass sie Sie zwangen, mit der rechten Hand zu schreiben. Sie haben gewiss nicht in böser Absicht gehandelt, sondern entsprechend ihrem damaligen Wissen geglaubt, das Beste zu tun. Ich bin überzeugt, dass Sie in der Lage sind, beide Hände auf bestmögliche Weise zu gebrauchen, so wie es Ihnen für die verschiedenen Tätigkeiten angemessen erscheint.

Es ist möglich, dass bei Ihnen eine Lernschwäche besteht, möglicherweise sogar eine Lesestörung. Solche Probleme lassen sich aber überwinden. Eine pädagogisch-psychologische Beratung kann Ihnen Wege aufzeigen, wie Sie größere persönliche Erfolge erzielen können.

Befreien Sie sich von Schuldgefühlen und Ängsten, von der Vergangenheit und ebenso von der Zukunft. Lernen Sie, im *Jetzt* zu leben, in der Gegenwart. Atmen Sie jetzt gleich, während Sie diese Zeilen lesen, tief durch und bekräftigen Sie: So, WIE ICH BIN, BIN ICH VOLLKOMMEN. ICH LERNE LEICHT UND MÜHELOS. ICH BIN IM FRIEDEN MIT MIR SELBST. Die Erfahrungen, die Sie gegenwärtig machen, sind eine wertvolle Lektion. Erneuern Sie Ihre spirituelle Verbundenheit mit dem Universum. Sie sind nicht allein und Sie werden geliebt.

Liebe Louise,
ich bin gerade damit beschäftigt, für meine Mittelstufenschüler ein Programm zu entwickeln, mit dem wir ihre Selbstachtung und Selbstliebe aufbauen möchten. Das Programm ist für jene Schüler gedacht, deren Selbstwertgefühl besonders schwach entwickelt ist. Mit ihnen möchten wir gezielt für mehrere Wochen arbeiten. Ich wäre Ihnen sehr dankbar, wenn Sie Materialien oder Ideen zu diesem Programm beisteuern könnten.

Louises Antwort:
Ich finde es großartig, dass Sie sich die Zeit nehmen, Ihren Schülern beim Aufbau eines gesunden Selbstwertgefühls zu helfen! Diese Arbeit ist wirklich dringend notwendig und sollte an allen Schulen praktiziert werden. Für Ihr Programm möchte ich Ihnen unter anderem meine »Zehn Schritte zur Selbstliebe« empfehlen. Sie haben schon vielen Menschen sehr geholfen. Zur Entwicklung Ihres Programms sende ich Ihnen meine besten Wünsche.

Zehn Schritte zur Selbstliebe

1. VERZICHTE AB SOFORT AUF JEDE FORM DER KRITIK. Kritik ändert niemals etwas. Verzichte darauf, dich selbst zu kritisieren. Akzeptiere dich so, wie du bist. Alle Menschen verändern sich kontinuierlich. Wenn du dich kritisierst, veränderst du dich auf negative Weise. Wenn du dich lobst und wertschätzt, sind die Veränderungen positiv.
2. HÖRE AUF, DIR STÄNDIG SELBST ANGST EINZUJAGEN. Terrorisiere dich nicht länger mit deinen Gedanken. So zu leben ist schrecklich. Wähle ein inneres Bild aus, das angenehm für dich ist (meines ist zum Beispiel eine gelbe Rose), und wenn du dich bei Angst machenden Gedanken ertappst, schalte sofort auf diesen angenehmen Gedanken um.
3. SEI SANFT, FREUNDLICH UND GEDULDIG. Gehe sanft mit dir um. Sei geduldig mit dir, während du diese neue Art zu denken erlernst. Behandle dich als eine Person, die du aufrichtig liebst.
4. SEI NETT ZU DEINEM VERSTAND. Selbsthass bedeutet lediglich, dass du deine eigenen Gedanken hasst. Hasse dich nicht dafür, dass du bestimmte Gedanken hast. Ändere dein Denken auf sanfte, mitfühlende Weise.
5. EIGENLOB IST GESUND. Kritik zieht uns herunter. Lob baut uns auf. Lobe dich, sooft du kannst. Sage dir immer wieder, wie gut du deine Sache machst.
6. HILF DIR SELBST UND LASS DIR HELFEN. Öffne dich für alle inneren und äußeren Hilfsquellen. Vertraue dich

deinen Freunden an, und wenn du es allein nicht schaffst, lass dir von ihnen helfen. Um Hilfe zu bitten, wenn man sie benötigt, ist ein Zeichen von Stärke.

7. Gehe liebevoll mit den negativen Seiten deines momentanen Lebens um. Mach dir bewusst, dass du dir deine Probleme erschaffen hast, um bestimmte Bedürfnisse zu befriedigen. Jetzt beginnst du damit, neue, positive Wege zur Befriedigung dieser Bedürfnisse zu entdecken. Löse dich also liebevoll von den alten negativen Mustern.
8. Sorge gut für deinen Körper. Informiere dich über gesunde Ernährung. Welche Nahrung benötigt dein Körper, um energiegeladen und vital zu sein? Informiere dich über Bewegung und Fitness. Welche Formen körperlicher Bewegung machen dir besondere Freude? Dein Körper ist der Tempel, in dem du lebst. Behandle ihn mit Achtung und Dankbarkeit.
9. Mache Spiegelarbeit. Schau dir oft in die Augen. Du solltest deine Person und deinen Körper immer mehr lieben und diese Liebe zum Ausdruck bringen. Vergib dir alle deine Fehler, während du in den Spiegel schaust. Sprich beim Blick in den Spiegel mit deinen Eltern. Vergib auch ihnen. Sage mindestens einmal täglich zu deinem Spiegelbild: »Ich liebe dich. Ich liebe dich wirklich sehr.«
10. Liebe dich selbst … jetzt. Warte damit nicht, bis du gesund bist oder schlank bist, den neuen Job bekommen oder die neue Liebe gefunden hast. Beginne jetzt – und mache es, so gut du kannst.

- Mein Leben ist großartig.
- Ich stehe auf meinen eigenen Füßen.
- Ich mache Gebrauch von meiner persönlichen Kraft.
- Ich erkunde die Schatzkammer in meinem Inneren.
- Ich bin bereit, neue Denk- und Lebensweisen zu erproben.
- Ich fühle mich ganz und heil.
- Ich nehme die mir eigene Kraft an und benutze sie.
- Mein Leben bietet mir tiefe Erfüllung.
- Ich gebe mir, was ich brauche.
- Es ist gut und ungefährlich, zu wachsen und sich weiterzuentwickeln.

4. KAPITEL

Emotionale Probleme

Ich liebe das Gefühl der Freiheit, das sich einstellt, wenn ich meinen schweren Mantel aus Kritik, Angst, Schuldgefühlen, Bitterkeit und Scham ablege. Dann bin ich in der Lage, mir selbst und anderen zu vergeben. Das befreit uns alle. Ich bin dazu bereit, die Vergangenheit ruhen zu lassen und von jetzt an in der Gegenwart zu leben. Ich vergebe mir, dass ich diese alten Lasten so lange mit mir herumgetragen habe. Ich vergebe mir, dass ich es nicht verstand, mich selbst und andere zu lieben. Wir alle sind für unser Verhalten selbst verantwortlich. Was wir geben, erhalten wir vom Leben zurück. Daher habe ich nicht das Bedürfnis, mich selbst oder andere Menschen zu bestrafen. Wir alle stehen unter dem Gesetz unseres eigenen Bewusstseins. Ich konzentriere mich darauf, Vergebung zu praktizieren, so dass die Liebe in mein Bewusstsein strömen kann. So werde ich geheilt.

Emotionale Probleme gehören zum Schmerzhaftesten überhaupt. Bei uns allen kommt es gelegentlich vor, dass wir ärgerlich sind, uns traurig, einsam, schuldig oder ängstlich fühlen. Wenn solche Gefühle sich jedoch verfestigen und uns beherrschen, kann unser Leben zu einem emotionalen Schlachtfeld werden. Viele von uns fühlen sich so minderwertig und unvollkommen, dass sie glauben, niemals gut genug sein zu können. Und wenn wir glauben, dass mit uns selbst etwas nicht stimmt, neigen wir auch dazu, bei anderen Menschen nach Fehlern zu suchen. Das größte Problem für die meisten von uns besteht darin, dass sie nicht die leiseste Idee haben, was sie loslassen und wovon sie sich befreien sollten. Wir wissen ziemlich genau, was nicht funktioniert und was wir uns für unser Leben wünschen, aber wir sind blind für das, was der Erfüllung unserer Wünsche im Weg steht.

Wir sollten einmal einen Moment innehalten und über unsere Probleme und negativen Muster nachdenken. In welche Kategorie gehören sie – Kritik, Angst, Schuldgefühle oder Groll? Handelt es sich hauptsächlich um eine dieser Kategorien oder ist es eine Kombination von mehreren? Sind es Ängste, die immer wieder in Ihnen hochsteigen, oder Schuldgefühle? Sind Sie ein sehr kritischer Mensch oder hegen Sie vor allem Grollgefühle? Ich mache Sie darauf aufmerksam, dass Grollgefühle aus unterdrückter Wut resultieren. Wenn Sie also der Ansicht sind, dass Sie Ihrer Wut nicht Ausdruck verleihen dürfen, hat sich zweifellos eine Menge Groll in Ihnen angesammelt.

Wir können unsere Gefühle nicht leugnen. Und es bekommt uns überhaupt nicht, wenn wir sie ignorieren.

Chronische Muster von Selbsthass, Schuldgefühlen und Selbstkritik erzeugen in unserem Körper Stress und schwächen das Immunsystem. Es ist deshalb unsere Aufgabe, die Ursachen dieser Gefühle zu beseitigen, so dass wir uns zu gesunden, integrierten Individuen entwickeln können. Alles in unserem Leben ist ein Spiegel dessen, was wir sind. Wenn etwas Unangenehmes geschieht, ist das eine Chance für uns, nach innen zu blicken und zu sagen: »Wie trage ich zu dieser Erfahrung bei? Welcher Teil von mir glaubt, dass ich so etwas verdient habe?«

Dann müssen wir uns klarmachen, dass es nicht darauf ankommt, was uns in der Vergangenheit angetan wurde oder was unsere Eltern uns gelehrt haben. Heute ist ein neuer Tag. Wir selbst sind jetzt für unser Leben verantwortlich. Hier und jetzt erschaffen wir unsere Zukunft. Es besteht überhaupt kein Zweifel daran, dass wir dazu in der Lage sind, denn in uns gibt es eine höhere Macht, die uns helfen kann, uns von allen alten, negativen Mustern zu befreien. Wir müssen es nur zulassen.

Die folgenden Briefe haben emotionale Probleme zum Gegenstand:

Liebe Louise,
seit vor fünf Jahren meine Ehe zerbrach, habe ich mit schweren Depressionen zu kämpfen. Fast elf Jahre lang hatte ich eine liebevolle Beziehung zu meinem Mann, aber er trank und

nahm Drogen, gab im Übermaß Geld aus, so dass sich ein Berg von Schulden anhäufte, und ging eine Affäre mit einer meiner besten Freundinnen ein. Nach unserer Trennung hatte ich zwei neue Beziehungen, die jedoch beide nicht funktionierten. Meine letzte Beziehung war eine solche Enttäuschung, dass ich ernsthaft an Selbstmord dachte.

Ich bin sicher, dass mein Hauptproblem meine Beziehung zu Gott ist, die ich für ziemlich gut hielt, bis meine Welt auseinander fiel. In den drei Monaten nach der Trennung von meinem Mann verlor ich alles: mein Zuhause, meine Kreditwürdigkeit, meine Arbeit und meine emotionale Gesundheit. Da ich mich jahrelang mit Metaphysik beschäftigt hatte, war mein erster Gedanke: Wie kann mir *so etwas zustoßen? Ich bete, ich meditiere, ich wende regelmäßig Affirmationen an, ich bin ein freundlicher und liebevoller Mensch.*

Ich sehne mich danach, Liebe zu geben und zu empfangen, mich an den Wundern zu erfreuen, die das Leben uns bietet, und Gott nahe zu sein. Doch es ist sehr frustrierend zu sehen, wie meine Freundinnen sich all der Dinge erfreuen, die ich auch so gerne erleben würde: liebevolle Partnerschaft, sexuelle Erfüllung, Familie, ein schönes Zuhause, Wohlstand und Lebenssinn. Es scheint, dass alle außer mir das Geheimnis des Lebens entdeckt haben, während ich immer noch blind umherstolpere und mich vergeblich abmühe. Wenn ich zurückblicke, habe ich den Eindruck, dass mir alles genommen wurde, was ich geliebt habe.

Wenn ich diese Zeilen lese, schäme ich mich, weil meine Worte so jammernd und wehleidig klingen, aber Hoffnungslosigkeit und Verzweiflung sind einfach übermächtig. Können Sie mir helfen?

Louises Antwort:
Sie sind so verzweifelt, weil Sie den wahren Kern Ihres Problems noch nicht erkannt haben. Kein Wunder, dass Sie sich so hilflos fühlen. Sie baden ja seit Jahren geradezu in Selbstmitleid. Trocknen Sie sich die Tränen ab und dann heißt es: An die Arbeit! Unsere Vorstellungen über die Liebe beruhen in der Regel auf dem, was wir als Kinder diesbezüglich erlebt haben. Wurde Liebe in Ihrer Familie auf sanfte, zärtliche Weise zum Ausdruck gebracht? Oder waren Gebrüll und Türenschlagen an der Tagesordnung? War einer Ihrer Eltern Alkoholiker? Haben Ihre Eltern einander aufrichtig gemocht? Waren sie einander treu oder gab es außereheliche Affären? Wir neigen unbewusst dazu, unsere eigenen Beziehungen so zu gestalten, wie wir es als Kinder bei unseren Eltern beobachtet haben. Für mich klingt es so, als würden Sie in all Ihren Beziehungen Ihren Vater oder Ihre Mutter nachahmen. Möglicherweise zeigt sich dieses Muster auch im Hinblick auf berufliche Vorgesetzte. Erst wenn Sie Ihr *inneres Muster* verändern, werden sich auch in Ihren äußeren Lebensumständen positive Veränderungen einstellen.

Sie sollten sich bewusst darum bemühen, Ihren Eltern zu vergeben und sich von Ihrer Kindheit zu lösen. Das wird Ihnen am besten in einer Therapiegruppe gelingen. Bei den örtlichen Kirchengemeinden, über Lokalzeitungen, aber auch über Aushänge in esoterischen Buchläden und in Reformhäusern können Sie solche Gruppen ausfindig machen. Wenn Sie ernsthaft bemüht sind, Ihr Muster zu verändern, wird das Leben Ihnen die richtigen Hinweise geben und Ihnen den nächsten

Schritt zeigen. Wagen Sie diesen Schritt! Gehen Sie für eine gewisse Zeit keine neue Beziehung ein, sondern lernen Sie zunächst einmal, sich selbst zu lieben. Wenn Sie gelernt haben, sich so zu lieben und anzunehmen, wie Sie sind, werden Sie ganz von selbst einen geeigneten Partner anziehen, der Ihnen echte Liebe schenken kann. Bekräftigen Sie: ICH VERGEBE MEINEN ELTERN UND ICH BIN FREI, MICH SELBST ZU LIEBEN.

Liebe Louise,
ich habe eine starke Abhängigkeit meiner Analytikerin gegenüber entwickelt. Sie wurde für mich zu der Mutter, die ich niemals hatte. Ich vertraute ihr und ich bemühte mich, sie nicht zu verärgern oder zu enttäuschen. Wenn es Schwierigkeiten gab und sie mich enttäuschte, fühlte ich mich wieder einmal im Stich gelassen, ungeliebt, wertlos. Ich suchte daraufhin noch mehrere andere Analytiker und Therapeuten auf.

Momentan arbeite ich mit Ihren Audiokassetten, besonders mit jener, die den Umgang mit Ärger und Wut zum Thema hat. Bei der Arbeit mit den Kassetten kommen bei mir ganz unterschiedliche Gefühle zum Vorschein – sehr viel Wut, Besorgnis und Verzweiflung. Hinterher fühle ich mich jedes Mal für einige Stunden ruhig und entspannt, aber eine dauerhafte Veränderung will sich nicht einstellen. Was kann ich zusätzlich tun?

Louises Antwort:
Zunächst einmal sollten Sie sich von der Erwartung lösen, andere Menschen könnten Ihr Leben für Sie in

Ordnung bringen. Das müssen Sie schon selbst erledigen. Wenn jemand Ihnen weiszumachen versucht, er könnte Ihnen diese Arbeit abnehmen, sind Sie natürlich enttäuscht und fühlen sich im Stich gelassen, wenn er Ihre diesbezüglichen Ansprüche dann doch nicht erfüllt.

Ich habe den Eindruck, Sie sehen es als erwiesen an, dass Ihnen niemand helfen kann. Es ist sinnlos, von einem Therapeuten zum nächsten zu rennen, wenn Sie nicht wirklich an sich selbst arbeiten.

Machen Sie sich klar, dass Sie ein starkes, schöpferisches menschliches Wesen sind und bereits jetzt alles Erforderliche an Weisheit und Wissen in sich tragen, um sich selbst zu heilen. Arbeiten Sie daran, den Kontakt zu Ihrer inneren göttlichen Weisheit und Liebe zu verbessern. Das versetzt Sie in die Lage, Ihr Leben selbst in die Hand zu nehmen und Frieden, Gesundheit und Erfüllung zu finden.

Als geeignete Affirmationen empfehle ich Ihnen: Ich bin in der Lage, selbstständig die richtigen Entscheidungen zu treffen. Ich akzeptiere meine innere Macht und Kraft. Ich bin jederzeit sicher und geborgen. Ich vertraue darauf, dass das Leben es gut mit mir meint.

Liebe Louise,
ich schreibe Ihnen, weil ich einfach nicht mehr ein noch aus weiß. Seit fast neun Jahren kämpfe ich mit den Nachwirkungen einer Magersucht (ich bin vierundzwanzig). Ich habe viele Krankenhausaufenthalte hinter mir und eine Menge

Zeit bei allen möglichen Therapeuten verbracht. Inzwischen bin ich restlos frustriert – über die Psychotherapeuten und über mich selbst. Ich habe in den letzten Jahren eine Menge Bücher über die Veränderung der persönlichen Glaubenssätze gelesen, doch das hat mich kein Stück weitergebracht. Ich habe es mit Affirmationen versucht und mehrere Ihrer Bücher gelesen, aber es gelingt mir einfach nicht, mich von diesem Gefühl völliger Wertlosigkeit zu befreien, das mich quält, solange ich denken kann.

Ich bin es leid, mein ohnehin knapp bemessenes Geld für Bücher und Kassetten auszugeben, die mir doch nicht weiterhelfen. Und vor allem habe ich es satt, mich immer wieder selbst fertig zu machen für alles, was ich denke, sage oder tue. Ich habe zeitweilig unter schweren Depressionen gelitten und gegenwärtig habe ich das Gefühl, wieder in diesen Abgrund zurückzufallen (mein Gewicht ist extrem niedrig). Was fehlt mir, Louise? Warum gelingt es mir nicht, meine Glaubenssätze und meine Realität wirklich tief greifend zu verändern – obwohl mir das Prinzip vom Verstand her natürlich vollkommen einleuchtet? Gibt es irgendwelche Methoden, Kassetten oder Übungen, die ich ausprobieren sollte? Ich bin kurz davor, die Hoffnung aufzugeben.

Louises Antwort:
Was sind Sie doch für eine starke Frau! Sie sind stärker und mächtiger als Therapeuten, Ärzte, Klinikpersonal und sogar als Bücher und Kassetten. Niemand kann Sie zwingen, sich selbst zu heilen. Dazu sind Sie viel zu stark. Hoffentlich ringen Sie sich nun endlich einmal dazu durch, diese starke, machtvolle Energie für Ihre Selbstheilung einzusetzen, statt Ihren Körper zu zerstören.

Kein Mensch auf der Welt könnte Sie derartig fertig machen, wie Sie selbst es offenbar die ganze Zeit über tun. Darin sind Sie wirklich gut. Die große Frage lautet dabei: »Was an Ihnen ist so schrecklich, dass Sie glauben, sich deswegen auf diese schlimme Weise bestrafen zu müssen?« Diese Frage habe ich schon Tausenden von Menschen gestellt und *niemand* hat mir darauf je eine vernünftige Antwort geben können. So schwierig Ihr Problem mittlerweile auch geworden sein mag, Sie haben es nach wie vor lediglich mit Selbsthass zu tun. Und bei Selbsthass handelt es sich einfach nur um eine bestimmte Art zu denken. Gedanken kann man verändern.

Sie müssten doch inzwischen wissen, dass unser Denken unser Leben bestimmt. Was Sie auch tun, immer denken Sie und Ihr Denken formt Ihre Zukunft! Deshalb ist es so wichtig, dass wir alle lernen, unser Denken bewusst zu steuern. Gegenwärtig sind wir gerade dabei, die Bedeutung dieses Prinzips zu verstehen. Denken ist ein Naturgesetz. Unsere Gedanken bringen unsere Erfahrungen hervor. Wir bekommen, was wir denken. Sie haben es zugelassen, dass Ihr Denken außer Kontrolle geraten ist und sich in einem Kreislauf des Selbsthasses festgefahren hat.

Auch wenn ich die Einzelheiten Ihrer Lebensgeschichte nicht kenne, bin ich mir doch sicher, dass Ihnen in der Kindheit irgendjemand eingeredet hat, Sie seien wertlos. Oder vielleicht wurde Ihnen von Ihren Eltern immer wieder signalisiert, dass Sie »nicht gut genug« waren. Solche Botschaften müssen von sehr ignoranten Erwachsenen gekommen sein, die ebenfalls von Selbsthass erfüllt waren. Da Sie damals ein braves Mädchen waren, haben Sie den Erwachsenen geglaubt und seither stets entsprechend dieser Prämisse gehandelt.

Da Sie ein freier Mensch sind, steht es Ihnen selbstverständlich frei, sich weiterhin selbst zu vergewaltigen. Sie können aber ebenso gut beschließen, Ihr Leben von Grund auf zu ändern. Wir alle kommen auf diesen Planeten, damit wir lernen, uns selbst zu lieben, ganz gleich, was »die anderen« von uns denken und über uns reden. Sie sind eine alte Seele und darum ist Ihre Lektion etwas schwieriger. Da Sie eine alte Seele sind, stehen Ihnen aber auch ganz besondere Energien zur Verfügung. Sie besitzen das Potenzial, eine ganz außergewöhnliche Heilerin zu werden. Alle guten Heiler, die ich kenne, mussten zunächst durch viele dunkle Nächte der Seele gehen, ehe sie ihre Begabung entfalten konnten.

Daher habe ich nun einen konkreten Vorschlag für Sie: Sie haben sich verschiedenen Therapien unterzogen, Sie haben die einschlägigen Bücher gelesen und Kassetten gehört. Sie wissen über all das Bescheid. Gehen Sie also hin und engagieren Sie sich als ehrenamtliche Helferin bei der Betreuung von Aidskranken oder im Besuchsdienst einer Kinderklinik. Vergessen Sie sich selbst für eine Weile, gehen Sie aus sich heraus und helfen Sie anderen! Sie werden überrascht sein, welche Wunder das bei Ihnen bewirken wird. Es wird sehr viel Liebe in Ihr Leben bringen und Ihre Heilung wird dadurch enorme Fortschritte machen.

Liebe Louise,
ich bin eine dreiundzwanzigjährige Frau, die bereits zweimal unter schweren Depressionen litt. Nun erlebe ich seit mehreren Wochen eine intensive Traurigkeit, doch der Schmerz ist anders als während meiner früheren Depressionen. Ich weiß noch nicht einmal, was die Ursache für meine Traurigkeit ist. Ich scheine erneut eine Depression durchzumachen, aber während ein Teil von mir sehr traurig ist, fühlt sich ein anderer Teil okay und gesund.

Depressionen kommen in meiner Familie häufig vor, aber die Depressionen äußern sich bei jedem von uns auf andere Weise. Ich möchte mich endlich von dieser Krankheit befreien, weiß jedoch nicht, wie ich das anfangen und mein Denken verändern soll.

Louises Antwort:
Dazu, dass Depressionen und andere Erkrankungen in manchen Familien offenbar gehäuft auftreten, habe ich eine ganz bestimmte Meinung: Wir neigen dazu, die Verhaltensweisen anderer Familienmitglieder, zumeist der Mutter oder des Vaters, zu kopieren, wodurch das entsprechende Muster dann von Generation zu Generation »weitervererbt« wird. Doch wir können das Muster verändern, indem wir unsere Glaubenssätze verändern.

Hinter Depressionen verbirgt sich eine Wut, die Sie sich selbst nicht zugestehen wollen, weil Sie glauben, kein Recht auf diese Wut zu haben – so entsteht Hoffnungslosigkeit. Wie Sie sagen, spüren Sie schon seit einiger Zeit Traurigkeit. Ich möchte, dass Sie sich in jene Zeit zurückversetzen, als Sie ein kleines Kind waren. Waren Sie damals auch traurig? Neigten Sie dazu, sich in sich selbst zurückzuziehen? Verbergen Sie Ihre Gefühle eher vor anderen, statt sie offen zu zeigen? Wenn wir älter werden, finden wir oft immer neue Wege, unsere Gefühle zu verstecken. Es gibt so viele Ablenkungen und Zerstreuungen, in die wir uns flüchten können, um unsere unerwünschten Gefühle nicht spüren zu müssen.

Sie sollten sich unbedingt jemanden suchen, mit dem Sie über Ihre Traurigkeit sprechen können, vielleicht einen Therapeuten oder eine Selbsthilfegruppe. Ich vermute, dass es eine Menge Gefühle gibt, die Sie in sich vergraben haben. Wenn Sie sich diesen Gefühlen öffnen und sie aufarbeiten, können Ihre seelischen Wunden heilen. Eine gute Affirmation, die Sie möglichst oft wiederholen sollten, lautet: ICH LIEBE UND ACHTE MICH. Sagen Sie sich das mindestens fünfhundertmal am Tag.

Liebe Louise,
mir ist schon seit langem klar, dass Wut und Grollgefühle großen Schaden in meinem Körper anrichten können, doch bislang ist es mir nicht gelungen, damit aufzuhören. Ich bin dabei, mich selbst zu zerstören, und ich weiß nicht, wo ich Hilfe finden kann.

Ich arbeite sechs Nächte in der Woche und versuche, trotzdem eine Liebesbeziehung am Leben zu erhalten. Doch das ist schwierig, denn mein Partner arbeitet tagsüber. In vielerlei Hinsicht kommen wir sehr gut miteinander aus, doch die Tatsache, dass wir einander so wenig sehen, macht uns große Probleme. Ich esse zu viel, gebe zu viel Geld aus und Grollge-

fühle, Wut und Selbsthass machen mir gewaltig zu schaffen. Ich bin frustriert und weiß nicht, wie es weitergehen soll.

Ich habe das Gefühl, dass alle meine Bemühungen letztlich keinen Sinn haben und ich niemals aus diesem Teufelskreis herauskomme. Geben Sie mir bitte einen Rat, was ich machen soll.

Louises Antwort:
Offenbar spüren Sie ganz deutlich, dass es höchste Zeit für Sie ist, Ihr Leben selbst in die Hand zu nehmen. Der Kraftpunkt befindet sich immer in der Gegenwart und wir können hier und jetzt Veränderungen vornehmen. Gedanken lassen sich verändern und das gilt ebenso für selbstzerstörerische Verhaltensmuster. Natürlich braucht es seine Zeit, Muster zu verändern, die schon sehr lange Bestandteil unseres Lebens sind. Es wäre dabei gewiss sehr hilfreich für Sie, professionelle therapeutische Hilfe in Anspruch zu nehmen oder in eine Selbsthilfegruppe zu gehen. Informieren Sie sich über entsprechende Angebote in Ihrer Nähe. Auch empfehle ich Ihnen tägliche Spiegelarbeit. Benutzen Sie dabei die Affirmation: ICH BLICKE NACH INNEN UND FINDE DORT ALLEN TROST UND ALLE WEISHEIT, DIE ICH BRAUCHE.

Denken Sie daran: Sie selbst sind die wichtigste Person in Ihrem Leben. Solange wir uns selbst nicht genügend Wertschätzung entgegenbringen, um uns um die Befriedigung unserer Bedürfnisse zu kümmern, können wir kaum erwarten, dass die Menschen in unserer Umgebung dies für uns tun. Gehen Sie dabei Schritt für Schritt vor und seien Sie sanft und geduldig mit sich.

Liebe Louise,
Ihre Bücher sind für mich eine große Hilfe bei meiner Heilung. Dafür möchte ich Ihnen danken. Sie haben mir den Weg gewiesen, wie ich mich aus einer seit sechs Jahren andauernden Depression befreien kann.

Doch ich habe noch ein gutes Stück Weg vor mir, denn die manische Seite meiner Persönlichkeit muss gründlich umprogrammiert werden. Können Sie mir einen Rat geben, wie man am besten mit einer manischen Depression umgeht? Welche Lektionen muss ich lernen, um mein manisches Selbst in den Griff zu bekommen?

Louises Antwort:
Bei einer manischen Depression liegt eine Störung des energetischen Gleichgewichts vor. Offenbar sind Sie irgendwie zu dem Schluss gelangt, dass Sie nicht das Recht haben, einfach Sie selbst zu sein. Was ist vor sechs Jahren geschehen, das Sie dazu veranlasst hat, vor dem Leben zu fliehen? Einerseits haben Sie Ihre Energie unterdrückt, aus Angst, Ihre Gefühle offen zu zeigen, insbesondere Wut und Traurigkeit. Andererseits, um dies zu kompensieren, ist bei Ihnen das Pendel ganz wild und heftig in die andere Richtung ausgeschlagen, weit über die normale Wirklichkeit hinaus in den manischen Bereich. In beiden Fällen wird die Realität geleugnet und es besteht ein starker Wunsch, »nach Hause zurückzukehren«, sich spirituell zu Hause zu fühlen.

Sie müssen lernen, dass Sie das Recht haben, genau so zu existieren, wie Sie gegenwärtig sind. Es gibt niemanden, vor dem Sie sich ängstlich verstecken, und niemanden, dem Sie es recht machen müssen. Sie sind eine göttliche Ausdrucksform des Lebens, und Sie sind hierher gekommen, um das Besondere und Wunderbare in Ihnen auf bestmögliche Weise zum Ausdruck zu bringen.

Bekräftigen Sie: DAS UNIVERSUM IST MEIN ZUHAUSE UND DAS LEBEN IN SEINER GESAMTHEIT LIEBT UND UNTERSTÜTZT MICH. Das ist eine sehr tiefe Wahrheit und Ihr inneres Kind braucht diese innere Gewissheit.

Auch wenn meine Bücher und Audiokassetten Ihnen sicher sehr helfen können, scheint es mir doch ratsam, dass Sie sich professionelle therapeutische Hilfe suchen, was Sie gewiss einen großen Schritt weiterbringen wird.

- Mein Leben ist grenzenlose Liebe und Freude. Alles ist gut in meiner Welt.
- Ich beanspruche meine Macht und erschaffe liebevoll meine Realität.
- Ständig vertiefe ich meine Weisheit und mein Wissen.
- Ich bin schön und alle lieben mich.
- Mein Leben verändert sich kontinuierlich zum Besseren.
- Ich liebe und achte mich.
- Ich vertraue dem Leben und bin stets sicher und geborgen.
- Ich akzeptiere meine Einzigartigkeit.
- Es ist völlig ungefährlich, wenn ich mich nach innen wende und meine inneren Quellen entdecke.
- Das Leben versorgt mich mit allem, was ich brauche.

5. KAPITEL

Familiäre Beziehungen

Ich umgebe jetzt meine gesamte Familie mit einem Lichtkreis der Liebe – jene, die leben, und jene, die gestorben sind. Ich bejahe wunderbare, harmonische Erfahrungen, die für uns alle tief sinnerfüllt sind. Ich empfinde es als großen Segen, Teil des zeitlosen Gewebes bedingungsloser Liebe zu sein, das uns alle miteinander verbindet. Meine Vorfahren gaben gemäß dem Wissen und der Erkenntnis, über die sie verfügten, ihr Bestes, und die noch ungeborenen Kinder werden künftig ebenso ihr Bestes geben. Von Tag zu Tag sehe ich meine Aufgabe deutlicher vor mir, die ganz einfach darin besteht, mich von alten familiären Begrenzungen zu lösen und zur göttlichen Harmonie zu erwachen.

Uns allen machen negative familiäre Muster zu schaffen und es ist leicht für uns, unseren Eltern, unserer schweren Kindheit oder unserer Umwelt die Schuld an unserer gegenwärtigen Lebenssituation zu geben. Wenn wir in einer Familie aufwuchsen, in der es als normal galt, andere zu kritisieren, werden wir als Erwachsene ebenfalls zu Kritik und Vorurteilen neigen. Wenn wir in einer Familie aufwuchsen, in der wir unsere Wut nicht artikulieren durften, dann haben wir heute wahrscheinlich Angst vor Wut und persönlichen Konfrontationen. Wenn wir in einer Familie aufwuchsen, in der es üblich war, einander durch das Erzeugen von Schuldgefühlen zu manipulieren, werden wir als Erwachsene höchstwahrscheinlich ebenfalls zu solchen Manipulationen neigen. Vielleicht entschuldigen wir uns dann ständig für alles Mögliche und sind nicht in der Lage, andere offen um etwas zu bitten. Wir glauben dann, wir müssten uns in manipulativer Weise verhalten, um zu bekommen, was wir wollen.

Wir leben entsprechend diesen falschen, in der Familie erlernten Vorstellungen und verlieren den Kontakt zu unserer inneren Weisheit. Daher müssen wir uns unbedingt bewusst machen, dass wir über unsere familiären Grenzen hinauswachsen können. Wir selbst sind diejenigen, die leiden, wenn wir uns an früheren Schmerzen festklammern. Wir geben den äußeren Umständen und anderen Menschen Macht über uns, was bewirkt, dass diese Umstände und Menschen uns geistig versklaven. Solange wir an unserer Verbitterung und unseren Schuldzuweisungen festhalten, beherrschen uns diese Gespenster aus der Vergangenheit. Wir müssen uns von allen Glaubenssätzen befreien, die uns Schmerzen bereiten. So durchbrechen wir den Teufelskreis aus Schmerz, Wut und Vorwürfen, der uns daran hindert, positive, erfüllte Beziehungen zu uns selbst und zu anderen Menschen aufzubauen.

Wenn wir so akzeptiert werden möchten, wie wir sind, müssen wir bereit sein, die anderen so zu akzeptieren, wie sie sind. Wir wollen immer, dass unsere Eltern uns uneingeschränkt akzeptieren, sind aber oft nicht bereit, sie so zu akzeptieren, wie sie sind. Akzeptanz ermöglicht es uns selbst und anderen, einfach nur zu sein. Es ist arrogant, Maßstäbe für andere Menschen aufzustellen. Wir können nur für uns selbst Maßstäbe aufstellen. Und selbst dann sollten es eher großzügige Richtlinien als strenge Maßstäbe sein. Je mehr wir uns darin üben, uns selbst zu akzeptieren, desto leichter fällt es uns, uns von Gewohnheiten zu trennen, die uns nicht länger dienlich sind. In einer Atmosphäre der Liebe fällt es uns leicht, zu wachsen und uns positiv zu verändern. Wir müssen bestrebt sein, andere Menschen zu lieben und ihnen frühere Fehler zu verzeihen, und dazu ist es nötig, dass wir zuerst lernen, uns selbst zu lieben und uns selbst zu verzeihen.

Die folgenden Briefe beschäftigen sich mit familiären Beziehungen:

Liebe Louise,
mein Problem ist meine dominante, manipulative Mutter. Ich erkenne an, dass sie viele Probleme hatte (sie erkrankte an Polio, als ich fünf war, und ein Jahr danach verließ mein Vater

sie wegen einer anderen), doch ich fühle mich in ihrer Gegenwart, als hätte ich kaum Luft zum Atmen. Ich habe ihr gesagt, dass ich zu schätzen weiß, dass sie mir und ihren anderen Kindern hundert Prozent Aufmerksamkeit widmete. Und ich weiß, dass sie damals unter schwierigen Umständen ihr Bestes gab, aber ich habe ihr auch gesagt, dass mein Leben mir gehört, dass sie nicht darüber bestimmen darf. Ich lebe mein Leben heute für mich.

Ich habe Jahre gebraucht, um frei zu werden und mich nicht länger von meiner Mutter oder anderen Menschen, zum Beispiel meinem Ex-Mann, beherrschen zu lassen. Louise, wie kann ich ihr jetzt nahe sein? Sie ist fast achtzig Jahre alt und ihre Gesundheit hat sehr nachgelassen. Ich möchte ihr wirklich näher sein, mich mehr um sie kümmern, aber ich habe das Gefühl, dass ich ein paar Meter Abstand halten muss, wenn ich sie besuche. Und wenn ich ihr Haus betrete und die Tür hinter mir zufällt, komme ich mir vor wie im Gefängnis. Was raten Sie mir?

Louises Antwort:
Wenn alte Menschen sich darüber beklagen, dass ihre Kinder sich von ihnen zurückziehen, vergessen sie, dass sie zumeist selbst für diese Entwicklung verantwortlich sind. Eltern, die ihre Kinder ständig ermahnen: »Sag dies nicht, tu jenes nicht«, blockieren damit jede echte Kommunikation. Wenn Eltern Druck auf ihre Kinder ausüben und sie zu kontrollieren versuchen und dieses Verhalten beibehalten, wenn die Kinder erwachsen sind, verhindern sie damit eine liebevolle Beziehung.

Sie sind nicht verantwortlich für die Entscheidungen, die Ihre Mutter trifft und getroffen hat. Sie sind verantwortlich für *Ihre eigenen* Entscheidungen. Menschen, die unter einem dominanten Elternteil litten, suchen sich später fast immer einen dominanten Partner. Ich möchte Sie dazu beglückwünschen, dass es Ihnen gelungen ist, sich von beiden freizuschwimmen. Vielleicht werden Sie niemals in der Lage sein, die Nähe Ihrer Mutter zu ertragen, und das ist *nicht Ihre Schuld!* Machen Sie sich deshalb keine Vorwürfe.

Ich weiß, Sie wünschen sich, dass Ihre Mutter Sie genau so akzeptiert, wie Sie sind, und nicht versucht, Sie zu ändern. Geben Sie ihr die gleiche Freiheit. Akzeptieren Sie sie genau so, wie sie ist. Wenn sie wie die meisten dominanten Menschen ist, wiederholt sie sich ständig. Notieren Sie die Redewendungen, die Ihre Mutter oft verwendet, und nummerieren Sie sie. Wenn sie dann wieder in ihre übliche Routine verfällt, die Ihnen auf die Nerven geht, können Sie sich sagen: »Oh, da haben wir wieder mal Vorwurf Nr. 7.« Oder: »Diesmal kombiniert sie Vorwurf Nr. 6 mit Vorwurf Nr. 4.« Das wird Ihnen helfen, die Dinge aus einer neuen Perspektive zu sehen und nicht jedes Mal so zu reagieren, als wären Sie immer noch fünf Jahre alt.

Bekräftigen Sie: ICH HABE EINE ANGENEHME, LIEBEVOLLE BEZIEHUNG ZU MEINER MUTTER. Wenden Sie diese Affirmation sechs Monate lang täglich an und schauen Sie, was geschieht.

Liebe Louise,
ich bin eine Schwiegermutter, die sich nach Kräften bemüht, mit ihrer Schwiegertochter zurechtzukommen. Mein Enkel leidet an einer unheilbaren, tödlichen Krankheit. Meine Schwiegertochter und mein Sohn machen deswegen eine schreckliche Zeit durch – und ich ebenso. Ich liebe sie von Herzen.

Meine Schwiegertochter möchte, dass ich meine Liebe körperlich zeige. Sie sagt, ich würde nicht genug Anteil nehmen und wäre schrecklich kalt und distanziert. Ich weiß einfach nicht, was ich machen soll. Ich kann meine Liebe nicht auf diese Weise zeigen, weil ich anders erzogen wurde. Was stimmt nicht mit mir? Warum schäme ich mich so, meinen Kindern meine Liebe zu zeigen? Als sie klein waren, habe ich sie geküsst und umarmt, doch jetzt, wo sie erwachsen sind, schäme ich mich, so etwas zu tun. Helfen Sie mir bitte. Dieses Problem macht mich ganz krank.

Louises Antwort:
Werden Sie sich bitte zunächst bewusst, dass mit Ihnen alles in Ordnung ist. Sie sind eine göttliche Schöpfung des Universums und verdienen es uneingeschränkt, Liebe zu geben und zu empfangen.

Aus Ihrem Brief schließe ich, dass Sie ein Mensch sind, dem es angenehmer ist, zu sagen: »Ich liebe dich«, als andere ständig zu umarmen und zu küssen. Dies geht vermutlich, wie Sie ja selbst bemerkten, auf Erfahrungen in Ihrer Kindheit zurück. Wahrscheinlich wurden Sie im Elternhaus nicht zu körperlicher Zärtlichkeit ermutigt. Kinder haben ein großes Bedürfnis nach körperlicher Berührung und Nähe. Wenn dieses Bedürfnis nicht erfüllt wird, interpretieren sie das häufig dahingehend, dass mit ihnen irgendetwas »nicht stimmt«. Sie entwickeln ein Schamgefühl gegenüber ihrem Körper und ihren körperlichen Bedürfnissen. Um sich zu schützen und ihre vermeintlichen »körperlichen Fehler« nicht zeigen zu müssen, vermeiden sie körperliche Nähe zu anderen Menschen. Doch heute, als Erwachsene, sind Sie in der Lage zu erkennen, dass dieser Glaubenssatz, mit Ihnen stimme etwas nicht und Sie seien körperlich »unvollkommen«, keine wirkliche Gültigkeit besitzt.

Im Übrigen sollten Sie und Ihre Schwiegertochter bedenken, dass wir alle Liebe auf unterschiedliche Weise erleben – manche von uns möchten gerne umarmt und berührt werden; andere möchten die Worte »Ich liebe dich« hören; wieder andere wünschen sich materielle Liebesbeweise, etwa Blumen oder Pralinen. Manchmal ergeben sich Probleme mit uns nahe stehenden Menschen, weil die Art, wie wir ihnen unsere Liebe zeigen, nicht ihren Wünschen entspricht oder dem, was sie selbst als angenehm empfinden. Indem wir uns die Zeit nehmen, die Wünsche geliebter Menschen herauszufinden und mit ihnen über unsere eigenen Bedürfnisse zu sprechen, können wir die Liebe, die wir füreinander empfinden, besser kommunizieren.

Zudem sucht Ihre Schwiegertochter möglicherweise Fehler bei Ihnen, weil sie selbst sich in der momentanen schweren Situation überfordert und ängstlich fühlt. Segnen Sie sie und bleiben Sie mitfühlend, ohne sich ihre Projektionen zu sehr zu Herzen zu nehmen. Benutzen Sie die folgende Affirmation: ICH BIN VON LIEBE ERFÜLLT

UND ICH BRINGE DIESE LIEBE FREI UND OFFEN ZUM AUSDRUCK. ICH KANN MEINE LIEBE GEFAHRLOS ANDEREN MENSCHEN ZEIGEN.

Liebe Louise,
ich bin eine fünfunddreißigjährige Frau, die nun seit sieben Jahren nicht mehr im elterlichen Haus lebt. Wenn ich zu meinen Eltern fahre, fühle ich, wie ich wieder in die Rolle des Kindes zurückfalle, das nicht in der Lage ist, allein für sich zu sorgen. Wenn ich mich bei meinen Eltern aufhalte, überfallen mich Zweifel, wie ich es ohne sie schaffen soll, meine Miete zu bezahlen, meine Arbeit zu bewältigen und dergleichen. Dann bekomme ich richtig Angst davor, in mein eigenes Zuhause zurückzufahren. Ich stelle meine Fähigkeiten in Frage und fühle mich minderwertig.

Wenn ich dann wieder zu Hause bin, fällt es mir aber nicht schwer, mich um meine Aufgaben zu kümmern und mein gewohntes Leben zu führen. Das Problem ist, dass mir wegen dieser Empfindungen Besuche bei meinen Eltern unangenehm sind. Meine Eltern werden allmählich alt und ich möchte so viel Zeit mit ihnen verbringen wie möglich. Haben Sie einen Rat für mich, wie ich meine Ängste vor Besuchen im Elternhaus loswerden kann?

Louises Antwort:
Ihre wirkliche Frage lautet: »Wie kann ich erwachsen werden?« Nachdem Sie so lange bei Ihren Eltern gelebt haben, möchte ein Teil von Ihnen vermutlich immer noch wie ein Kind behandelt und von den Eltern um-

sorgt werden. Wenn Sie heute Ihre Eltern besuchen, spüren Sie diesen inneren Drang, wieder das sorgenfreie Leben eines kleinen Mädchens zu führen.

Trotzdem waren Sie stark genug, nach achtundzwanzig Jahren komfortabler Sicherheit aus Ihrem Elternhaus fortzugehen und sich ein eigenes Leben aufzubauen. Ich weiß, dass Sie inzwischen stark genug sind, um Ihr Denken umzuprogrammieren. Ändern Sie, wenn Sie das nächste Mal Ihre Eltern besuchen, bewusst Ihre Gedanken. Konzentrieren Sie sich, statt sich um Ihre Unabhängigkeit zu sorgen, auf die Liebe, die Sie für Ihre alternden Eltern empfinden. Eine gute Affirmation für Sie lautet: ICH BIN HEUTE EINE REIFE, UNABHÄNGIGE UND ERWACHSENE FRAU. ICH BIN SEHR GUT IN DER LAGE, FÜR MICH ZU SORGEN UND MEINE LIEBE UND STÄRKE MIT MEINEN ELTERN ZU TEILEN.

Liebe Louise,
meine Schwester und ich leben in unterschiedlichen Teilen des Landes, sind aber immer in Kontakt geblieben. Wenn ich Probleme hatte, wusste ich immer, dass ich meine Schwester anrufen und mit ihr darüber sprechen konnte. Sie lebt allein und hat einen guten Job, mit dem sie viel Geld verdient. Ich bin geschieden und habe vier Kinder im Teenager-Alter, die ich allein aufgezogen habe. In letzter Zeit macht mein ältester Sohn mir eine Menge Probleme und es hilft mir sehr, wenn ich meine Schwester anrufen und meine Sorgen mit ihr besprechen kann.

Doch als ich sie vor kurzem anrief, um mit ihr über meinen Sohn zu reden, unterbrach sie mich und sagte, dass sie nichts mehr davon hören will. Sie sagte, dass sie genug von meinen negativen Ansichten über Teenager im Allgemeinen und meinen Sohn im Besonderen hätte. Sie bat mich, sie erst wieder anzurufen, wenn ich meine Einstellung geändert hätte.

Ich bin deswegen sehr verletzt und weiß nicht, was ich tun soll. Ich wünsche mir ein gutes Verhältnis zu meiner Schwester, aber sie versteht einfach nicht, was es heißt, einen Teenager großzuziehen. Kann ich etwas tun, um diese Sache in Ordnung zu bringen?

Louises Antwort:
Warum sprechen Sie, wenn Sie das nächste Mal Ihre Schwester anrufen, nicht einfach mal von erfreulichen Dingen? Sagen Sie Ihrer Schwester, wie sehr Sie sie lieben und schätzen. Wenn Sie dann mit ihr über Ihre Kinder reden möchten, sollten Sie ihr von all dem erzählen, was Sie an Ihren Kindern mögen. Ich vermute, Ihre Schwester ist es ganz einfach leid, von Ihnen ständig als seelischer Müllabladeplatz benutzt zu werden. Statt deswegen gekränkt zu sein, sollten Sie es als willkommene Gelegenheit betrachten, Ihre familiäre Situation zu heilen.

Wie oft sagen Sie Ihrem ältesten Sohn, dass Sie ihn lieben? Bedanken Sie sich bei ihm und loben Sie ihn, wenn er etwas gut macht? Oder bekommt er von Ihnen nur zu hören, was Ihnen an ihm missfällt? Ich weiß, dass es eine schwere Aufgabe ist, allein vier Kinder großzuziehen, und dass Sie sicher oft nicht wissen, wo Ihnen der Kopf steht. Trotzdem, wir Erwachsenen vergessen oft, welche schweren Phasen Teenager in ihrer Entwicklung durchmachen. Während dieser Zeit brauchen sie besonders viel Lob und Liebe. Ich bin sicher, Ihr Sohn wird große Fortschritte machen, wenn Sie ihm viel Liebe geben und ihm zeigen, dass Sie Verständnis für seine Schwierigkeiten haben. Bekräftigen Sie immer wieder: MEIN ÄLTESTER SOHN IST EINE FREUDE UND EIN SEGEN FÜR UNSERE FAMILIE UND ICH LIEBE IHN.

Liebe Louise,
ich bin eine achtunddreißigjährige Frau und stamme aus einer zutiefst gestörten Familie, in der emotionale und körperliche Gewalt von meinen Großeltern über meine Eltern an mich und meine Geschwister »weitergereicht« worden ist. Ich habe jahrelang an mir gearbeitet, so dass es mir gelungen ist, Depressionen, berufliche Schwierigkeiten und körperliche Beschwerden zu überwinden, die mich früher immer wieder völlig aus der Bahn warfen.

Heute, wo ich gesünder bin, fällt es mir schwer, mit meiner Familie und all dem seelischen Müll klar zu kommen, mit dem sie mich überhäufen. Jeder Versuch, auf positive Weise mit ihnen zu reden, ist absolut zum Scheitern verurteilt, und sie versuchen, mir förmlich das Blut auszusaugen. Im Grunde empfinde ich keinerlei Liebe für sie, sondern lediglich eine Art physisches Band, weil sie nun einmal meine Blutsverwandten sind. Manchmal habe ich mir sogar gewünscht, sie wären tot, damit dieses Muster, mit dem sie immer wieder versuchen, mich hinabzuziehen, endlich ein Ende hätte. Ist es okay, dass ich solche Gefühle habe? Wie kann ich es schaffen, eine positive Haltung zu bewahren, wenn sie ständig schlechte Neuigkeiten und Negativität über mir ausgießen?

Louises Antwort:
Als Kind blieb Ihnen nichts anderes übrig, als den Missbrauch über sich ergehen zu lassen, der in Ihrer Familie an der Tagesordnung war. Heute sind Sie achtunddreißig Jahre alt, haben intensiv an sich gearbeitet und große persönliche Fortschritte gemacht. Warum lassen Sie sich noch immer von Ihren Verwandten schlecht behandeln und missbrauchen? Sie sind nicht auf der Welt, um diese Leute zu verändern. Vielmehr sind Sie hier, um sich selbst zu heilen und zu lieben. Ihre Verwandten müssen nicht erst sterben, damit Sie frei sein können. Nein, Sie können jetzt sofort weggehen und Ihr eigenes Leben leben. Versuchen Sie, Mitgefühl für Ihre Familie aufzubringen, doch weigern Sie sich, ihre kranken Spiele noch länger mitzuspielen. Es ist keineswegs ein Akt der Liebe, wenn Sie sich weiterhin dieser Negativität aussetzen.

Sie leben Ihr Leben nicht so, wie es Ihre Familie will, und Ihre Familie lebt nicht so, wie Sie es wollen. So einfach ist das. Gehen Sie von nun an getrennte Wege. Sie selbst befinden sich auf einem guten Weg spiritueller Heilung. Konzentrieren Sie sich auf Ihre eigene Entwicklung. So werden Sie immer mehr Weisheit und Verständnis finden und es wird Ihnen zunehmend leichter fallen, sich von Ihrer Vergangenheit zu befreien. Segnen Sie Ihre Familie liebevoll, aber lösen Sie sich ganz von ihr. Bejahen Sie: Ich segne meine Familie liebevoll und gebe sie ganz frei. Ich selbst bin frei, Glück und Erfüllung zu finden.

Liebe Louise,
meine Schwester ist stark übergewichtig und leidet unter zahlreichen Gesundheitsproblemen, die damit in Zusammenhang stehen. (Wegen ihres durch das Übergewicht ausgelösten besonders schweren Diabetes muss sie zweimal wöchentlich zur Dialyse.) Obwohl sie eigentlich keinen Zucker essen darf, verschlingt sie immer wieder Unmengen von Süßigkeiten und vernachlässigt ihre Insulineinnahme. Sie hat einen wunderbaren Mann und ein kleines Kind. Ich verstehe einfach nicht, wieso sie regelrecht Selbstmord auf Raten begeht. Was kann ich sagen oder tun, um ihr zu helfen?

Louises Antwort:
Ich weiß, dass es hart ist, wenn man jemanden liebt und zusehen muss, wie die betreffende Person Dinge tut, die nicht gut für sie sind. Doch jeder von uns muss seinen eigenen Lebensweg gehen und niemand hat das Recht, über den Weg eines anderen zu urteilen. Wir alle müssen unsere eigenen Lektionen lernen und Sie können nicht wissen, worin die Lektion Ihrer Schwester besteht. Es heißt jedoch: »Wenn der Schüler bereit ist (und ich glaube, keine Minute vorher), erscheint der Lehrer.« Zweifellos wird das auch bei Ihrer Schwester geschehen.

Lieben Sie sie also und lassen Sie sie sein, wie sie ist. Ich empfehle die Affirmation: ALLE MITGLIEDER MEINER FAMILIE, MEINE SCHWESTER EINGESCHLOSSEN, SIND GLÜCKLICH, HEIL UND VON LIEBE ERFÜLLT. ALLES IST GUT IN UNSERER WELT. Diese Bejahung kann jeder von uns, entsprechend angepasst, für seine Familie verwenden. Dann können wir darauf vertrauen, dass alles, was wir erleben, wirklich unserem höchsten Wohl dient.

Liebe Louise,
ich plage mich mit Eifersucht und Wut herum, die bei mir darum kreisen, dass in unserer Familie die Aufmerksamkeit, Liebe und materiellen Zuwendungen meiner Eltern ungerecht verteilt sind. Meine Eltern sind gegenüber dreien meiner Brüder und Schwestern stets sehr großzügig gewesen, doch wir »mittleren« drei Geschwister bekommen von ihnen kaum Anerkennung und Zuwendung, selbst jetzt als Erwachsene. Ich glaube nicht, dass sich das Verhalten meiner Eltern je ändern wird, und die offensichtliche Ungerechtigkeit hat in meiner Familie zu großen Spannungen geführt.

Ich sehne mich danach, mich von Eifersucht, Wut und Minderwertigkeitsgefühlen zu befreien, und ich träume davon, dass in unserer Familie ein Heilungsprozess stattfindet, der enge, liebevolle Bindungen möglich macht.

Zu welchen Schritten raten Sie mir?

Louises Antwort:
Wenn Sie sich bemühen, Ihre Familie zu heilen, verschwenden Sie nur Ihre Zeit. Das wird möglicherweise niemals geschehen. Sie sind nicht verantwortlich für die Einstellung oder das Verhalten anderer Menschen. Sie können nur sich selbst und Ihre eigenen inneren Schmerzen heilen. Es geht nicht um das, was geschehen ist, sondern darum, wie Sie selbst darauf reagieren.

Ziehen Sie doch einmal in Erwägung, dass Sie aus einem bestimmten Grund in diese Familie hineingeboren wurden. Worin könnte die Lektion bestehen, die das Leben Sie auf diese Weise lehren möchte? Ich glaube, wir wählen uns eine bestimmte Familie aus, um durch sie etwas Besonderes zu lernen und uns über die familiären Schwierigkeiten zu erheben. Die Eifersucht, die Wut und die Minderwertigkeitsgefühle, die Sie mit sich herumtragen, schaden Ihnen nur. Können Sie Ihren Eltern verzeihen? Werden Sie lernen, sich selbst zu lieben und sich ein gutes, eigenständiges Leben zu erschaffen? Das sind die spirituellen Herausforderungen, denen sich jeder Mensch stellen muss. Hören Sie auf damit, die Dinge danach zu beurteilen, was Ihrer Meinung nach richtig oder falsch ist. Die Vergangenheit können Sie ohnehin nicht mehr ändern. Die Kraft zur Veränderung liegt immer in der Gegenwart. Immer wenn Sie an Ihre Eltern denken, sollten Sie sie liebevoll segnen. Denken Sie an das Gute, das es in Ihrer Familie auch gegeben haben muss. Konzentrieren Sie sich darauf, außerhalb Ihrer Familie gute, liebevolle zwischenmenschliche Beziehungen aufzubauen. Sie haben immer die Möglichkeit, sich unter Ihren Freunden eine ideale Familie zu erschaffen. Beginnen Sie jeden Tag in Dankbarkeit, indem Sie bekräftigen: ICH BIN GÖTTLICH GESEGNET UND ICH LIEBE MICH SELBST UND DAS LEBEN. Heute ist für Sie der Tag, an dem Sie glücklich sein können.

Affirmationen, die Ihnen dabei helfen, sich über Familienprobleme zu erheben

- Liebevoll segne ich meine Familie.
- Ich gestatte es anderen Menschen, ihren eigenen Weg zu gehen.
- Ich treffe meine eigenen Entscheidungen.
- In allen meinen zwischenmenschlichen Beziehungen regiert die Liebe.
- Ich besitze die Macht, Veränderungen herbeizuführen.
- Ich löse mich von allen alten Verletzungen und vergebe mir.
- Ich erhebe mich über alte familiäre Blockaden und erwache zur göttlichen Harmonie.
- Alle meine Beziehungen sind harmonisch.
- Ich habe Verständnis für die prägenden Kindheitserfahrungen meiner Eltern und schenke ihnen mein Mitgefühl.
- Ich urteile nicht und verzichte darauf, mich selbst oder andere zu kritisieren.

6. KAPITEL

Frauenfragen

Ich bin jetzt bereit anzuerkennen, wie großartig ich bin. Ich entscheide mich jetzt bewusst dafür, alle negativen, destruktiven, angstvollen Gedanken aus meinem Bewusstsein zu entfernen, die mich davon abhalten, jene wunderbare Frau zu sein, als die ich geboren bin. Ich stehe jetzt fest und sicher auf meinen eigenen Füßen, sorge gut für mich selbst und denke eigenständig. Ich gebe mir, was ich brauche. Ich kann gefahrlos wachsen und mich weiterentwickeln. Je mehr ich nach persönlicher Erfüllung strebe, desto mehr lieben die Menschen mich. Ich schließe mich jenen Frauen an, die für die Heilung anderer Frauen arbeiten. Ich bin ein Segen für die Welt. Meine Zukunft ist hell und wunderschön.

Wir alle müssen uns voll und ganz darüber klar werden, dass die Liebe in unserem Leben bei uns selbst beginnt. Viel zu oft suchen wir nach dem »Traummann«, der alle unsere Probleme für uns löst, in Gestalt des idealen Vaters, Geliebten oder Ehemannes. Es ist endlich an der Zeit, dass wir unsere eigenen »Traumfrauen« werden. Dazu müssen wir uns aufrichtig mit unseren Schwächen auseinander setzen – nicht, indem wir uns fragen, was mit uns nicht stimmt, sondern indem wir uns die Hindernisse vor Augen führen, die wir unserem eigenen Glück in den Weg legen. Viele dieser Barrieren stammen aus unserer Kindheit. Doch wir müssen uns nicht an dem festklammern, was wir damals gelernt haben. Wir können jederzeit umlernen, dazulernen.

Selbstachtung und ein gutes Selbstwertgefühl sind der kostbarste Schatz jeder Frau. Wenn wir noch nicht darüber verfügen, müssen wir diese Eigenschaften entwickeln. Wenn unser Selbstwertgefühl gut ausgeprägt ist, werden wir uns nicht ausbeuten oder missbrauchen lassen. Wie immer unser familiärer Hintergrund sein mag, wie schlimm wir auch als Kinder missbraucht wurden, stets können wir hier und jetzt lernen, uns selbst zu lieben und gut für uns zu sorgen. Als Frauen und Mütter können wir Selbstachtung entwickeln, die wir ganz automatisch an unsere Kinder weitergeben. Dann werden sich unsere Töchter niemals missbrauchen lassen und unsere Söhne werden alle Menschen, auch die Frauen in ihrem Leben, mit Respekt behandeln.

Wenn wir unsere Stärke als Frauen aufbauen, bedeutet das nicht, dass wir die Männer schlecht machen oder herabsetzen. Hasstiraden gegen die Männer sind genauso falsch wie die Unterdrückung der Frauen. Darauf sollten wir uns gar nicht erst einlassen. Wenn wir uns selbst oder den Männern die Schuld für alle Probleme unseres Lebens geben, trägt das in keiner Weise zur Heilung bei, sondern verstärkt nur Gefühle der Ohnmacht und Hilflosigkeit. Das Beste, was wir für die Männer in unserem Leben tun können, ist, dass wir die Opferrolle aufgeben und Verantwortung für unser Leben übernehmen. Wir sollten uns für die Liebe in unseren Herzen öffnen und erkennen, dass alle Menschen auf diesem Planeten der Liebe bedürfen. Wenn wir Frauen unsere Kraft entdecken und uns zusammentun, werden wir Berge versetzen und die Welt wird für alle, Frauen und Männer, ein lebenswerterer Ort sein.

In den folgenden Briefen kommen spezifisch weibliche Sorgen zur Sprache:

Liebe Louise,
ich bin eine siebenunddreißigjährige Frau, bei der ein unregelmäßiger Herzschlag diagnostiziert wurde – das heißt, es gibt zwischen den einzelnen Herzschlägen kurze Aussetzer, die sich wie ein »Stolpern« anfühlen. Das tritt besonders abends auf, wenn ich versuche, mich zu entspannen, und fühlt sich ziemlich unangenehm an.

Nach der Lektüre Ihres wunderbaren Buches Gesundheit für Körper und Seele *bin ich überzeugt, dass ich dieses kleine, aber lästige Symptom heilen kann. Ich nehme an, dass ich dazu an meiner Persönlichkeit arbeiten und ein paar Lek-*

tionen lernen muss. Doch darum bemühe ich mich nun schon seit mehreren Monaten und habe gegenwärtig das Gefühl, einfach nicht weiterzukommen.

Seltsamerweise bin ich in meinem persönlichen Leben nie zuvor so glücklich gewesen. Ich habe nach fünfzehn Jahren meinen Beruf aufgegeben und kann jetzt zu Hause bei meinen drei Kindern sein. Da Sie das Herz mit Liebe und Freude assoziieren, frage ich mich, ob zu viel Freude womöglich Herzbeschwerden hervorrufen kann. Die Kehrseite dieser positiven Veränderung ist allerdings, dass ich mit einem deutlich geringeren Einkommen auskommen muss und unter dem Druck stehe, mir eine neue Karriere als Schriftstellerin aufzubauen. Können Sie mir ein paar Tipps geben, wie ich mich selbst heilen kann?

Louises Antwort:
Es kann gar kein Zuviel an Freude geben! Vielleicht wirkt in Ihnen eine alte Botschaft aus der Kindheit, die Ihnen sagt: »Dir steht so viel Glück nicht zu« oder: »Alles hat seinen Preis« oder: »Wer unbeschwert sein Leben genießt, beschwört Unheil herauf.« Überlegen Sie einmal, was Ihre Eltern zum Thema Glück zu sagen pflegten. Vielleicht sind dadurch in Ihrem Bewusstsein Barrieren entstanden, die Sie davon abhalten, Ihr Leben zu genießen. Glauben Sie wirklich uneingeschränkt, dass Sie es *verdienen*, glücklich zu sein?

Als Frau sollten Sie vor allem danach streben, Ihr inneres Zentrum zu finden und Ihr Selbstwertgefühl aufzubauen. Wenn wir Frauen lernen, uns selbst zu achten und zu lieben, können wir Berge versetzen. Was Ihre schriftstellerischen Ambitionen angeht, sollten Sie sich nicht selbst unter Druck setzen. Lassen Sie Ihre Kreativität einfach frei fließen. In Ihnen gibt es eine Quelle der Kreativität, die wahrhaft unerschöpflich ist. Vertrauen Sie auf sich und Ihre Fähigkeiten. Julia Camerons wundervolles Buch *Der Weg des Künstlers. Ein spiritueller Pfad zur Aktivierung unserer Kreativität* kann Ihnen dabei helfen, Ihr schöpferisches Genie auf Touren zu bringen.

Suchen Sie eine gute Ernährungsberaterin auf. Es gibt viele Kräuter, die Sie zur Stärkung Ihres Herzens einnehmen können. Denken Sie daran, dass Ihr Herz ein Muskel ist, der liebevoll Freude durch Ihren Körper pumpt. Atmen Sie, wenn Sie sich am Abend entspannen, tief durch und bejahen Sie: MEIN HERZ IST GESUND UND STARK.

Liebe Louise,
ich finde Ihre Ansichten zum Thema Menopause und Östrogen problematisch. Viele Frauen leiden während dieses Übergangs unter starken Beschwerden und benötigen ärztliche Hilfe und Medikamente.

Auch erstaunt mich Ihre Haltung zur Östrogen-Therapie. Selbstverständlich können wir von Natur aus ohne Östrogen zurechtkommen, aber unsere Leistungsfähigkeit ist dann stark vermindert. Warum sollte eine Frau das akzeptieren? Die Schwangerschaft ist, wie die Menopause, keine Krankheit. Dennoch würde heute keine Frau mehr darauf verzichten, bei der Geburt medizinische Hilfe in Anspruch zu nehmen. Ich stimme mit Ihnen überein, dass »wir als Frauen göttlich und wunderbar sind«. Dennoch sollten wir unseren exzellenten Verstand gebrauchen und ärztliche Hilfe nutzen, wo sie notwendig ist.

Louises Antwort:
Danke, dass Sie mir Ihre Auffassung zu diesem Thema mitteilen. Sie weisen zu Recht darauf hin, dass viele Frauen während der Menopause unter schlimmen Beschwerden leiden. Das ändert aber nichts an der Tatsache, dass es sich bei der Menopause um einen natürlichen Zyklus im Leben einer Frau handelt. Und dass manche Frauen dabei unter Beschwerden leiden, bedeutet keineswegs, dass dies zwangsläufig so sein muss. Ich ziehe es vor, das Augenmerk stärker auf jene Frauen zu richten, die diese Zeit beschwerdefrei durchleben, und von ihnen etwas über eine gesunde Lebensweise zu lernen.

Immer mehr Frauen kümmern sich heute aktiv und eigenverantwortlich um ihre Gesundheit. Sie streben danach, in Harmonie mit ihrem Körper zu leben und Veränderungsprozesse wie die Menopause auf natürliche Weise ablaufen zu lassen. Dabei haben sie keine oder nur geringfügige gesundheitliche Beschwerden. Viele andere Frauen sind jedoch derzeit noch nicht in der Lage, aus eigener Kraft Körper und Geist in Harmonie zu bringen, weil die damit verbundene Verantwortung und die Notwendigkeit, alte seelische Wunden aufzuarbeiten, sie überfordern würden. Solange wir uns noch nicht stark genug fühlen, uns bewusst mit den tiefer liegenden Ursachen unserer gesundheitlichen Probleme auseinander zu setzen, die fast immer mit Minderwertigkeitsgefühlen und fehlender Selbstachtung in Zusammenhang stehen, sollten wir auch weiterhin qualifizierte medizinische Hilfe in Anspruch nehmen. Ein in unserer patriarchalischen Gesellschaft weit verbreiteter Glaube besagt, Frauen hätten ohne ihre Fortpflanzungsfähigkeit keinen oder einen nur sehr geringen Wert. Ist es da verwunderlich, dass viele Frauen Angst vor der Menopause haben und gegen diesen natürlichen Prozess anzukämpfen versuchen? Die Östrogen-Therapie geht auf diese psychologischen Fragen in keiner Weise ein. Hier kann nur eine Veränderung in unseren Herzen und unserem Denken etwas bewirken.

Heißt das, dass ich die Medizin verurteile, weil sie die Östrogen-Therapie als Mittel gegen die Beschwerden entwickelt hat, die viele Frauen während der Menopause erleben? Oder dass ich jene Frauen verurteile, die diese Therapie in Anspruch nehmen? Nein. Ich empfehle lediglich, dass wir in Geist und Körper Harmonie und Gleichgewicht anstreben sollten, weil dadurch nebenwirkungsreiche medikamentöse Therapien überflüssig werden können. Zum Beispiel entdecken wir gegenwärtig, dass natürliches Progesteron für die weibliche Gesundheit weitaus wertvoller ist als synthetisches Östrogen. Lesen Sie einmal das Buch *Frauenkörper, Frauenweisheit* von Dr. Christiane Northrup. Darin finden Sie eine Fülle ausgezeichneter Informationen darüber, wie eine Frau ihren Körper auf natürliche Weise gesund erhalten kann. Bejahen Sie: ICH LEBE IM EINKLANG MIT MEINER INNEREN WEISHEIT UND GEHE GESUND, GLÜCKLICH UND HEIL DURCHS LEBEN.

Wir sind die Pionierinnen, die daran arbeiten, alte negative Glaubensmuster zu verändern, damit die Frauen künftiger Generationen während der Menopause keine Beschwerden mehr erleben müssen.

Liebe Louise,
Sie schreiben, dass wir uns selbst die Fehler verzeihen sollen, die wir in der Vergangenheit begangen haben. Doch gilt das auch dann, wenn wir etwas sehr Schlimmes getan haben?

Vor sieben Jahren hatte ich eine Abtreibung. Das schien mir die beste Lösung zu sein, und wenn man berücksichtigt, was ich damals für ein Mensch war, tat ich vermutlich das Richtige. Inzwischen habe ich mich sehr verändert und würde mich, noch einmal vor die Wahl gestellt, gewiss anders entscheiden. Wenn ich nun meine damalige Handlung verdränge und mich nicht mehr damit beschäftige, fürchte ich, dass Gott mich deshalb für gefühllos halten könnte. Ich wurde in dem Glauben erzogen, dass auf alle bösen Handlungen irgendwann die gerechte Strafe folgt. Ich habe Angst, dass etwas Schlimmes geschehen wird, wenn ich diese Schuld weiter mit mir herumtrage. Ich wünsche mir ein Kind, doch mein Mann vermeidet jede körperliche Nähe zu mir. Kann es sein, dass das meine Strafe ist?

Louises Antwort:
Sie selbst haben die Entscheidung getroffen, Ihre damalige Abtreibung als etwas sehr Schlimmes einzustufen. Wir alle machen Fehler und es kommt nicht darauf an, wie wir selbst oder die Gesellschaft die Schwere unseres

Fehlers beurteilen, sondern darauf, ob wir bereit sind, uns selbst zu vergeben. Gott hat Ihnen bereits vergeben. Sie selbst sind es, die an Ihrer Schuld festhalten und sich so der Möglichkeit eines glücklichen, friedvollen und freudigen Lebens berauben. Lösen Sie sich von der Vergangenheit!

Ich bin sicher, dass weder Gott noch sonst jemand danach trachtet, Sie zu bestrafen. Offenbar haben Sie, weil Sie glauben, kein Kind und keinen Sex mit Ihrem Partner zu verdienen, einen Mann angezogen, der körperlicher Nähe ausweicht. Wenn Sie Ihr Denken in Bezug auf die Abtreibung ändern, besteht durchaus die Chance auf eine gute sexuelle Beziehung zu Ihrem Mann.

Eine gute Affirmation für Sie könnte lauten: ICH VERGEBE MIR UND DIE HEILUNG HAT BEREITS BEGONNEN.

Liebe Louise,
ich habe eine Frage, die meine rechte Körperseite betrifft. Es scheint, dass meine sämtlichen gesundheitlichen Probleme in der rechten Körperhälfte auftreten. Ich leide unter Nackenbeschwerden, die in den rechten Arm ausstrahlen. In der rechten Mundhälfte mussten mir zwei Zähne gezogen werden. In meiner rechten Brust habe ich einen Knoten entdeckt, der wie Krebs aussah, sich aber später als nicht bösartig erwies. Allerdings wurden mir die Lymphknoten und ein Viertel meiner rechten Brust entfernt. Auch hatte ich eine Hysterektomie und mein rechter Eierstock wurde entfernt.

Was ist die Botschaft dieser körperlichen Symptome? Welche Lektion soll ich daraus lernen? Bitte helfen Sie mir!

Louises Antwort:
Die linke Körperhälfte wird oft als die weibliche Seite angesehen, die empfangende Seite. Unter anderem repräsentiert sie die Mutter. Die rechte Seite des Körpers gilt als männlich, als die gebende Seite, die Seite des schöpferischen Selbstausdrucks. Sie repräsentiert unter anderem den Vater. Wenn wir ständig Beschwerden auf einer bestimmten Körperseite haben, kann das bedeuten, dass ein Konflikt mit dem betreffenden Elternteil noch unbereinigt ist. Möglicherweise kämpfen Sie mit Ihrem Vater oder lassen sich seinen Willen aufzwingen. Offenbar hat er auf der seelischen Ebene immer noch Macht über Sie, auch wenn Sie objektiv längst ein unabhängiges Leben führen.

Wenn möglich, sollten Sie diese Problematik im Rahmen einer Psychotherapie angehen. Abgesehen davon empfehle ich Ihnen zumindest, sich vor einen Spiegel zu setzen (mit genügend Papiertaschentüchern). Sprechen Sie mit Ihrem Vater, als ob er im Zimmer wäre, und sagen Sie ihm, was zwischen Ihnen beiden noch ungeklärt ist. Sagen Sie ihm dann, dass Sie ihm vergeben und dass Sie nun beide frei sind. Immer wenn Sie an ihn denken müssen oder wenn körperliche Beschwerden auftreten, sagen Sie sich einfach: DU BIST FREI. ALLES IST GUT.

Liebe Louise,
ich schreibe Ihnen, weil ich an sehr schmerzhaften Zysten in der Brust leide. Mein Arzt drängt jetzt seit einem halben Jahr darauf, dass ich endlich eine Mammographie machen lassen soll, aber mir fehlt dazu der Mut.

Seit ich Ihr Buch Gesundheit für Körper und Seele *gelesen habe, in dem Sie beschreiben, wie Sie sich selbst vom Krebs heilten, denke ich immer wieder, dass das, was Sie bei Krebs geschafft haben, doch auch mir bei meinen Zysten gelingen müsste. Ich möchte gerne wissen, ob ich zusätzlich dazu, dass ich so viel Obst und Gemüse wie möglich esse, noch etwas anderes für meine Selbstheilung tun kann.*

Louises Antwort:
Ich kann gut verstehen, dass Sie sich wegen Ihrer Zysten Sorgen machen. Trotz Ihrer Ängste empfehle ich Ihnen dringend, zunächst einmal Ihren Arzt aufzusuchen. Der Schmerz in Ihrem Körper ist ein Warnsignal; er sagt Ihnen, dass da etwas nicht in Ordnung ist und Aufmerksamkeit verlangt.

Ihre Bereitschaft, an einer Veränderung Ihrer Denkmuster zu arbeiten, ist sehr begrüßenswert, aber in Ihrer momentanen Situation sollten Sie sich unbedingt gründlich von Ihrem Arzt untersuchen lassen, um Aufschluss über Ihren genauen körperlichen Zustand zu erhalten. Gott wirkt auch durch die Hände herkömmlicher Mediziner. Beschaffen Sie sich alle verfügbare Lektüre über ganzheitliche Behandlungsmethoden für Ihre Erkrankung. Zusätzlich zu dem, was Ihr Arzt für Sie tun wird, gibt es eine Menge, das Sie selbst tun können. Betrachten Sie es als einen Akt der Selbstliebe. Wenn Sie möchten, können Sie folgende Affirmation benutzen: ALLE HÄNDE, DIE MEINEN KÖRPER BERÜHREN, SIND HEILENDE HÄNDE UND ICH BIN STETS SICHER UND GEBORGEN.

Liebe Louise,
ich bin zweiunddreißig Jahre alt und für eine Frau außergewöhnlich stark behaart. Ich habe einen Schnurrbart und Haare auf Armen, Busen und Bauch. Wenn ich mir morgens die Beine rasiere, zeigen sich am Nachmittag schon wieder neue Härchen. Ich habe so viele Haare auf meinem Körper wie ein stark behaarter Mann und diese Haare sind schwarz und dicht. Ich bin weder über- noch untergewichtig und mein Körper weist ansonsten keine »Abnormitäten« auf.

Meine Frage lautet: Habe ich Angst davor, eine Frau zu sein, Angst vor meiner Weiblichkeit, und erschaffe ich deshalb unbewusst eine Situation, in der ich mich mit meinem Körper unwohl fühle? Oder sollte ich meinen abnormen Haarwuchs als einen Geburtsdefekt betrachten, aus dem ich in diesem Leben eine wichtige Lektion zu lernen habe? Gibt es Affirmationen, die ich anwenden kann, um meinen Körper und meinen Geist zu heilen? Ich bin es leid, mich ständig schämen zu müssen. Danke. Ich weiß es wirklich sehr zu schätzen, was Sie für uns tun.

Louises Antwort:
Ich kannte mehrere Frauen, die sich zweimal am Tag rasieren mussten. Sie alle waren hoch begabt und sehr kreativ. Dieser starke Haarwuchs bei Ihnen ist nicht anormal. Er bedeutet vermutlich, dass Ihr Körper eine Menge Testosteron produziert, das bei allen Frauen in unterschiedlicher Menge vorkommt. So weit bekannt, steigert Testosteron Leistungsvermögen und Kreativität. Betrachten Sie sich also in dieser Hinsicht als besonders gesegnet und machen Sie von diesen Gaben Gebrauch!

Wir alle wachsen in dem Bewusstsein auf, dass mit uns »etwas nicht stimmt«. Dieser Glaube hält uns davon ab, unser volles Potenzial zu entfalten. Wir müssen unbedingt lernen, uns selbst zu lieben, ungeachtet aller Makel und Fehler, die wir bei uns zu entdecken glauben. Und wenn Ihre Gesichts- und Körperbehaarung Sie wirklich zu sehr stört, sollten Sie sich an ein gutes Kosmetikinstitut wenden. Mit Hilfe der Lasertherapie lassen sich unerwünschte Haare heute dauerhaft entfernen.

Bejahen Sie: ICH BIN SCHÖN UND ALLE LIEBEN MICH SO WIE ICH BIN. Wiederholen Sie diese Affirmation einen Monat lang mindestens einhundertmal am Tag. Sie werden erstaunt über die positiven Resultate sein.

- Ich sehe das wunderbare, göttliche Wesen in mir.
- Ich entdecke jetzt, wie großartig ich bin.
- Ich entscheide mich bewusst dafür, mich zu lieben und Freude an mir selbst zu haben.
- Ich bin klug und schön.
- Ich liebe das, was ich in mir sehe.
- Ich gehe meinen eigenen Weg.
- Ich bin frei, mein volles Potenzial zu leben.
- Ich stehe auf meinen eigenen Füßen.
- Ich akzeptiere und gebrauche meine innere Macht.
- Ich liebe und unterstütze die Frauen in meinem Leben und freue mich an ihrer Gesellschaft.

7. KAPITEL

Freundschaft

Jeder von uns ist Teil eines harmonischen Ganzen. Wenn ich mit meinen Freunden freudvoll zusammenarbeite und eine unbeschwerte Zeit verbringe, werden sich unsere Energien wunderbar ergänzen. Wir unterstützen und ermutigen einander auf erfüllende und fruchtbare Weise. Ich habe schöne, harmonische, von gegenseitiger Achtung und Fürsorge getragene Beziehungen zu allen Menschen. Ich lebe in Würde, Frieden und Freude. Ich bin gesund, glücklich, liebevoll, respektvoll, hilfsbereit, produktiv und im Frieden mit mir selbst und meinen Freunden.

Freundschaften können unsere dauerhaftesten und wichtigsten zwischenmenschlichen Beziehungen sein. Wir können ohne Liebesbeziehung oder Ehe leben. Wir können ohne nahe Verwandte leben. Aber die meisten von uns brauchen Freunde, um glücklich zu sein. Ich glaube, dass wir uns unsere Eltern auswählen, bevor wir auf diese Welt kommen. Unsere Freunde wählen wir dagegen auf einer bewussteren Ebene aus.

Freunde können eine Erweiterung oder ein Ersatz für die Kernfamilie sein. Die meisten von uns besitzen ein starkes Bedürfnis, die eigenen Lebenserfahrungen mit anderen zu teilen. Wir erfahren nicht nur mehr über andere Menschen, wenn wir mit ihnen in freundschaftlichem Kontakt stehen, wir lernen dadurch auch uns selbst besser kennen.

Beziehungen sind für uns wie Spiegel. In dem, was wir in unser Leben ziehen, und in dem Verhalten, das wir bei anderen auslösen, spiegeln sich unsere eigenen Eigenschaften oder unsere Glaubenssätze in Sachen zwischenmenschliche Beziehungen wider. Die Dinge, die uns an unseren Freunden missfallen, sind Spiegelungen dessen, was wir selbst tun oder glauben. Wir ziehen nur solche Menschen in unser Leben, für die es in unserem eigenen Wesen eine Entsprechung, eine Resonanz gibt. Wenn in einer Freundschaft Spannungen auftreten, können wir den Grund dafür in negativen Botschaften aus der Kindheit finden. Wenn wir die Erfahrung machen, dass auf einen Freund kein Verlass ist, sollten wir nach innen schauen. Wir müssen uns klar darüber werden, wo wir selbst unzuverlässig sind und andere im Stich lassen. Dann müssen wir einen mentalen Hausputz durchführen, die alten negativen Botschaften aus unserem Geist entfernen und lernen, uns selbst zu akzeptieren. So werden wir fähig, auch andere zu akzeptieren.

Es ist sinnlos, wenn wir herumlaufen und versuchen, alle unsere Freunde zu heilen. Wir können andere nicht zwingen, sich zu ändern. Wir können ihnen eine positive geistige Atmosphäre anbieten, in der sie die Möglichkeit haben, sich zu ändern, wenn sie es wünschen. Aber die eigentliche Arbeit können wir ihnen nicht abnehmen. Jeder Mensch ist hier, um seine ganz spezielle Lektion zu lernen. Wenn wir versuchen, ihm diese Aufgabe abzunehmen, wird er rasch wieder in seine alten Fehler zurückfallen, so lange, bis er selbst die Verantwortung übernimmt und sich seinen Lebenslektionen stellt. Alles, was wir für andere tun können, ist, sie zu lieben und ihnen zu gestatten, sie selbst zu sein.

Die folgenden Briefe beschäftigen sich mit dem Thema Freundschaft:

Liebe Louise,
ich bin eine gut aussehende Frau Ende zwanzig und habe mich mit einer Frau in meinem Apartmenthaus angefreundet, die nicht viele Freundinnen hat. Sie ist übergewichtig, körperlich nicht sehr attraktiv und hat nur wenig Selbstbewusstsein, aber ich finde sie sehr intelligent und amüsant. Zwar macht mir ihre Gesellschaft meistens viel Freude, doch sie neigt dazu, ziemlich oft abfällige Bemerkungen über mein Aussehen zu machen. Sie sagt zum Beispiel: »Oh, schau dir nur die-

sen Pickel an deinem Kinn an!« »Warum ist dein Haar so trocken?« »Du hast aber wirklich dicke Waden«, usw.

Ich antworte darauf nie auf negative Weise, vermutlich, weil sie mir Leid tut, aber ihre Kommentare fangen wirklich an, mir auf die Nerven zu gehen. Ich nehme an, sie glaubt, weil sie selbst nicht attraktiv ist, hätte sie das Recht, an anderen Leuten herumzumäkeln. Ich möchte ihre Gefühle nicht verletzen, aber ich fürchte, wenn sie so weitermacht, werde ich bald explodieren und ihr gehörig die Meinung sagen.

Was kann ich tun, um diese Situation zu bereinigen, ohne unsere Freundschaft aufs Spiel zu setzen?

Louises Antwort:

Es ist nicht notwendig, dass Sie explodieren und es zu einem Bruch kommen lassen. Sprechen Sie sie einfach offen darauf an, wenn sie wieder eine entsprechende abfällige Bemerkung macht. Wahrscheinlich ist ihr gar nicht bewusst, was sie tut. Wir sind uns oft nicht bewusst, was wir sagen oder tun, weil uns bestimmte Verhaltensweisen mit den Jahren zur festen Gewohnheit geworden sind. Wenn sie Sie das nächste Mal kritisiert, sagen Sie zu ihr: »Das war aber eine sehr kritische Bemerkung.« Oder: »Du kritisierst mich wirklich ziemlich oft; ist dir das eigentlich bewusst?« Sobald Sie es einmal zur Sprache gebracht haben, können Sie sie daran erinnern, wenn sie es erneut tut. »Siehst du? Jetzt machst du schon wieder eine kritische Bemerkung.«

Sie können auch ein Spiel daraus machen. Sagen Sie zu ihr: »In Zukunft werde ich jedes Mal, wenn du mich kritisierst, laut ›Pustekuchen!‹ sagen.« Das können Sie durchaus auf sehr liebevolle Weise tun. Wenn sie gekränkt darauf reagiert, ist das ihr Problem. Wenn Sie ihre Negativität aus Mitleid einfach stumm hinunterschlucken, lassen Sie ihr damit ein eindeutig liebloses Verhalten durchgehen. Kein Wunder, dass sie so wenig Freunde hat. Wenn Sie sie wirklich mögen, sollten Sie ihr sagen, was sie mit ihren Bemerkungen bei Ihnen anrichtet. Dann hat sie die Möglichkeit, ihr Verhalten zu ändern, wenn sie es will. Bekräftigen Sie: AUF LIEBEVOLLE WEISE BIN ICH STETS OFFEN UND AUFRICHTIG.

Liebe Louise,
ich lebe in Chicago und habe einen engen Freund – er ist mein einziger Freund –, mit dem mich seit etwa dreißig Jahren eine platonische Beziehung verbindet (er ist siebzig, ich bin vierundfünfzig). Manchmal beschleicht mich jedoch das Gefühl, dass er einen schlechten Einfluss auf meine Gesundheit und Spiritualität ausübt. Er scheint mir buchstäblich meine Lebensenergie abzusaugen und lässt mich nach seinen Besuchen jedes Mal erschöpft, deprimiert und mit körperlichem Unwohlsein zurück. (Er selbst hat jahrelang unter schweren Depressionen gelitten.) Es ist ihm nicht bewusst, dass er diesen Effekt auf mich hat – er verhält sich mir gegenüber stets freundlich, großzügig und fürsorglich. Aber seit ungefähr zehn Jahren habe ich dieses nagende Gefühl, dass er eine dunkle, negative Seite besitzt, die mich vom Pfad des Lichts auf einen Pfad der Dunkelheit hinüberzieht.

Vor zwanzig Jahren wurde uns von einem Astrologen mitgeteilt, dass wir beide uns in einer karmischen Saturn-Verbindung befänden. Ich habe das Gefühl, dass meine Beziehung zu diesem Mann ein schmerzhaftes Dilemma darstellt, und ich weiß nicht, was ich machen soll. Für einen Rat wäre ich Ihnen sehr dankbar.

Louises Antwort:
Viele Leute sind »Energie-Vampire«. Ohne sich dessen bewusst zu sein, saugen sie den Menschen in ihrer Umgebung Energie ab. Depressionen sind nach innen gekehrte Wut. Depressive Menschen tragen eine große Wut über Dinge in sich, denen sie machtlos gegenüberzustehen glauben. Sie artikulieren ihre Wut jedoch nicht. Vielleicht ist Ihr Freund wütend über etwas, das in seiner Kindheit geschehen ist. Seine Depressionen sind aber nicht Ihre Depressionen, solange Sie nicht beschließen, sie sich zu Eigen zu machen.

Warum sollten Sie sich einen Menschen zum »einzigen Freund« wählen, der Ihnen Energie raubt? Haben Sie so etwas verdient? Richten Sie Ihr Leben nicht nach einer zwanzig Jahre alten Bemerkung eines Astrologen aus. Selbst wenn seine astrologische Deutung Ihrer Beziehung zutreffend war, können Sie immer noch Ihre Lektion lernen, loslassen und weitergehen. Reden Sie sich nicht ein, dass es keinen Ausweg gibt. Sie sind eine junge Frau. Sie haben noch ein ganzes Leben vor sich. In Chicago gibt es Millionen Menschen und es ist Zeit, dass Sie aktiv werden und sich neue Kontakte zu lebensfrohen, liebevollen Menschen schaffen. Finden Sie neue Freunde und neue Lebensfreude. Sagen Sie sich möglichst oft: ICH BIN OFFEN FÜR EIN NEUES LEBEN UND GENIESSE JEDEN TAG.

Liebe Louise,
ich lebe mit einer anderen Frau zusammen, die seit zehneinhalb Jahren meine beste Freundin ist. Während ich selbst mich weiterentwickelt und mehr Selbstliebe und Selbstachtung aufgebaut habe (nachdem ich die Folgen einer unglücklichen Kindheit überwinden musste), ist meine beste Freundin und Mitbewohnerin zunehmend co-abhängig geworden. Sie ist extrem eifersüchtig und fühlt sich durch meine Beziehungen zu anderen Menschen bedroht, besonders durch meine intimen Beziehungen zu Männern.

Immer wenn ich mich verabrede und sich eine nähere Bekanntschaft mit einem Mann anbahnt, bekommt sie plötzlich Nervenzusammenbrüche oder sie erzeugt einen »Unfall« oder eine andere Notsituation, um meine Aufmerksamkeit auf sich zu ziehen. Im vorigen Jahr verkündete sie plötzlich aus heiterem Himmel, dass sie bisexuell sei und mich zum Objekt ihrer Begierde auserkoren habe. Seitdem verhält sie sich oft sehr sonderbar – sie isst mein Essen und überschreitet Grenzen, die sie zuvor niemals überschritten hat.

Ich denke schon länger darüber nach auszuziehen, bin aber bislang aus finanziellen Gründen geblieben. Ihre Freundschaft bedeutet mir viel, aber ich finde die Situation zwischen uns sehr verwirrend. Können Sie mir einen Rat geben, wie ich mich verhalten soll?

Louises Antwort:
Ihre Freundin hat Angst, Sie zu verlieren. Sie ist jedoch offenbar nicht bereit, sich persönlich weiterzuentwickeln, so dass die Kluft zwischen Ihnen sich ständig vergrößert. Möglicherweise werden Sie entscheiden müssen, was Ihnen wichtiger ist: Ihre persönliche Entwicklung

und Selbstachtung oder eine Freundschaft, aus der Sie offensichtlich herausgewachsen sind.

Akzeptieren Sie *niemals* eine für Sie unangenehme Situation, nur weil Sie von jemandem etwas »wollen«, ganz besonders nicht aus finanziellen Gründen. Wenn Sie das tun, signalisieren Sie damit dem Universum sehr nachdrücklich, dass Sie nicht darauf vertrauen, dass das Leben gut für Sie sorgt. Und Sie werden immer Gewissensbisse haben und sich nicht wohl fühlen.

Arbeiten Sie weiter daran, sich ein gutes Selbstwertgefühl aufzubauen. Fragen Sie sich stets: »Was ist das Beste für mich?« Sie haben schon große Fortschritte auf Ihrem persönlichen Entwicklungsweg gemacht. Von diesem Weg sollten Sie sich von niemandem abbringen lassen. Bekräftigen Sic: AUS DIESER SITUATION ENTSTEHT NUR GUTES UND WIR ALLE SIND STETS SICHER UND GEBORGEN.

Liebe Louise,
ich weiß nicht, wie ich mich gegenüber einer alten Freundin verhalten soll. Sie scheint sich jedes Mal zurückzuziehen, wenn wir einander näher kommen. Wir sind seit neunzehn Jahren befreundet und ich habe immer noch das Gefühl, dass ich allein diejenige bin, die unsere Freundschaft am Leben erhält. Sie verhält sich für eine gewisse Zeit offen und liebevoll und wirkt dann plötzlich scheu und distanziert, was ich sehr verwirrend finde. Wir haben im Lauf der Jahre des öfteren über dieses Problem gesprochen. Sie sagt dann immer, es sei

nicht böse gemeint, wenn sie sich so verhält. Sie sagt, sie betrachte mich als eine ihrer besten Freundinnen, doch wenn ich ihr dann ein lustiges Fax ins Büro schicke, antwortet sie wochenlang nicht darauf.

Es ist schwer zu erklären, Louise, aber ich habe immer ein geradezu übersinnliches Band zu ihr gespürt. Ich fühle zum Beispiel genau, wenn sie in Schwierigkeiten ist und es ihr nicht gut geht. Was mache ich nur mit einer Freundin, die solche Angst davor hat, Nähe zuzulassen und zuzugeben, dass sie meine Freundschaft braucht?

Louises Antwort:
Es freut mich zu hören, dass Sie am Schicksal Ihrer Freundin Anteil nehmen und zwischen Ihnen eine mediale Verbindung besteht, so dass Sie spüren, wenn sie »in Schwierigkeiten ist«, wie Sie es nennen. Dennoch muss ich Ihnen sagen, dass es in einer Freundschaft vor allem darauf ankommt, einen anderen Menschen so zu akzeptieren, wie er ist, nicht wie wir ihn uns wünschen. Bedenken Sie, dass Ihre Freundin Sie so akzeptiert, wie Sie sind, und das, obwohl Sie seit neunzehn Jahren versuchen, sie zu ändern.

Genießen Sie die Freundschaft mit ihr dann, wenn sich dazu Gelegenheit bietet. Ich habe ganz unterschiedliche Beziehungen zu jeder meiner Freundinnen und ich akzeptiere sie alle so, wie sie sind. Ich habe viele Freundinnen und Freunde, die ich sehr liebe, obwohl wir uns nur ein- oder zweimal im Jahr sehen, oder sogar nur alle zwei Jahre. Ich freue mich an der Zeit, die ich mit ihnen verbringen kann, und denke liebevoll an sie, wenn ich sie nicht sehe.

Lieben und akzeptieren Sie Ihre Freundin also so, wie sie ist. Freuen Sie sich an der Zeit, die sie gerne mit Ihnen verbringen möchte, und machen Sie das Beste daraus. Bekräftigen Sie: ICH AKZEPTIERE MEINE FREUNDE, WIE SIE SIND, UND SIE AKZEPTIEREN MICH UND ZEIGEN MIR IHRE ZUNEIGUNG, JEDER AUF SEINE WEISE. ALLES IST GUT IN MEINER WELT.

Liebe Louise,
ich stehe vor einem ethischen Dilemma. Ich habe zwei Freunde (einen Mann und eine Frau), die beide zur Beförderung anstehen und Kandidaten für dieselbe Position sind. Für diese neue Tätigkeit ist ein College-Abschluss erforderlich. Zwar behaupten meine beiden Freunde in ihren Lebensläufen, über diesen Abschluss zu verfügen. Ich weiß aber, dass der betreffende Freund nur ein Jahr auf dem College war. Ich habe Angst, dass er den Job bekommt und meine Freundin nicht berücksichtigt wird.

Ich weiß nicht, wie ich mich verhalten soll. Soll ich schweigen und es dem Universum überlassen, wie die Sache ausgeht? Soll ich dem Freund sagen, dass ich es nicht für gerechtfertigt halte, dass er sich um diese Stellung bewirbt? Habe ich überhaupt ein Recht, mich einzumischen? Ich weiß es nicht.

Louises Antwort:
Wir alle verbringen viel zu viel Zeit damit, andere Leute zu beobachten und uns einzumischen, wenn wir glauben, dass sie etwas falsch machen. Doch jeder von uns steht unter dem Gesetz seines eigenen Bewusstseins und

das Leben wird ihn mit den entsprechenden Erfahrungen konfrontieren. Daher ist es unnötig, dass wir uns in Dinge einmischen, die uns nichts angehen. Solange es nicht gilt, eine unmittelbare Gefahr abzuwenden, bin ich grundsätzlich dagegen, in das Leben anderer einzugreifen. Immer, wenn ich das in der Vergangenheit getan habe, erwies es sich im Nachhinein als Fehler.

Solange die fragliche Beförderung keinen Einfluss auf Ihren eigenen Tätigkeitsbereich hat, würde ich nicht aktiv eingreifen. Machen Sie das Ganze nicht zu *Ihrer* Angelegenheit. Benutzen Sie die Affirmation: DIE FREI WERDENDE STELLE WIRD MIT DER DAFÜR AM BESTEN GEEIGNETEN PERSON BESETZT. Warten Sie dann einfach gelassen ab, welche Lösung das Universum herbeiführt. Visualisieren Sie Harmonie und eine gute Atmosphäre am Arbeitsplatz. Stellen Sie sich vor, dass alle Menschen dort mit Freude und gegenseitigem Respekt ihren Tätigkeiten nachgehen. Machen Sie sich bewusst, dass Sie selbst stets geborgen und beschützt sind.

Liebe Louise,
ich bin ein vierzigjähriger Geschäftsmann und betreibe mit einem Partner, der zugleich ein guter Freund ist, eine gemeinsame Firma. Vor drei Monaten stellte mein Kompagnon seine Schwester ein, eine sehr unattraktive, übergewichtige Frau mit einem Damenbart, die nun in unserem Vorzimmer arbeitet. Sie war gerade in einer anderen Firma entlassen worden und muss einen Mann und ein Kind ernähren, so dass sie meinem Freund Leid tat, und mir auch. Leider funktioniert die

Sache überhaupt nicht. Diese Frau behandelt unsere Klienten, Kunden und anderen Angestellten auf sehr unfreundliche Art. Sie erledigt ihre Arbeit ineffizient und ehrlich gesagt wirkt ihr ungepflegtes Äußeres abstoßend auf die Kundschaft.

Ich glaube, dass die negative Energie, die diese Frau ausstrahlt, unserem Geschäft schadet und für schlechte Stimmung unter den Mitarbeitern sorgt, aber ich möchte meinen Kompagnon nicht in die unangenehme Lage bringen, die eigene Schwester hinauswerfen zu müssen. Auch würde ich es dieser Frau gerne ersparen, dass ihr schon wieder gekündigt wird. Wissen Sie einen Ausweg aus diesem Dilemma?

Louises Antwort:
Wollen Sie wirklich tatenlos zusehen, wie diese Frau Ihre Kunden und die anderen Mitarbeiter schlecht behandelt? Ihre Rücksichtnahme auf die Gefühle dieser Frau in Ehren, aber was ist mit der Arbeitsmoral Ihrer Angestellten und der Zukunft Ihrer Firma? Warum dulden Sie es, dass Ihre anderen, tüchtigen Mitarbeiter unter den Launen dieser Frau leiden müssen? Sie müssen dem sofort ein Ende bereiten, sonst steht Ihr geschäftlicher Erfolg auf dem Spiel! Das Wohl der Gruppe ist immer wichtiger als das Wohl eines Einzelnen, besonders wenn die fragliche Person ständig Probleme und Schwierigkeiten macht.

Hier sind Ihr diplomatisches Geschick und Ihre Autorität gefordert. Sie können sich auf das Gespräch mit Ihrem Kompagnon vorbereiten, indem Sie schriftlich vorformulieren, was Sie ihm sagen möchten, oder vor einem Spiegel üben. Sie müssen ihm sehr aufrichtig und in professioneller Klarheit sagen, wie Sie die Sache sehen. Sie müssen ihm klarmachen, wie wenig seiner Schwester auf lange Sicht damit geholfen ist, dass er ihr dieses falsche Verhalten durchgehen lässt. Vielleicht können Sie ihn überzeugen, dass er seiner Schwester hilft, ihr Leben besser in den Griff zu bekommen, wenn er ihr behutsam, aber wahrheitsgemäß sagt, dass sie ihr Verhalten ändern muss. Seine Schwester könnte sich zum Beispiel einer Psychotherapie oder psychologischen Beratung unterziehen, um die Gründe für ihr Übergewicht und ihr unfreundliches Benehmen herauszufinden. Vermutlich verbirgt sie dahinter ihren Schmerz. Sie benötigt eine echte Veränderung, die von innen kommen muss. Auf keinen Fall sollten Sie es ihr gestatten, mit diesem destruktiven Verhalten fortzufahren. Bekräftigen Sie: ICH HABE EIN HARMONISCHES, ERFOLGREICHES GESCHÄFT UND BIETE MEINEN ANGESTELLTEN SICHERHEIT UND EIN GUTES ARBEITSUMFELD.

Affirmationen zur Stärkung unserer Freundschaften

- Ich löse mich jetzt von alten inneren Mustern, die bewirken, dass ich problematische Freundschaften in mein Leben ziehe.
- Ich liebe und akzeptiere mich und ich ziehe gute Freunde magnetisch an.
- Alle meine Freundschaften sind erfolgreich. Ich bin selbst ein liebevoller und ermutigender Freund.
- Ich vertraue mir selbst, dem Leben und meinen Freunden.
- Andere zu lieben ist leicht, wenn ich mich selbst liebe und akzeptiere.
- Auch wenn ich einen Fehler mache, halten meine Freunde zu mir.
- Ich verdiene liebevolle Unterstützung.
- Meine Freunde sind liebevoll und hilfsbereit.
- Meine Freunde und ich haben die Freiheit, ganz wir selbst zu sein.
- Die Liebe und Akzeptanz, die ich anderen Menschen entgegenbringe, führt zu dauerhaften Freundschaften.

8. KAPITEL

Gesundheit

Eine gute Gesundheit ist mein göttliches Recht. Ich bin offen und aufnahmebereit für alle heilenden Energien des Universums. Ich weiß, dass jede Zelle meines Körpers intelligent ist und sich selbst zu heilen vermag. Mein Körper strebt stets nach vollkommener Gesundheit. Ich löse mich jetzt von allen einschränkenden Mustern, die meiner vollständigen Heilung noch im Weg stehen. Ich informiere mich über gesunde Ernährung und versorge meinen Körper mit vollwertiger, vitalstoffreicher Nahrung. Ich achte auf mein Denken und wähle bewusst gesunde Gedanken. Ich liebe meinen Körper. Ich sende allen Organen, Knochen, Muskeln und sonstigen Teilen meines Körpers meine Liebe. Ich lasse die Liebe durch alle Zellen meines Körpers strömen. Ich danke meinem Körper für die gute Gesundheit, deren ich mich in der Vergangenheit erfreuen durfte. Ich akzeptiere hier und jetzt Heilung und gute Gesundheit.

Wenn ich in meinem Garten arbeite, liebevoll den Boden dünge, pflanze, ernte und kompostiere, fühle ich mich in völligem Einklang mit den Jahreszeiten, dem Wetter, dem Boden, der Vegetation und allen Geschöpfen, die auf der Erde leben. Ich kann ein kleines Stück harten, kargen Boden durch meine Arbeit allmählich in fruchtbare Gartenerde verwandeln, die viele Arten von Leben trägt.

So wie wir unseren Garten kultivieren, können wir auch unseren Geist und unseren Körper kultivieren, so dass unser Leben gesund und fruchtbar ist. Ganz wesentlich für unsere Gesundheit ist es, dass wir lernen, unseren Körper mit hochwertiger Nahrung zu versorgen. Wie es scheint, haben wir Amerikaner uns von den bequemen Verlockungen des Fastfood zu einer weitgehenden Abkehr von gesunden Ernährungsweisen verleiten lassen. Wir sind das übergewichtigste und kränkste Volk der westlichen Welt. Wir essen im Übermaß stark fetthaltige, industriell hergestellte Nahrungsmittel, die voller Chemikalien stecken. Auf Kosten unserer Gesundheit ermöglichen wir den Nahrungsmittelkonzernen hohe Gewinne. Offenbar haben wir vergessen, dass die Zellen unseres Körpers lebendig sind und lebendige Nahrung brauchen, um sich auf gesunde Weise entwickeln und teilen zu können. Das Leben hat uns bereits mit allem versorgt, was wir benötigen, um uns gut zu ernähren und unsere Gesundheit zu erhalten. Je einfacher unsere Ernährung ist, desto gesünder werden wir sein.

Bewegung ist eine weitere wichtige Komponente für körperliche Gesundheit. Wenn wir auf jede Form körperlichen Trainings verzichten, schwächt das unsere Knochen; sie brauchen Bewegung, um stark zu bleiben. Dabei kommt es gar nicht so sehr auf die Art des Trainings an, sondern darauf, dass wir uns überhaupt bewegen. Wir können damit beginnen, dass wir täglich einmal um den Häuserblock spazieren und unsere Kondition dann allmählich aufbauen. Körperliches Training sollte zu einem regelmäßigen Bestandteil unseres Lebens werden, um unseren Körper so elastisch und beweglich zu erhalten wie unseren Geist.

Doch bei allem, was wir für unseren Körper tun, ist es immer auch wichtig, ihn zu lieben. Um uns selbst zu heilen, müssen wir uns von negativen Glaubenssätzen trennen, die zu unserer schlechten körperlichen Verfassung beitragen. Wir müssen uns im Spiegel in die Augen blicken und uns sagen, wie wundervoll wir sind. Wir müssen uns jedes Mal, wenn wir in den Spiegel schauen, positive Botschaften übermitteln. Wir brauchen damit nicht zu warten, bis wir schlank sind, bis wir unsere Muskeln gestählt oder unsere Blutfettwerte gesenkt haben. Wir müssen uns jetzt sofort selbst lieben und liebevoll auf die Bedürfnisse unseres Körpers achten. Wir verdienen es, uns jederzeit großartig zu fühlen!

Die folgenden Briefe beschäftigen sich mit gesundheitlichen Fragen:

Liebe Louise,
ich bin eine zweiundfünfzigjährige Frau, bei der vor zwei Jahren Fibromyalgie diagnostiziert wurde. Als Symptome zeigen sich bei mir allgemeine Muskelschmerzen und chronische

Müdigkeit. Ich bemühe mich, bei der Behandlung meiner Erkrankung neben der körperlichen Ebene und einer Ernährungsumstellung auch emotionale und spirituelle Aspekte zu berücksichtigen, und würde mich sehr freuen, wenn Sie mir zusätzliche Ratschläge geben könnten.

Ich arbeite als Pädagogin an einem College, habe einen Mann, den ich sehr liebe, Kinder und Enkelkinder. Dennoch spüre ich eine quälende Sehnsucht nach schöpferischem Ausdruck, scheine aber andererseits unfähig, diese Sehnsucht zu befriedigen. Meine Füße krampfen sich zusammen und versuchen, die Haut zu durchstoßen wie bei einer sich häutenden Schlange. Ich spüre, dass es vor allem um Vertrauen geht, doch gerade vor dem Loslassen, davor, mich dem Leben anzuvertrauen, fürchte ich mich.

Louises Antwort:
Nach allem, was ich über Fibromyalgie herausgefunden habe, scheint emotionale Spannung hierbei die Hauptursache zu sein. Starres und unbewegliches Denken trägt zu Steifheit und zur Bildung von Knoten in den Muskeln bei. Anspannung, Furcht und ängstliches Festhaltenwollen bewirken, dass der Körper sich verkrampft. Ich rate Ihnen, an einem Yoga-Kurs teilzunehmen. Mit Hilfe dieser Übungen können Sie sehr gut lernen, Ihre Muskeln und Ihren Geist zu entspannen. Machen Sie sich gedanklich von äußeren Pflichten frei.

Sie sagen, Sie spüren eine quälende Sehnsucht nach schöpferischem Ausdruck, erwähnen aber nicht, nach welcher Form des Selbstausdrucks Sie sich sehnen. Ihre Füße signalisieren Ihnen, dass Sie gerne losgehen möchten. Ziehen Sie die Schuhe aus und tanzen

Sie. Laufen Sie barfuß durch Gras oder Sand. Stellen Sie sich vor, dass Sie durch die Luft fliegen, frei wie ein Vogel. Geben Sie sich selbst die Erlaubnis, frei zu sein. Nehmen Sie einen Monat Urlaub und verreisen Sie allein. Immer wenn Sie ausatmen, vertrauen Sie darauf, dass der nächste Atemzug kommt. Wenden Sie dieses Vertrauen auch auf den nächsten Schritt in Ihrem Leben an. Die ganze Welt wartet auf Sie. Bekräftigen Sie: ICH BIN LEBENDIG UND FREI. DIE SCHWINGEN DES GLÜCKS TRAGEN MICH ZU NEUEN, HERRLICHEN ERFAHRUNGEN.

Liebe Louise,
in meiner Kindheit litt ich, eine heute vierzigjährige Frau, unter einer Mutter, die Alkoholikerin war, und einem verbal und körperlich gewalttätigen Vater. Vor zwei Jahren begann ich mit »innerer Heilungsarbeit«. Ich habe ein Problem, das mir sehr peinlich ist. Ich spüre aber, dass ich es offen eingestehen muss, um es überwinden zu können.

Ich bin attraktiv und intelligent, doch wieso »verletze« ich mich ständig selbst? Ich weiß nicht mehr, wann es begonnen hat, aber ich knibbele die Haut von meinen Füßen ab und esse sie oft sogar. Manchmal mache ich das so lange, bis die Haut ganz blutig ist. Auch mit meiner Kopfhaut habe ich ein Problem – ganz egal, wie oft ich mir die Haare wasche oder welches Shampoo ich benutze, immer wieder schält sich meine Kopfhaut. Und um ehrlich zu sein, ich kann das jedes Mal kaum erwarten, weil ich dann auch dort knibbeln und kratzen kann, bis es blutet.

In einem Ihrer Bücher habe ich gelesen, dass die Haut mit unserem Selbstwertgefühl in Zusammenhang steht. Dass mit meinem Selbstwertgefühl etwas nicht stimmt, zeigt sich auch an meinen finanziellen Problemen: Jeden Monat sabotiere ich meine guten Vorsätze, endlich etwas Geld zu sparen.

Ich warte gespannt auf Ihre Antwort.

Louises Antwort:
In Ihrer Kindheit haben Ihre Eltern unbarmherzig auf Ihnen herumgehackt. Jetzt führen Sie die Familientradition fort, indem Sie selbst an sich »herumpicken«, bis Ihre Haut ganz blutig ist. Ein Teil von Ihnen glaubt immer noch an die alte Botschaft aus Ihrer Kindheit, dass Sie »nicht gut genug sind und Bestrafung verdienen«. Wir sind so fügsame kleine Kinder, dass wir nahezu alle »familiären Botschaften« akzeptieren, wie wirr, unrealistisch und dumm sie auch sein mögen. Inzwischen haben Sie aber wirklich genug gebüßt; das sollte von nun an für Sie der Vergangenheit angehören. Ich erteile Ihnen hiermit Absolution; eine weitere Bestrafung ist nicht nötig. Der Fluch ist von Ihnen genommen.

Vergessen Sie die Vergangenheit. Ich möchte, dass Sie von diesem Moment an nur noch daran denken, was Sie sich für Ihr Leben wünschen. Denken Sie Gedanken, die Ihnen Freude schenken und bei denen Sie sich gut fühlen. Ihr Denken erschafft Ihre Zukunft. Lassen Sie es die beste Zukunft werden, die Sie sich vorzustellen vermögen. Wenn Sie sich dabei ertappen, dass Sie an Ihrer Haut herumknibbeln, sollten Sie sofort ganz bewusst Ihren Eltern vergeben. Dazu empfehle ich Ihnen folgende Affirmation: ICH VERGEBE EUCH BEIDEN UND ICH BIN FREI, MICH SELBST ZU LIEBEN! Dadurch wird sich Ihr ganzes Leben zum Besseren verändern.

Liebe Louise,
ich habe einen Leistenbruch auf der linken Seite. Die Ärzte haben gesagt, dass ich mir deshalb keine Sorgen machen brauchte, solange ich keine Beschwerden hätte. In den letzten Wochen traten jedoch mehrfach Schmerzen auf, so dass ich mich zur Operation entschied. Als dann der Termin bevorstand, wurde ich krank, so dass die Operation verschoben werden musste.

Das ist seither noch mehrmals geschehen. Ich bin bereit für die Bruchoperation, aber immer kommt irgendetwas dazwischen. Ich verstehe nicht, warum das so ist. Gibt es einen Grund dafür, dass ich mich nicht operieren lassen soll? Als ich vor einiger Zeit an der rechten Leiste operiert wurde, verlief alles reibungslos. Darum dachte ich, links würde es ebenfalls keine Probleme geben. Was steckt Ihrer Meinung nach dahinter?

Louises Antwort:
Wenn Hindernisse auftreten, bedeutet das in der Regel, dass der Zeitpunkt für ein Vorhaben ungünstig ist. Es gibt einen Grund für die Verzögerung. Vertrauen Sie darauf, dass sich alles so entwickelt, wie es Ihrem höchsten Wohl entspricht. Gibt es seelische Lasten, die Sie mit sich herumschleppen? Leistenbrüche stehen oft für Stress und alte seelische Belastungen. Wie können Sie sich diese

Last erleichtern? Welchen Menschen sollten Sie vergeben? Mit diesen Fragen sollten Sie sich einmal in Ruhe beschäftigen, bevor Sie sich erneut zur Operation anmelden. Und senden Sie Ihrem Körper bis dahin viel Liebe, besonders Ihrem Bauch und der Lendengegend. Stellen Sie sich während der morgendlichen Meditation vor, dass heilende Energie Sie durchströmt. Machen Sie sich bewusst, dass das Leben in Ihnen auf göttliche Weise zum Ausdruck kommt. Eine gute Affirmation für Sie lautet: ICH VERDAUE DAS LEBEN MIT FREUDE UND LEICHTIGKEIT. ALLES IST GUT IN MEINER WELT.

Liebe Louise,
ich schreibe Ihnen, weil ich nicht mehr weiter weiß. Der Mann, mit dem ich seit zehn Jahren verheiratet bin, ist Alkoholiker. Früher hat er immer wieder mit dem Trinken aufgehört, doch zuletzt dauerte die Trinkerei über drei Monate. Da beschloss ich, mich von ihm zu trennen. Zuerst versuchte ich, seinen Alkoholismus zu akzeptieren und bei ihm zu bleiben, aber ich konnte es einfach nicht mehr ertragen.

Ich habe starke Schmerzen in den Armen, im Kiefer, und oft tut mir der ganze Körper weh. Ich habe zu meditieren begonnen, aber manchmal scheinen die Beschwerden dadurch noch schlimmer zu werden! Ich arbeite mit Affirmationen, doch es fällt mir sehr schwer, daran zu glauben, dass ich es verdiene, glücklich zu sein. Die Schmerzen werden immer schlimmer und manchmal fühle ich mich ganz hilflos. Der Arzt will mir Antidepressiva verschreiben. Ich würde gerne Ihre Meinung zu diesen Medikamenten hören. Eigentlich möchte ich sie nur nehmen, wenn es gar nicht mehr anders geht. Meine Gelenke und Sehnen werden immer steifer und entzündeter. Geben Sie mir bitte einen Rat. Ich werde immer erschöpfter.

Louises Antwort:
Gott sei Dank sind Sie ausgezogen. Sie sind nicht für die Trinkerei Ihres Mannes verantwortlich und können ihn auch nicht davon heilen. Bei ihm zu bleiben würde Ihr Leben zerstören. Daher möchte ich Sie zu diesem ersten Schritt beglückwünschen.

Jetzt müssen Sie sofort etwas für Ihren Körper tun und sich Bewegung verschaffen. Bewegung ist eines der besten Heilmittel gegen Depressionen. Gehen Sie ins Fitnessstudio oder in einen Yoga-Kurs. Falls das nicht möglich ist, sollten Sie mindestens einmal täglich mit den Fäusten auf Ihr Bett eindreschen und Ihre Gefühle dabei herausschreien. Sie müssen wirklich laut schreien und mit den Fäusten auf die Matratze hämmern.

Statt eines chemischen Antidepressivums sollten Sie Johanniskraut nehmen. Johanniskraut ist ein natürliches pflanzliches Antidepressivum. Es hat *keine* Nebenwirkungen und Sie bekommen es in jedem Reformhaus. Johanniskraut wurde von den Menschen seit jeher benutzt. In letzter Zeit hat man es wieder entdeckt, weil es so gut bei seelischen Belastungen und Depressionen hilft.

Nehmen Sie an einem Zwöf-Stufen-Programm teil; Al-Anon (siehe Anhang; Anm. d. Übers.) ist in Ihrer Situation besonders geeignet. Dort werden Sie viele Leute treffen, die wie Sie Angehörige von Alkoholikern sind. Sie brauchen Liebe und Sie brauchen Unterstützung. Eine gute Affirmation für Sie lautet: Ich segne meinen Mann liebevoll und gebe ihn frei. Ich bin frei, mir ein wunderschönes neues Leben aufzubauen.

Liebe Louise,
kürzlich hatte ich, eine zweiundfünfzigjährige Frau, ein Erlebnis, bei dem ein Teil von mir buchstäblich in Stücke brach. Ich fiel von einem hohen Bordstein auf meinen Ellbogen. Da ich an leichter Osteoporose leide, zog ich mir dabei einen ziemlich komplizierten Bruch zu. Ich musste operiert werden – wobei Stahlnägel und eine Platte eingesetzt und Knochensplitter entfernt wurden.

Derzeit versuche ich, mich von dem Unfall zu erholen, doch ich habe immer unter einer extremen Angst vor Ärzten, Krankenhäusern und Schmerzen gelitten. Damit bin ich nun reichlich konfrontiert. Auch verlor ich wegen der Verletzung meinen Job.

Haben Sie einen Rat für mich, wie ich diese Heilungsperiode besser durchstehen kann? Ich glaube, dass sich die Heilung wegen meiner Angst vor physischen Schmerzen verzögert. Ich fürchte mich vor der Physiotherapie, weil sie bestimmt sehr schmerzhaft sein wird.

Louises Antwort:
Furcht ist eine Emotion, die unser Leben besonders stark beeinträchtigen kann. Ich habe den Eindruck, dass Sie Ihr ganzes Leben lang vor Ihrer eigenen Furcht davongelaufen sind. Gewiss geht diese Furcht auf ein frühes Kindheitserlebnis zurück. Nun terrorisieren Sie

sich selbst mit Ihren Gedanken. Sie sollten wirklich liebevoller mit sich umgehen.

Die so genannten Notfalltropfen, das ist eine bestimmte Bach-Blütenessenz, können Ihnen in der momentanen Situation helfen, Ihre Nerven zu beruhigen. Bach-Blütenessenzen bekommen Sie in vielen Apotheken oder direkt vom Bach-Centre*. Bejahen Sie oft: JEDE HAND, DIE MEINEN KÖRPER BERÜHRT, IST EINE HEILENDE HAND UND ICH BIN STETS SICHER UND GEBORGEN. Diese Affirmation sollten Sie so oft wie möglich in Gedanken wiederholen. Sie wird Ruhe in Ihren Geist bringen. Und vergessen Sie nicht, Ihre Ärzte und Therapeuten liebevoll zu segnen. Musik, Imaginationsarbeit und Selbsthypnose können den Heilungsprozess unterstützen. Versetzen Sie sich während der Physiotherapie-Sitzungen gedanklich an einen Ort, wo Sie sich besonders wohl fühlen, und konzentrieren Sie sich auf das Gute, die positiven Resultate der Therapie. Ihr Verstand ist ein wirkungsvolles Werkzeug. Nutzen Sie diese Kraft zu Ihrem Wohl.

In wissenschaftlichen Untersuchungen wurde nachgewiesen, dass sich der durch Osteoporose bedingte Knochenabbau mit Hilfe eines *natürlichen* Progesterons rückgängig machen lässt. Ich empfehle Ihnen und allen Frauen dringend, sich unvoreingenommen über den eigenen Körper zu informieren. Viele unserer Informationen stammen von der pharmazeutischen Industrie,

---

* Institut für Bach-Blütentherapie Mechthild Scheffer GmbH, Lippmannstraße 57, 22769 Hamburg
Tel. 040/4325 77-10, Fax 040/435253

die uns ihre Produkte verkaufen will. Ein Buch, das ich in diesem Zusammenhang gern empfehle, ist *Frauenkörper, Frauenweisheit* von Dr. Christiane Northrup.

Liebe Louise,
seit fast fünf Jahren leide ich unter quälenden Schmerzen im unteren Rückenbereich. Mitunter sind die Beschwerden beinahe unerträglich und zwingen mich in eine seitlich verkrümmte Schonhaltung. In Ihrem Buch Gesundheit für Körper und Seele *schreiben Sie, dass solche Beschwerden durch »Ängste in Bezug auf Geld« hervorgerufen werden können. Meinen Sie damit, dass ich mich vor dem Geld an sich fürchte oder vor dem Mangel daran?*

Auch sind die Schmerzen vor allem auf der rechten Seite lokalisiert und auf dieser Körperseite treten bei mir zudem anfallsweise Herpes und Schuppenflechte auf. 1975 mussten mir nach einem Arbeitsunfall die Finger meiner rechten Hand amputiert werden. Gibt es dafür eine Erklärung? Ein zugrunde liegendes Muster?

Eine letzte Frage: Wirken Affirmationen auch dann, wenn die Person, die sie anwendet, skeptisch ist? Spielt der Glaube bei der Heilung eine Rolle?

Louises Antwort:
Um innere Muster aufzulösen, die körperliche Schmerzen verursachen, ist es sinnvoll, unsere Beziehung zu den Eltern zu überprüfen. Die rechte Körperhälfte repräsentiert unsere männliche Seite, die linke unsere weibliche Seite. Da Ihre körperlichen Probleme sich vor-

wiegend auf der rechten Seite zeigen, besteht bei Ihnen möglicherweise eine tief sitzende Wut gegenüber Ihrem Vater. Welche ungelösten Probleme gibt es in der Beziehung zu ihm? Bei starken chronischen Schmerzen spielen langanhaltende Schuldgefühle eine Rolle. Ich versichere Ihnen aber, dass es nichts gibt, weswegen Sie sich schuldig fühlen müssten.

Wenn wir an früheren Enttäuschungen und alten Grollgefühlen festhalten, kann sich das verheerend auf unser körperliches Befinden auswirken. Ich weiß, dass Vergebung mitunter schwierig ist, aber ohne sie können wir nicht frei werden. Mir scheint, Sie sitzen in einem Gefängnis des Schmerzes, das Sie sich unwissentlich selbst erschaffen haben.

Ohne es wirklich zu wollen, lassen wir oft zu, dass unser Denken ständig um alte Verletzungen und Kränkungen kreist, was um uns herum eine Atmosphäre der Negativität erzeugt. Dadurch ziehen wir dann immer neue negative Erfahrungen in unser Leben. Ich schlage vor, dass Sie sich einen Therapeuten oder Berater suchen, der Ihnen dabei hilft, diese negativen Muster zu überwinden.

Affirmationen haben in Ihrem Leben immer schon gewirkt. Jeder Gedanke, den Sie denken, und jedes Wort, das Sie sprechen, ist eine Affirmation, auf die das Leben in irgendeiner Form reagiert. In der Vergangenheit waren diese Affirmationen häufig negativ und brachten negative Resultate hervor. Doch Sie können sich von jetzt an für positive, verzeihende Gedanken und Worte entscheiden. Dadurch wird Ihr Leben sich zum Besseren verändern.

Benutzen Sie die folgende Affirmation: ICH LASSE ES GESCHEHEN, DASS DIE LIEBE IN MEINEM HERZEN DIE VERGANGENHEIT HEILT, UND ICH BIN FREI.

Liebe Louise,
ich bin nicht sicher, ob Sie mir weiterhelfen können, aber mein siebenundzwanzigjähriger Sohn leidet seit kurzem unter Krampfanfällen. Die Ärzte konnten bisher keine Ursache feststellen. Gibt es irgendetwas, das Sie mir empfehlen können? Eine besondere Ernährung? Natürliche Heilmethoden, Gesundheitsliteratur, Körperübungen oder dergleichen? Ich liebe meinen Sohn sehr.

Louises Antwort:
Wir leben heute bereits in der zweiten Generation mit den »Segnungen« der modernen Nahrungsmittelindustrie: Fastfood, chemisch veränderte Nahrung und Fertiggerichte. Wenn Sie die Etiketten auf den Lebensmitteln im Supermarkt lesen, wird Ihnen klar, was wir unserem Körper alles zumuten.

Ich würde Ihnen empfehlen, Ihren Sohn zu einem guten Ernährungsberater zu schicken, der mit dem behandelnden Arzt zusammenarbeiten sollte. Ich will nicht sagen, dass gesunde Ernährung die alleinige Antwort ist, aber sie spielt eine wichtige Rolle für unser Wohlbefinden. Gehen Sie in eine Bibliothek und lesen Sie alles, was Sie über natürliche Behandlungsmethoden finden können. Wertvolle Informationen darüber, wie sich die Selbstheilungskräfte des Körpers auf natürlichem Wege steigern lassen, finden Sie in dem Buch *Spontanheilung* von Andrew Weil. Ich möchte Sie ausdrücklich ermutigen, alternative Heilmethoden in Betracht zu ziehen.

Bekräftigen Sie möglichst oft: MEIN SOHN IST EIN KIND DES UNIVERSUMS, HEIL UND VOLLKOMMEN. ER FINDET SEINEN PERFEKTEN WEG DES SELBSTAUSDRUCKS.

Liebe Louise,
ich leide unter schrecklichem Mundgeruch und fühle mich dadurch stark beeinträchtigt, da ich einen Beruf ausübe, in dem der direkte Kontakt mit Menschen sehr wichtig ist.

Ich war bereits bei einem Magenspezialisten (der nichts finden konnte) und einem Hals-Nasen-Ohren-Arzt (der glaubt, die Ursachen seien rein psychischer Natur). Ich nehme Vitamine ein, trinke und rauche nicht und mein sonstiger Gesundheitszustand ist gut.

Ich erwäge, einen Endokrinologen aufzusuchen, um festzustellen, ob mit meinen Drüsen etwas nicht stimmt. Und ich möchte einen Zahnarzt konsultieren, um abzuklären, ob möglicherweise das Metall in meinen Zahnkronen für den üblen Geruch verantwortlich ist.

Louises Antwort:
Unser Atem ist unsere eigentliche Lebensenergie. Er kommt aus dem Zentrum unseres Seins und repräsentiert oft unsere innersten Gedanken. In ständigem schlechten Mundgeruch könnten sich eine tief sitzende Verbitterung und unterschwellige Grollgefühle widerspiegeln. Wenn es in Ihrer Vergangenheit etwas gibt, das

der Vergebung bedarf, dann rate ich Ihnen, es aufzuarbeiten, um sich davon zu befreien. Vielleicht wissen Sie nicht, *wie* Sie Vergebung praktizieren sollen, aber wenn Sie Ihre Bereitschaft erklären, wird das Universum schon einen Weg finden.

Auf der körperlichen Ebene ist es sicher sinnvoll, dass Sie Ihren Zahnarzt konsultieren, denn faule Zähne sind häufig für Mundgeruch verantwortlich. Möglicherweise gibt es da einen Entzündungsherd, der beseitigt werden sollte, oder Ihr Zahnfleisch benötigt eine Sanierung. Da die Ernährung für unsere Gesundheit eine größere Rolle spielt, als die meisten Leute glauben, empfehle ich Ihnen außerdem, einen guten Ernährungsberater aufzusuchen. Ein Übermaß an Fleisch, Süßigkeiten und zuckerhaltigen Getränken kann Zähne und Zahnfleisch sehr in Mitleidenschaft ziehen. Möglicherweise liegt auch eine Lebensmittelallergie vor.

Die folgende Affirmation könnte hilfreich sein: ICH WEISS, DAS ZENTRUM MEINES WESENS IST REIN UND SÜSS, UND ICH VERSTRÖME DIESE REINHEIT, WO IMMER ICH HINGEHE.

Liebe Louise,
von den vier Nahrungsmittelgruppen reagiere ich auf zwei allergisch, nämlich auf Milchprodukte und Obst, und aus Fleisch mache ich mir nichts. Entweder muss ich mich also ausschließlich von Gemüse ernähren oder ich finde einen Weg, mein Problem in den Griff zu bekommen.

Manchmal kommt es vor, dass ich all die Dinge esse, die ich so gern mag, und das rächt sich dann jedes Mal bitter. Ich liebe zum Beispiel Wein, Eiscreme und Hustenbonbons, vertrage das alles aber überhaupt nicht. Ich verwende sogar Kosmetikprodukte, die auf Frucht- oder Milchbasis hergestellt sind. Doch dann bekomme ich hohes Fieber, es juckt mich am ganzen Körper und ich habe Atemprobleme. Einmal habe ich es so weit getrieben, dass ich im Krankenhaus landete.

Ich weiß, das klingt, als würde ich mich selbst sabotieren. Und vermutlich ist das manchmal tatsächlich der Fall. Ich möchte so gut wie möglich für meinen Körper sorgen, und wenn das bedeutet, diese Lebensmittel nicht zu essen, dann muss es wohl so sein. Aber zuerst will ich alle Möglichkeiten ausprobieren, mein Allergieproblem vielleicht doch noch loszuwerden oder es wenigstens in den Griff zu bekommen. Für Ihren Rat wäre ich sehr dankbar.

Louises Antwort:
Warum wollen Sie denn unbedingt Dinge essen oder verwenden, die Ihrem Körper offensichtlich nicht gut tun? Mir erscheint dieses Verhalten ziemlich lieblos. Was ist in der Vergangenheit geschehen, das Sie veranlasst, sich selbst auf diese Weise zu bestrafen?

Falls Sie mit dieser allergischen Reaktion auf die Welt gekommen sind, handelt es sich um etwas, das Sie ausgewählt haben, um in diesem Leben damit Frieden zu schließen. Haben Sie die Allergie dagegen erst später erworben, sollten Sie sich fragen, bei welcher Gelegenheit die Beschwerden zum ersten Mal aufgetreten sind. Was ist damals in Ihrem Leben geschehen? Gibt es etwas, das der Vergebung und Heilung bedarf? Ihr Problem beinhaltet eine Lektion für Sie und Sie sollten bereit sein, diese Lektion zu lernen.

Ich empfehle Ihnen, für mindestens ein oder zwei Jahre ausschließlich Nahrungsmittel zu essen, die gesund für Sie sind und heilend wirken. Sie können nicht ständig zwischen verschiedenen Ernährungsweisen hin und her springen und erwarten, sich dabei gut zu fühlen. Als ich an Krebs erkrankt war, schien ich mich monatelang von nichts anderem als püriertem Spargel und Sprossen ernähren zu müssen. Dass ich diese Diät einhielt, leistete einen wichtigen Beitrag zu meiner Gesundung.

Informieren Sie sich über alternative, naturheilkundliche Behandlungsmethoden bei Allergien. Auch die traditionelle chinesische Medizin könnte hilfreich sein.

Schließen Sie Frieden mit Ihrem augenblicklichen Zustand. Sie müssen zunächst die momentane Situation annehmen, wie sie ist, bevor Sie Ihre Lektion lernen und zur nächsthöheren Ebene weiterschreiten können. Eine gute Affirmation für Sie lautet: ICH GENIESSE DIE LEBENSMITTEL, DIE AM GESÜNDESTEN FÜR MICH SIND. WENN ICH IM FRIEDEN BIN, FLIESSEN MIR ALLE ANTWORTEN ZU, DIE ICH BENÖTIGE.

Liebe Louise,
ich war den größten Teil meines Lebens körperlich in sehr guter Verfassung. Dann, vor drei Jahren (mit dreiundvierzig), wurde ich krank und musste zweimal operiert werden. Während ich mich davon erholte, entdeckte ich Ihre Bücher und habe viel darin gelesen, was ich sehr inspirierend fand. Nun ist es so, dass bei mir seit diesen Operationen immer

neue Gesundheitsprobleme auftreten. Ich habe so viel vor (künstlerische Projekte, ehrenamtliche Arbeit, spirituelles Wachstum), aber wenn ich krank werde, bin ich immer völlig deprimiert. Dann lebe ich nicht länger mein Leben, sondern schleppe mich nur noch durch den Alltag.

Ein Teil von mir ist fest überzeugt, dass diese immer neuen Krankheiten (alle im Verdauungs- und Genitalbereich) Botschaften sind, etwas, das ich selbst verursacht habe. Doch wenn ich krank bin, scheine ich jedes Mal völlig unfähig, die spirituellen Erkenntnisse umzusetzen, von denen ich gelesen habe. Wenn ich meine Krankheiten selbst hervorbringe, müsste ich doch auch in der Lage sein, eine Heilung herbeizuführen, nicht wahr? Doch dann habe ich Angst, dass ich Affirmationen, Meditationen und dergleichen anwende und sie nicht funktionieren und dass ich mich hinterher nur noch schlechter fühlen werde als zuvor. Gegenwärtig stecke ich in einer ziemlich deprimierenden Sackgasse. Können Sie mir ein paar Empfehlungen geben, wie ich mein Leben wieder in Schwung bringen kann?

Louises Antwort:
Affirmationen und Meditationen können in jedem Fall Ihre Lebensqualität steigern. Belasten Sie sich bitte zusätzlich zu Ihren körperlichen Beschwerden nicht auch noch mit Schuldgefühlen. Aus Ihrem Brief höre ich folgende unterschwellige Botschaft heraus: »Ich verdiene es nicht, gesund zu werden.« Welchen Elternteil ahmen Sie durch Ihr Kranksein möglicherweise nach? Haben bei Ihrer Mutter oder Ihrem Vater in diesem Alter ebenfalls Gesundheitsprobleme eingesetzt? Ist Kranksein Ihre einzige Möglichkeit, etwas Ruhe zu finden oder

bestimmte Dinge zu tun, zu denen Sie sonst nicht kommen? Diese Fragen sollten Sie sich unbedingt stellen, denn es könnte sich um ein familiäres Muster handeln.

Andererseits ist dreiundvierzig auf der körperlichen Ebene ungefähr das Alter, in dem die gesundheitlichen Folgen von »Junkfood«, aber auch unserer »normalen«, an industriell veränderten Nahrungsmitteln reichen Kost (20 Prozent Zucker und 37 Prozent Fett) anfangen, sich negativ bemerkbar zu machen. Die bestverkäuflichen Waren in unseren Supermärkten sind Limonaden, Dosensuppen, industriell verarbeiteter Käse und Bier. Kein Wunder, dass so viele Menschen übergewichtig und krank sind. Die Zellen unseres Körpers sind lebendig und benötigen daher lebendige Nahrung, um auf gesunde Weise wachsen und sich teilen zu können.

Wir sind, was wir denken und was wir essen. Wir müssen unserer Nahrung größere Aufmerksamkeit schenken. Meine Philosophie bezüglich gesunder Ernährung ist einfach: Wenn es natürlich wächst, iss es; wenn es nicht natürlich gewachsen ist, iss es nicht. Obst, Gemüse, Nüsse und Getreidekörner wachsen auf natürliche Weise. Industriell hergestellte, chemisch veränderte Nahrungsmittel können kein Leben enthalten, wie appetitanregend die Verpackung auch bedruckt sein mag. Lassen Sie sich von einem guten Ernährungsspezialisten beraten. Möglicherweise werden Sie überrascht sein, wie positiv sich eine Ernährungsumstellung auf Ihre Gesundheit auswirkt. Bejahen Sie: ICH BIN OFFEN FÜR DEN NÄCHSTEN SCHRITT AUF MEINEM HEILUNGSWEG.

Affirmationen für eine gute Gesundheit

- Ich liebe meinen Körper.
- Mein Körper liebt es, gesund zu sein.
- Durch meine Adern fließen Lebendigkeit und Vitalität.
- Jede Zelle meines Körpers wird geliebt.
- Ich verdiene es, bei guter Gesundheit zu sein.
- Ich verstehe es, gut für mich zu sorgen.
- Ich bin heute gesünder als je zuvor.
- Ich achte liebevoll auf die Signale meines Körpers.
- Meine Gesundheit ist blühend und dynamisch.
- Ich bin dankbar für meine perfekte Gesundheit.

9. KAPITEL

Homosexualität

Ich glaube, dass wir vor der Geburt unsere Nationalität, unsere Hautfarbe, unser Geschlecht, unsere Eltern und unsere sexuelle Veranlagung selbst auswählen, um perfekte Bedingungen für die Lernaufgabe anzutreffen, die wir uns für dieses Leben vorgenommen haben. Für jedes Leben treffe ich offenbar eine andere sexuelle Wahl. Manchmal bin ich ein Mann, manchmal eine Frau. Manchmal bin ich heterosexuell, manchmal homosexuell. Jede Form der Sexualität besitzt ihre eigenen Vorzüge und Probleme. Manchmal billigt die Gesellschaft die von mir gewählte sexuelle Ausrichtung, manchmal ist das nicht der Fall. Doch stets bin ich ich selbst – vollkommen, heil und erfüllt. Meine Seele ist geschlechtslos. Nur meine Persönlichkeit ist sexuell. Ich liebe und achte jeden Teil meines Körpers. Ich bin im Frieden mit meiner Sexualität.

Schwule und Lesben haben die gleichen Probleme wie alle anderen Menschen auch, nur dass zusätzlich weite Teile der Gesellschaft mit dem Finger auf sie zeigen und ausrufen: »Was ihr tut, ist schlecht und schmutzig!« Häufig stoßen sie sogar bei ihren eigenen Eltern auf Ablehnung. Das ist eine große Belastung, und sich unter solchen Umständen selbst zu lieben und zu akzeptieren ist schwer. Daher überrascht es nicht, dass schwule Männer unter den Ersten waren, die an Aids erkrankten.

Welche sexuelle Ausrichtung Sie auch haben mögen, sie ist in jedem Fall richtig für Sie. Ratschläge für eine glückliche, erfüllte Partnerschaft gelten für jede Beziehung gleichermaßen, egal ob sie heterosexueller oder homosexueller Natur ist. Sogar in der Wissenschaft setzt sich zunehmend die Erkenntnis durch, dass unsere sexuelle Orientierung angeboren ist und nicht erst später von uns gewählt wird. Wenn Sie heterosexuell sind, sollten Sie sich einmal vorstellen, wie Sie sich fühlen würden, wenn man von Ihnen verlangte, in Zukunft als Lesbe oder Schwuler zu leben. Wir sollten niemals uns selbst oder andere Menschen wegen so etwas Einfachem und Natürlichem wie der Sexualität verurteilen.

Ich möchte niemandem Schuldgefühle einreden. Aber wir müssen unvoreingenommen anschauen, welche Veränderungen in der Gesellschaft notwendig sind, damit alle Menschen ein freies Leben in Liebe und Würde führen können. Vor fünfzig Jahren durften schwule Männer sich nicht in der Öffentlichkeit zeigen. Inzwischen ist es ihnen gelungen, sich kleine gesellschaftliche Nischen zu schaffen, in denen sie ihre Sexualität wenigstens einigermaßen offen leben dürfen.

Viele Leute wissen nicht, dass in der Viktorianischen Zeit durch die damals strikt getrennten Lebenswelten von Männern und Frauen die Beziehungen zwischen den Geschlechtern so steif und förmlich waren, dass Frauen ihre intimsten Beziehungen üblicherweise zu anderen Frauen unterhielten. Auch unter den jungen Männern der Mittelschicht waren romantische Freundschaften üblich. Niemand betrachtete solche nahen Beziehungen als Anzeichen von Homosexualität. Tatsächlich wurde dieser Begriff erst im späten neunzehnten Jahrhundert geprägt.

Die Liebe ist immer dort, wo wir sie finden. Die Moden der Liebe ändern sich von Land zu Land und von Jahrhundert zu Jahrhundert. Auch unsere heutigen so genannten gesellschaftlichen Normen werden sich mit der Zeit wandeln. Hören wir auf damit, uns selbst und andere zu verurteilen, und freuen wir uns, wenn uns liebende Menschen begegnen. Die Menschen brauchen heute mehr denn je Heilung und Ganzheit. Wir müssen Vorurteile und Schranken überwinden. Wir alle sind göttliche, wunderbare Ausdrucksformen des Lebens.

Die folgenden Briefe beschäftigen sich mit Fragen des Schwulseins und Lesbischseins:

Liebe Louise,
eine gute Freundin und ich sind zum Thema Homosexualität völlig gegensätzlicher Auffassung. Sie behauptet, es sei unmöglich, sich spirituell zu entwickeln und zugleich homose-

xuell zu sein. Wenn jemand Erleuchtung erlange, verschwinde seine Homosexualität. Ich bin anderer Meinung.

Wir leben in einer sehr provinziellen Gegend, wo die Leute allgemein sehr konservativ sind. Keine von uns beiden hat persönlichen Kontakt zu Homosexuellen. Da Sie sich intensiv um die Betreuung von Aidskranken gekümmert haben, wüsste ich gerne, wie Sie darüber denken.

Louises Antwort:
Gern teile ich meine Ansichten zu diesem Thema Ihnen und Ihrer Freundin mit. Wenn Sie bereit sind, Ihre Ängste gegenüber Homosexuellen zu überwinden, ist das ein großer Schritt für Ihr spirituelles Wachstum.

Wir neigen dazu, Dinge zu fürchten, die wir nicht verstehen. Es ist so einfach, einen anderen Menschen herabzusetzen, nur damit wir selbst uns besser, größer, wichtiger oder gar heiliger fühlen können. Es gab eine Zeit, als wir uns vor Leprakranken, geistig Behinderten und Menschen anderer Hautfarbe fürchteten. Inzwischen haben die meisten von uns zum Glück solche einengenden Glaubenssätze überwunden.

Wie können wir uns selbst für spirituell halten, solange wir andere Formen des Lebens als minderwertig betrachten? Welchen Stolz und welche Arroganz haben wir uns doch anerzogen! Und wie sehr trennt uns das von unserer eigenen Göttlichkeit! Wann werden wir endlich damit aufhören, unsere Kinder zum Hass zu erziehen?

Hass ist erlernt. Aller Hass und alle Vorurteile, die Sie in sich tragen, sind immer erlernt. Wenn ein Kind geboren wird, kennt es noch keinen Hass. Während wir spirituell wachsen, lösen wir uns von alten, einengenden Vorstellungen über uns selbst, andere Menschen und das Leben.

Sie sagen, dass Sie persönlich keine Homosexuellen kennen, und doch sind mindestens zehn Prozent der Bevölkerung schwul oder lesbisch. Gewiss leben auch in Ihrer nächsten Umgebung einige von ihnen, Sie wissen es nur nicht. Es könnte jeder sein: Arbeitskollegen, Schüler, Verwandte, Gemeindemitglieder, Nachbarn. Vermutlich wagen die Betreffenden nur nicht, sich offen zu ihrer sexuellen Neigung zu bekennen, aus Angst, ausgegrenzt und verurteilt zu werden.

Wir fürchten uns vor Veränderungen und halten deshalb oft hartnäckig an Althergebrachtem fest. Denken Sie einmal über die vielen historischen Veränderungen nach, gegen die anfangs heftiger Widerstand geleistet wurde, die sich jedoch im Nachhinein als Segen für uns alle erwiesen. Früher glaubte man beispielsweise, die Moral werde sinken, wenn man Afroamerikaner in die Armee integriert. Und vor noch nicht allzu langer Zeit mussten die Frauen um ihr Wahlrecht kämpfen! Heute erscheint uns das unvorstellbar, aber damals wurde über diese Fragen in einer mit Furcht und Missverständnissen aufgeladenen Atmosphäre erbittert gestritten.

Homosexuelle sind nicht schlecht. Sie sind einfach so, wie sie sind. Gott hat kein einziges schlechtes Geschöpf erschaffen. Eine Person mit anderer Hautfarbe ist nicht besser oder schlechter als wir. Sie und ich sind nicht schlecht, so wie wir sind. Wir alle sind Gottes vollkommene Kinder.

Ich weiß, dass viele Menschen sich über meinen Standpunkt in dieser Frage aufregen. Doch solche Kontroversen sind oft der erste Schritt für eine positive Veränderung. Haben Sie sich nicht auch anfangs gegen Ihr spirituelles Wachstum gesträubt? Seit Jahren setze ich mich für Minderheiten ein, weil ich überzeugt bin, dass alle Menschen Liebe und Respekt verdienen.

Jeder Mensch besitzt eine Seele und unsere Seele ist geschlechtslos. Wenn wir den Planeten verlassen, nehmen wir nur eines mit uns: unsere Fähigkeit zu lieben. Wachsen wir also gemeinsam und öffnen wir allen Menschen unser Herz. Bejahen Sie: ICH ÖFFNE MEIN HERZ UND ENTWICKLE LIEBEVOLLES VERSTÄNDNIS FÜR ALLE LEBENDEN WESEN.

Ich segne Sie dafür, dass Sie nach Einsicht streben und bereit sind, Ihren Horizont zu erweitern.

Liebe Louise,
seit fünf Jahren weiß ich, dass bei mir eine Chromosomenstörung vorliegt, das so genannte Klinefelter-Syndrom. Das bedeutet, dass ich ein männliches und zwei weibliche Geschlechtschromosomen habe. Ich habe nun beschlossen, mich einer Behandlung mit weiblichen Hormonen zu unterziehen und mich operieren zu lassen. So hoffe ich innerhalb eines Jahres endlich einen wirklich weiblichen Körper zu bekommen, denn unter der Haut fühle ich mich ohnehin als Frau.

Ich fühle mich wie eine Frau, die in einem männlichen Körper gefangen ist, und der einzige Ausweg für mich ist die Operation. Ich kann einfach nicht mehr so weiterleben wie bisher. Ich möchte äußerlich so feminin aussehen, wie ich mich innerlich fühle. Jeden Tag, wenn ich zur Kirche, zum Einkaufen oder in ein Restaurant gehe, kleide ich mich als Frau. Meine Freunde kennen mich als Frau, aber ich bin nicht wirklich das, was ich sein sollte – eine echte Frau in dem entsprechenden Körper. Ich weiß, dass Sie keine Ärztin sind, aber ein paar Ratschläge von einer echten Frau wie Ihnen würden mir gewiss weiterhelfen.

Louises Antwort:
Die Herausforderungen, mit denen wir in dieses Leben kommen, können so enorm faszinierend und interessant sein. Wenn wir sie akzeptieren, tun sich uns dadurch oft erstaunliche Möglichkeiten auf – und wir finden inneren Frieden. Mir scheint, dass Sie geradezu auf Kriegsfuß mit Ihrem eigenen Körper stehen! Wenn Sie sich wirklich innerlich als Frau fühlen, dann müssen Sie große Achtung für Ihre weibliche Seite entwickeln. Viele Frauen haben männlich aussehende Körper. Bei Ihnen geht diese Verbindung von Männlichem und Weiblichem noch einen Schritt weiter. Könnte das nicht auch in sich einen besonderen Wert darstellen, der gelebt werden möchte? Versuchen Sie, den Menschen zu lieben, der Sie gegenwärtig sind. Sie sind auf dem richtigen Weg. Keine Operation kann Ihnen zu dem inneren Frieden verhelfen, nach dem Sie sich sehnen. Dieser innere Frieden kann nur durch Selbstliebe und Selbstakzeptanz entstehen.

Der Schauspieler Christopher Reeve, der seit einem Reitunfall vom Hals abwärts gelähmt ist, hat gesagt, die wichtigste Lehre aus seiner Behinderung sei für ihn, dass er nun wisse: »Ich bin nicht mein Körper.« Hinter der Persönlichkeit, hinter dem physischen Körper lebt die Seele – die Seele, die Sie immer waren und immer sein werden. Suchen Sie auf der Seelenebene eine neue Verbindung zu sich selbst, dann werden Sie Frieden finden.

Liebe Louise,
als Mitarbeiter im Sozialdienst eines Krankenhauses gehört es zu meinen Aufgaben, eine Selbsthilfegruppe für aidskranke Männer zu betreuen. Seit langem bin ich vom großen Nutzen von Meditation und kreativem Visualisieren überzeugt; die Männer in unserer Gruppe sträuben sich jedoch beharrlich gegen Entspannungsübungen, Meditationskassetten, Visualisierungsübungen oder Meditationen. Natürlich ist es ihr gutes Recht, meine diesbezüglichen Vorschläge abzulehnen, aber es frustriert mich und es scheint mir, dass sie ihre Krankheit viel zu passiv hinnehmen. Allzu oft bestärken sich die Patienten in unserer Gruppe gegenseitig in einer »Alles ist so schrecklich!«-Haltung, wodurch meines Erachtens Schwäche und Ohnmachtsgefühle unnötig verstärkt werden. Wie haben Sie bei Ihrer Arbeit mit Aidskranken dieses Problem gelöst?

Louises Antwort:
Ich kann verstehen, wie frustrierend es sein kann, Menschen helfen zu wollen, die die Angebote, die ihnen gemacht werden, nicht annehmen. Wir müssen uns immer wieder klarmachen, dass wir niemanden zu etwas zwingen können und dürfen. Wir können nur unsere

Arbeit tun und entweder nehmen sie die gebotene Hilfe an oder nicht. Ich sage oft: »Ich bin keine Heilerin und ich bin auch nicht eure Mutter. Ich gebe einfach nur Informationen weiter und ihr seid alle erwachsen und könnt eure eigenen Entscheidungen treffen.«

Wir müssen unser Ego aus der Arbeit heraushalten. Wenn Sie so sind wie ich, dann haben Sie mit denen genug zu tun, die bereit sind, Ihnen zuzuhören. Machen Sie also mit Ihrer Arbeit weiter, denn sie wird dringend gebraucht.

Liebe Louise,
ich lebe seit vielen Jahren mit HIV und es geht mir körperlich gut. Ich bin stark und gesund. Die Religion, mit der ich aufwuchs, propagiert jedoch eine sehr ablehnende Haltung gegenüber meinem Lebensstil. Oft werde ich von diesen Leuten »böse« und »satanisch« genannt. Ich versuche, diesen Angriffen keine Beachtung zu schenken, aber sie tun dennoch sehr weh – auch meinen Familienmitgliedern, die immer noch dieser Kirche angehören, sich aber trotzdem dafür entschieden haben, mich zu lieben und zu akzeptieren.

Louise, wie soll ich mit den Verletzungen und Grollgefühlen umgehen, die sich in mir angestaut haben? Ich habe schon viele Male Vergebung praktiziert, aber immer wieder schlägt mir Hass entgegen. Ich bin ein sanfter, liebevoller, mitfühlender Mann. Ich weiß, dass Gott mich liebt und meine Gebete beantwortet. Wie kann ich meine Verbitterung überwinden, damit meine Gesundheit nicht durch sie geschwächt wird?

Louises Antwort:
Ich empfinde großes Mitgefühl für Ihren Schmerz und Ihre Verwirrung. Als Kinder können wir uns die Religion nicht aussuchen, mit der wir aufwachsen. Ihre Eltern sind damals nun einmal der Tradition gefolgt, die sie von ihren Eltern und Großeltern übernommen hatten. Doch heute, als liebevoller, bewusster Erwachsener, steht es Ihnen frei, sich eine Kirche zu suchen, in der keines von Gottes wunderbaren Geschöpfen herabgesetzt und verurteilt wird. Lernen Sie, den Unterschied zwischen dem, was Ihnen als Kind beigebracht wurde, und Ihrem wahren Wesen zu erkennen. Als die göttliche, großartige Schöpfung des Universums, die Sie sind, werden Sie uneingeschränkt geliebt. Wählen Sie sich eine andere Religion. Ich möchte Sie ermutigen, einmal Veranstaltungen von Science of Mind oder der Unity-Kirche zu besuchen. Dort werden Sie eine völlig andere Art von Spiritualität kennen lernen.

Entscheiden Sie sich bewusst dafür, sich dorthin zu wenden, wo man Ihnen Liebe und Wertschätzung entgegenbringt. Um sich für die Liebe zu öffnen, müssen Sie zunächst einmal sich selbst bedingungslos lieben. Für die unerleuchteten Äußerungen der Mitglieder jener Kirche, der Ihre Eltern angehören, sind Sie nicht verantwortlich. Verantwortlich sind Sie aber dafür, ob Sie diesen Leuten zuhören und ihren Worten Glauben schenken. Warum erlauben Sie anderen Leuten, Macht über Sie auszuüben? Suchen Sie die Gesellschaft von Menschen, die Sie so lieben und akzeptieren, wie Sie sind. Eine gute Affirmation für Sie lautet:

Als wunderbare Schöpfung eines liebenden Gottes werde ich unendlich geliebt und ich akzeptiere diese Liebe jetzt.

Liebe Louise,
ich bin eine fünfunddreißigjährige Frau, die in einer Wohngemeinschaft mit einem schwulen Mann lebt. Ich selbst bin lesbisch. Ich schätze meinen Mitbewohner außerordentlich, und da ich seit einiger Zeit die Kirche der Science of Mind in meiner Nachbarschaft besuche, bin ich zu der Ansicht gelangt, dass ich alle Menschen lieben kann, die ich gerne lieben möchte – egal ob Mann oder Frau. Mein Problem ist folgendes: Ich liebe meinen Mitbewohner, der ein sehr gut aussehender Mann ist. Wir waren schon befreundet, ehe wir zusammenzogen. Jetzt habe ich Angst, ihm von meinen Gefühlen zu erzählen, nicht nur, weil er bestimmt aus allen Wolken fiele, sondern auch, weil ich unsere Freundschaft nicht gefährden möchte. Wie soll ich mit dieser Situation umgehen?

Louises Antwort:
Es gehört zu den Tatsachen des Lebens, dass nicht alle Menschen, die wir lieben, diese Liebe erwidern. Akzeptieren Sie das und ruinieren Sie nicht die gute freundschaftliche Beziehung zu Ihrem Mitbewohner. Natürlich können Sie jeden Menschen lieben, den Sie gerne lieben möchten; da Ihr Mitbewohner jedoch schwul ist, sollten Sie überlegen, wie Sie Ihre Liebe auf eine Weise zum Ausdruck bringen können, die keine unlösbaren Probleme erzeugt und ihm keinen Kummer bereitet.

Vermutlich haben Sie momentan keine befriedigende intime Beziehung und verwechseln deshalb Ihren Wunsch nach einer solchen Beziehung mit Ihren freundschaftlichen Gefühlen für Ihren Mitbewohner. Dadurch, dass Sie Ihre Sehnsüchte auf einen Menschen richten, den Sie nicht bekommen können, verhindern Sie, dass der ideale Partner oder die ideale Partnerin in Ihr Leben treten kann. Bejahen Sie: ICH HABE DEN IDEALEN, LIEBEVOLLEN PARTNER. UND AUCH MEIN MITBEWOHNER HAT DEN IDEALEN PARTNER. WIR AKZEPTIEREN BEIDE DIE WAHL DES ANDEREN.

Liebe Louise,
ich bin ein Schwuler Ende zwanzig, der eine Reihe von ziemlich turbulenten Beziehungen mit verschiedenen Männern hinter sich hat. Immer wenn ich mich auf eine intime Beziehung einlasse, versucht die betreffende Person, mich zu ändern. Mein Partner erwartet von mir, dass ich nicht mehr trinke, nicht mehr auf Partys gehe, nicht mehr mit Freunden herumziehe und meine ganze Zeit nur mit ihm verbringe. Doch, offen gesagt, ich will mich nicht ändern. Mir gefällt mein geselliges Leben und ich will es nicht aufgeben. Leider glauben meine Geliebten immer, ich sei ihnen nicht treu, weil ich so viel ausgehe. Doch das stimmt nicht. Deswegen sind jetzt schon mehrere Beziehungen hintereinander zerbrochen und ich weiß nicht, was ich dagegen machen soll. Warum sollte ich einem anderen Menschen zuliebe mein Leben ändern?

Louises Antwort:
Sie verlangen eine Menge von Ihren Partnern. Ich frage mich, ob Sie ihnen die gleichen Freiheiten einräumen, die Sie für sich selbst beanspruchen? Natürlich brauchen Sie sich nicht zu ändern, aber erwarten Sie von niemandem, dass er sich auf eine feste Beziehung mit Ihnen einlässt, solange Sie so unruhig umherflattern wie ein Schmetterling. Möchten Sie, dass Ihr Partner mit Ihnen umherflattert, oder soll er allein zu Hause sitzen und auf Sie warten?

Vielleicht sind Sie emotional noch zu jung, um sich auf eine feste, dauerhafte Beziehung einzulassen. Setzen Sie Ihr jetziges Leben fort, solange Ihnen der Sinn danach steht. Eines Tages werden die vielen Partys Sie zu langweilen beginnen. Dann werden Sie nach etwas Ausschau halten, das Ihnen mehr Erfüllung schenkt. Doch genießen Sie einstweilen ruhig Ihr Leben und wenden Sie die folgende Affirmation an: ICH ZIEHE JETZT DEN PERFEKTEN PARTNER IN MEIN LEBEN, DER MICH GENAU SO AKZEPTIERT, WIE ICH BIN.

Affirmationen zur Stärkung des sexuellen Vertrauens

- In Sicherheit und Geborgenheit erkunde ich meine Sexualität.
- Ich bringe meine Wünsche in Freude und Freiheit zum Ausdruck.
- Gott hat mich erschaffen, wie ich bin, und heißt meine Sexualität gut.
- Ich liebe mich selbst und meine Sexualität.
- Meine Liebe zu mir selbst gibt mir Geborgenheit und Sicherheit.
- Ich erlaube es mir, mich an meinem Körper zu erfreuen.
- Ich überwinde alle einengenden Glaubenssätze und akzeptiere mich voll und ganz.
- In allen Lebenssituationen bin ich ich selbst, göttlich geborgen und frei.
- Meine Sexualität ist ein wunderbares Geschenk.
- Ich verdiene es, geliebt zu werden.

10. KAPITEL

Karriere

Ich weiß, dass die Gedanken, die ich denke, unmittelbaren Einfluss auf meine berufliche Situation haben, daher wähle ich meine Gedanken bewusst. Meine Gedanken sind konstruktiv und positiv. Ich wähle Gedanken von Wohlstand und Erfolg, daher bin ich wohlhabend und erfolgreich. Ich wähle harmonische Gedanken, daher arbeite ich in einer harmonischen Atmosphäre. Ich stehe am Morgen mit der freudigen Gewissheit auf, dass sinnvolle, wichtige Arbeit auf mich wartet. Meine beruflichen Aufgaben sind anspruchsvoll und schenken mir tiefe Erfüllung. Wenn ich an meine Arbeit denke, verspüre ich Stolz und aufrichtige Freude. Ich bin immer beschäftigt und immer produktiv. Das Leben ist gut.

Wenn ich nach dem Sinn meines Lebens gefragt werde, sage ich, dass meine Arbeit mein Lebenssinn ist. Es ist traurig, dass die meisten Menschen ihre Arbeit hassen und, was noch schlimmer ist, dass sie nicht wissen, was sie mit ihrem Leben anfangen sollen. Wenn Sie Ihre persönliche Bestimmung entdecken und sich eine Arbeit suchen, die Ihnen Freude macht, heißt das, dass Sie sich selbst wirklich lieben.

Vielleicht haben Sie gegenwärtig einen Job, in dem Sie nicht weiterkommen oder der Ihnen keinen Spaß macht. Oder Sie machen Ihre Arbeit nur des Geldes wegen. Nun, Sie können eine Menge tun, um diese Situation zum Besseren zu verändern. Das beste Hilfsmittel, um einen positiven Wandel herbeizuführen, ist die Macht des *liebevollen Segnens*. Ganz gleich, wo Sie arbeiten und wie es Ihnen dort gefällt, segnen Sie Ihre Arbeitsstelle liebevoll. Das meine ich ganz wörtlich. Sagen Sie: »Liebevoll segne ich meinen Arbeitsplatz.« Aber gehen Sie noch weiter: Segnen Sie das ganze Gebäude, die technische Ausstattung Ihrer Firma, Ihren Schreibtisch, wenn Sie einen haben, die Ladentheke, wenn Sie hinter einer arbeiten, die verschiedenen Geräte, die Sie vielleicht benutzen, die Produkte, die Kunden, Ihre Kollegen, Ihre Vorgesetzten und einfach alles, was mit Ihrer Arbeit in Zusammenhang steht. Das wirkt Wunder!

Wenn Sie die Tätigkeit hassen, die Sie gegenwärtig ausüben, werden Sie dieses Hassgefühl bei einem Arbeitsplatzwechsel mitnehmen. Selbst wenn Sie tatsächlich einen besseren Job finden, werden Sie nach kurzer Zeit auch diesen zu hassen beginnen. Sie nehmen immer die Gefühle mit, die Sie in sich tragen. Wenn Sie jetzt unzufrieden sind, nehmen Sie diese Unzufriedenheit überallhin mit. Erst wenn Sie Ihren Bewusstseinszustand verändern, können sich in Ihrem Leben positive Veränderungen einstellen. Erst dann wird ein neuer Job gut sein und Sie werden ihn wirklich zu schätzen wissen und Freude daran haben.

Wenn Sie in dem Glauben erzogen wurden, dass man »hart arbeiten« müsse, um sich seinen Lebensunterhalt zu verdienen, ist es Zeit, sich von diesem Glauben zu verabschieden. Tun Sie, was Sie lieben, und das Geld wird kommen. Lieben Sie, was Sie tun, und das Geld wird kommen. Sie haben ein Recht darauf, Ihren Lebensunterhalt mit Dingen zu verdienen, die Ihnen Freude machen. Ihre Verantwortung gegenüber dem Leben besteht darin, dass Sie sich freudevollen Aktivitäten widmen. Finden Sie einen Weg, Dinge zu tun, die Ihnen echte Freude und Befriedigung schenken – dann wird das Leben Ihnen den Weg zu Wohlstand und Fülle weisen. Fast immer handelt es sich dabei um Aktivitäten, die etwas Spielerisches und Freudiges haben. Unsere innere Führung sagt niemals: »Du musst.« Der Sinn des Lebens ist Spiel. Wenn Arbeit zum Spiel wird, ist sie lohnend und befriedigend. Denken Sie daran: *Sie selbst* entscheiden, wie Ihr Berufsleben aussehen soll. Denken Sie sich positive Affirmationen aus, die Ihnen helfen, Ihre Ziele zu erreichen. Wiederholen Sie diese Affirmationen möglichst oft. Sie *haben* die Fähigkeit, Ihr Berufsleben so zu gestalten, wie Sie es sich wünschen!

Die folgenden Briefe beschäftigen sich mit Arbeit und Karriere:

Liebe Louise,
vor kurzem bin ich nach Atlanta gezogen und habe ein Versandgeschäft für Vitamine und Heilpflanzen gegründet. Ich habe bei diesem Projekt ein gutes Gefühl und möchte, dass es zu einem Erfolg wird. Da mein momentaner Arbeitsvertrag als Sekretärin nur befristet ist und bald ausläuft, widme ich mich nun mit Begeisterung dem Aufbau des Versandhandels.

Ich habe schon viel über den richtigen Dienst am Kunden gehört und immer wieder ist mir der Satz begegnet: »Tu, was du liebst, dann kommt das Geld von allein.« Ich möchte auf jeden Fall meinen künftigen Kunden einen echten Dienst erweisen. Es geht mir nicht darum, einfach nur schnelles Geld zu verdienen. Können Sie mir dazu ein paar Tipps geben?

Louises Antwort:
Ist es nicht ein herrliches Gefühl, ein eigenes Geschäft zu gründen? Wussten Sie, dass 35 Prozent aller Unternehmen in Amerika von Frauen gegründet werden? Ich beglückwünsche Sie, dass Sie ebenfalls diesen Weg einschlagen. Glauben Sie fest daran, dass Ihnen alle Möglichkeiten für eine glänzende Karriere offen stehen! Denken Sie nicht ans Geld. Bieten Sie ein gutes Produkt, eine gute Dienstleistung an, die das Leben Ihrer Kunden wirklich verbessert. Bieten Sie einen guten, zuverlässigen Service. Mit diesem Plus an Engagement und Service werden Sie Kunden fürs Leben gewinnen. Segnen Sie, ehe Sie die Post öffnen oder den Telefonhörer abheben, liebevoll die zu bearbeitende Bestellung oder den

jeweiligen Gesprächspartner. Zahlen Sie pünktlich Ihre Rechnungen. Beliefern Sie die Kunden rasch und zuverlässig. Fügen Sie jeder Lieferung ein kleines Präsent bei, vielleicht ein Kärtchen mit einer Affirmation. Betrachten Sie alle Ihre Geschäftsverbindungen als Gelegenheiten, das Wohl aller Beteiligten zu mehren. Wenn Sie liebevoll geben, wird Ihnen das Geld wie von allein zufließen. Bekräftigen Sie oft: ICH VERDIENE WOHLSTAND UND ERFÜLLUNG. MEIN EINKOMMEN WÄCHST UNAUFHÖRLICH. ICH HABE ERFOLG UND ICH BIN STETS SICHER UND GEBORGEN.

Liebe Louise,
ich bin ein sehr fähiger, intelligenter Sportlehrer Mitte vierzig, aber ich schaffe es einfach nicht, längere Zeit an einer Schule zu bleiben. Immer wenn ich eine neue Stelle antrete, wo scheinbar ideale Arbeitsbedingungen herrschen, stellt sich bald heraus, dass es in der Schulleitung irgendeinen Idioten gibt, der mir Steine in den Weg legt, wo er nur kann. Meistens sind sie eifersüchtig auf mich, weil ich unter den Schülern sehr beliebt und anerkannt bin. Manchmal liegt es daran, dass ich offen meine Meinung sage, wenn ich das für erforderlich halte. So etwas können die Leute von der Schulleitung häufig nicht ertragen, weil sie glauben, dass es ihre Autorität in Frage stellt. Also werde ich wieder einmal gefeuert.

Glauben Sie, dass der Fehler bei mir liegt? Warum gerate ich immer wieder an derartig beschränkte Vorgesetzte? Für einen Rat wäre ich Ihnen sehr verbunden.

Louises Antwort:
Auf keinen Fall sollten Sie an sich selbst zweifeln. Sie tragen jedoch ein altes familiäres Muster aus der Kindheit in Ihr Berufsleben hinein. Das geht vielen Leuten so. Dann verstehen wir nicht, warum wir immer wieder an einen Chef geraten, der uns behandelt wie früher unser Vater oder unsere Mutter. An welches Familienmitglied erinnern Sie diese »Idioten«, die in den Schulleitungen sitzen? Damit meine ich nicht ihr Aussehen, sondern ihr Verhalten. Wer in Ihrer Familie hat Sie auf eine solche Weise behandelt? Das ist der Mensch, dem Sie vergeben müssen. Solange Sie den alten familiären Ballast mit sich herumschleppen, werden Sie an jeder neuen Arbeitsstelle die gleichen Probleme bekommen.

Es hat keinen Sinn, Ihre Vorgesetzten einfach als »Idioten« zu bezeichnen, denn sie trifft ebenso wenig Schuld wie Sie. Diese Leute spiegeln lediglich Ihr Muster wider und übernehmen jene Rolle, von der Sie auf unbewusster Ebene erwarten, dass sie sie für Sie spielen. Ich empfehle Ihnen, Spiegelarbeit zu machen. Setzen Sie sich vor einen Spiegel und sprechen Sie mit dem Elternteil, dem Sie vergeben möchten. Handelt es sich dabei beispielsweise um Ihren Vater, sagen Sie ihm alles, was zu sagen Ihnen schwerfiele, wenn er Ihnen tatsächlich gegenübersäße. Wenn Sie Ihre ganze Wut und Frustration herausgelassen haben, sagen Sie Ihrem Vater, dass Sie ihm vergeben. Machen Sie sich bewusst, dass er sich entsprechend seinem damaligen Wissen bemüht hat, sein Bestes zu geben. Danach sagen Sie sich jedes Mal, wenn Sie an ihn denken müssen: ICH VERZEIHE DIR UND ICH GEBE DICH FREI. Auch wenn Sie an frühere Vorgesetzte denken müssen, über die Sie sich geärgert haben, sagen Sie: ICH SEGNE DICH LIEBEVOLL UND ICH VERGEBE DIR. Wenn Sie Ihr Bewusstsein auf diese Weise reinigen, werden Ihre beruflichen Probleme schon bald der Vergangenheit angehören.

Liebe Louise,
ich bin sechsundzwanzig und versuche, ein Klinikpraktikum als Chiropraktikerin hinter mich zu bringen. Aber ich fühle mich als Versagerin, weil ich einfach nicht weiß, wie ich jemals die Ausbildung schaffen, anschließend meinen Lebensunterhalt verdienen und die Schulgebühren abzahlen soll. Außerdem glaube ich inzwischen, dass die Chiropraktik gar nichts für mich ist. Wenn ich mich in der Schule beklagte, wurde mir immer gesagt, dass mir während des Klinikpraktikums alles viel besser gefallen würde. Aber hier finde ich es noch schlimmer als an der Schule.

Ich bin die ganze Zeit über furchtbar müde und deprimiert. Außerdem habe ich über zwanzig Kilo zugenommen und schlage mich mit Verdauungsproblemen und Menstruationsstörungen herum. In letzter Zeit ertappe ich mich immer wieder bei dem Wunsch, ernsthaft krank zu werden, weil ich dann eine Entschuldigung dafür hätte, die Ausbildung abzubrechen. Manchmal wünsche ich mir, ich hätte einen Unfall, und ich habe auch schon an Selbstmord gedacht. Diese Gedanken erschrecken mich, aber wenn ich an die weitere Ausbildung und die Prüfungen denke, verlässt mich einfach aller Mut. Meine Frage lautet: Wie kann ich diese Zeit durchstehen, die so schlimm ist, dass ich am liebsten sterben möchte?

Oder soll ich einfach aufgeben, obwohl ich mich wegen meines Versagens dann furchtbar schämen müsste und hohe Schulden hätte, die ich nicht zurückzahlen könnte?

Louises Antwort:
Warum glauben Sie, eine Versagerin zu sein, nur weil Sie beschließen, einen anderen Weg einzuschlagen? Wer in Ihrer Familie wirft Ihnen so etwas vor? Wessen Erwartungen versuchen Sie zu erfüllen? Ich habe festgestellt, dass die Menschen von Begeisterung erfüllt sind und Freude am Leben haben, wenn sie das tun, was ihnen Erfüllung schenkt. Es scheint mir, dass Sie Ihre Bestimmung im Leben noch nicht gefunden haben. Vielleicht handelt es sich ja bei dieser Chiropraktik-Ausbildung in Wahrheit um den Lebenstraum einer anderen Person, die Ihnen viel bedeutet und der Sie alles recht zu machen versuchen. Welche Tätigkeiten machen Ihnen Freude? Wobei jubelt Ihr Herz?

Horchen Sie aufmerksam in sich hinein, dann wird das Leben Ihnen Ihre wahre Bestimmung enthüllen. Wenn Sie tun, was Ihnen wirklich am Herzen liegt, werden Sie ganz automatisch über ein ausreichendes Einkommen verfügen, Ihr Gewicht wird sich stabilisieren und die Verdauungsprobleme werden verschwinden. Suchen Sie sich eine Aufgabe, die Sie wirklich glücklich macht. Segnen Sie den Weg, den Sie bisher beschritten haben, als eine wertvolle Lernerfahrung.

Breiten Sie Ihre Arme aus und öffnen Sie sich für die liebevolle, stärkende und nährende Energie des Universums. Sorgen Sie gut für sich selbst, sanft und liebevoll, während Sie neue Wege zu Glück und Erfüllung erproben. Eine wunderbare Affirmation für Sie lautet: Ich habe Vertrauen in den Lauf des Lebens. Jede Entscheidung, die ich treffe, ist richtig und gut. Ich gehe sicher und geborgen durch alle Turbulenzen des Lebens. Liebevoll löse ich mich jetzt von meiner Vergangenheit und finde eine neue berufliche Aufgabe, die mir Freude und Befriedigung schenkt.

Liebe Louise,
ich bin sehr unsicher, welchen Weg ich zukünftig einschlagen soll. Seit neunundzwanzig Jahren arbeite ich als Grundschullehrerin. Das war nie leicht, es gab viele Höhen und Tiefen. Jetzt möchte ich diesen Beruf aufgeben. Ich kann einfach nicht mehr und habe eine Frühpensionierung wegen stressbedingter Berufsunfähigkeit beantragt. Wenn dieser Antrag abgelehnt wird, weiß ich nicht, was ich machen soll. Ich würde gerne für Mary Kay arbeiten, weil mir die liebevolle Atmosphäre dort sehr gut gefällt. Doch bislang konnte ich meine Eignung für diese Arbeit noch nicht unter Beweis stellen, weil dafür neben dem Schuldienst keine Zeit bleibt. Ich möchte nicht länger für ein System arbeiten, das so wenig Verständnis für die wirklichen Probleme aufbringt, etwa für die Unzufriedenheit der Kinder und ihre Unfähigkeit, in diesem Klima etwas Sinnvolles zu lernen. Die Lehrpläne zu ändern ist auch keine Lösung. Ich habe einfach das Gefühl, mit meiner Arbeit bei den Kindern nichts mehr bewirken zu können.*

---

* Eine Organisation, die Koma-Patienten betreut

Meine bisherigen Erfahrungen (ich bin fünfzig, unverheiratet und ohne eigene Kinder) sollten mich, wie ich heute einsehe, zu der Erkenntnis hinführen, dass es in unserem Leben vor allem auf Liebe, Frieden und Freude ankommt. Können Sie mir einen Rat geben, welchen Weg ich einschlagen soll? Was geschieht, wenn es mit meiner Arbeit für Mary Kay nicht klappt? Davor habe ich Angst.

Louises Antwort:
Ihr Denken scheint mir sehr selbstquälerisch zu sein. Beobachten Sie einmal genau, welche Gedanken Ihnen Angst einflößen und welche Gedanken Sie in eine freudige, friedliche Stimmung versetzen. Sie müssen mit sich selbst ins Reine kommen und inneren Frieden finden, sonst werden Sie in einem neuen Beruf genauso unter Stress stehen wie in Ihrem jetzigen. Stress kommt immer von innen. Wenn die Lehrertätigkeit nicht mehr das Richtige für Sie ist, sollten Sie in der Tat den Beruf wechseln. Dies sollte jedoch nicht aus einer angstvollen Haltung heraus geschehen, sondern mit Liebe und Freude. Tun Sie das, was Sie sich wirklich von Herzen wünschen. Sorgen Sie gut für sich selbst und beten Sie um Führung. Gehen Sie das Wagnis ein, sich vom Universum führen zu lassen, dann wird es Sie auf eine Weise unterstützen und fördern, die Ihre kühnsten Träume übertrifft. Sie haben Recht; es lohnt sich ganz gewiss, für eine Organisation wie Mary Kay zu arbeiten. Und ich bin sicher, dass Sie Ihre Sache dort sehr gut machen werden. Bekräftigen Sie möglichst oft: DAS LEBEN BIETET MIR IMMER NEUE LOHNENDE MÖGLICHKEITEN UND ALLES IST GUT.

Liebe Louise,
ich habe ein Problem mit meinem Chef. Seit drei Jahren versuche ich, wenigstens ein gutes Haar an diesem Mann zu finden, aber es gelingt mir nicht. Er verhält sich anmaßend und herablassend, spielt die Leute gegeneinander aus und macht der ganzen Belegschaft das Leben schwer. Einmal tut er, als meine er es gut mit einem, und im nächsten Augenblick setzt er einen vor den Kollegen herab. Drei Frauen haben Diskriminierungsklagen gegen ihn eingereicht, doch da es sich bei meiner Arbeitsstelle um eine Regierungsbehörde handelt, ist er immer noch da und sie wurden gefeuert.

Ich werde nicht vor diesem Kerl kapitulieren, aber ich glaube, ich könnte etwas Hilfe gebrauchen. Was raten Sie mir?

Louises Antwort:
Ihr Brief klingt, als würden Sie immer noch verzweifelt versuchen, Papas Zuneigung zu gewinnen. Nachdem ich Ihre Zeilen mehrfach gelesen habe, frage ich Sie: »Warum arbeiten Sie immer noch für diesen Mann?« Selbstverständlich rate ich dazu, in jeder Situation die darin für uns enthaltene Lektion zu entdecken und zu akzeptieren. Ihre Lektion in diesem Fall besteht offensichtlich darin, alte seelische Konflikte aufzuarbeiten, damit Sie im Berufsleben nicht erneut so unerfreuliche Bedingungen vorfinden. Suchen Sie sich einen anderen Job! Sie handeln sehr lieblos sich selbst gegenüber, wenn Sie sich noch länger dieser Situation aussetzen. Und der Glaube, Sie könnten diesen Mann ändern, ist einfach unrealistisch. Eine gute Affirmation für Sie wäre: ICH BIN EIN FREUNDLICHER, LIEBENSWERTER

Mensch und ich arbeite für freundliche, liebenswerte Menschen.

Liebe Louise,
ich arbeite erfolgreich als Künstler. Jedoch geschieht es immer wieder, dass mir jemand Entwürfe stiehlt oder unerlaubt eines meiner Werke kopiert.

Aus diesem Grund widerstrebt es mir inzwischen, anderen Menschen meine Arbeiten zu zeigen. Ich bin immer noch sehr kreativ und stelle alle meine Arbeiten öffentlich aus, doch unvermeidlich quält mich dann jedes Mal der Gedanke: Was ist, wenn jemand mir diesen Entwurf oder diese Idee stiehlt? Ich habe einige der Diebe zur Rede gestellt, doch sie zeigen wenig Schuldbewusstsein oder Bedauern. Meine einzige Möglichkeit wäre, vor Gericht zu ziehen, doch diesen Weg möchte ich nicht einschlagen.

Ich möchte nur gerne verstehen, warum mir das immer wieder geschieht. Ich brauche eine Affirmation, die mir hilft, alte, negative Energie in etwas Gutes umzuwandeln, damit ich nicht erneut solche Erlebnisse in mein Leben ziehe.

Louises Antwort:
Mir scheint, Ihr Denken ist auf Knappheit und Mangel ausgerichtet. Sie glauben, Ihre Schätze ängstlich horten zu müssen, statt auf die Fülle des Universums zu vertrauen. Diese Furcht, dass jemand Ihre Arbeiten stehlen und Sie Ihres Einkommens und Ihrer künstlerischen Anerkennung berauben könnte, ist etwas, das ich als »Armutsdenken« bezeichne. Sie sollten sich

unbedingt der Tatsache bewusst werden, dass immer genug für alle da ist. Wenn Ihre Arbeiten gut sind, wird es immer Leute geben, die sie zu kopieren versuchen. Betrachten Sie das doch als Kompliment! Kunst gehört dem Universum, nicht einem einzelnen Menschen. Geben Sie der Welt großzügig von Ihren Talenten, dann wird das Universum Sie stets reich entlohnen.

Denken Sie Gedanken der Fülle und Prosperität, dann wird sich dieser Geisteszustand in Ihren Arbeiten und Ihrem künstlerischen Erfolg widerspiegeln. Mögen Sie erfolgreich sein und möge Ihr Herz offen und frei sein. Bejahen Sie: ICH SCHENKE DER WELT MEINE TALENTE UND FÄHIGKEITEN UND DAS UNIVERSUM GIESST SEIN FÜLLHORN ÜBER MIR AUS.

Liebe Louise,
ich habe ein Problem mit meinem Chef. Neunzig Prozent der Zeit ist er nett und umgänglich. Doch während der anderen zehn Prozent ist er ein tobender, schreiender Irrer, dessen schreckliche Wutausbrüche sich alle über mich ergießen (weil ich seine Sekretärin bin). Nach seinen Schreianfällen fühle ich mich jedes Mal am Boden zerstört und möchte am liebsten kündigen. Doch meine persönliche Situation (ich bin allein erziehende Mutter mit zwei Kindern) lässt das nicht zu.

Eigenartigerweise ist mein Chef nach seinen Wutausbrüchen immer völlig ruhig. Dann warte ich jedes Mal auf eine Entschuldigung, die aber nie kommt. Ich fürchte, dass er völlig ausrastet, wenn ich ihm (während einer sei-

ner ruhigen Phasen) sage, dass sein Verhalten inakzeptabel für mich ist. Wie sollte ich mich Ihrer Meinung nach verhalten?

Louises Antwort:
Ihr Chef muss in einer Familie aufgewachsen sein, in der solche Wutausbrüche an der Tagesordnung waren. Er denkt, dass es normal ist, sich so zu verhalten, wenn etwas schief läuft. Das hat nichts mit Ihnen zu tun. Dennoch stehen Sie *unter dem Gesetz Ihres eigenen Bewusstseins,* das heißt, Sie werden sich immer eine Welt erschaffen, die so ist, wie Sie es zu verdienen glauben. Vermutlich handelt es sich um die Wiederholung einer Situation aus Ihrer Kindheit. Damals suchten Sie nach einer Erklärung, warum Sie eine solche Behandlung über sich ergehen lassen mussten. Und ebenso legen Sie sich jetzt einen Grund zurecht, warum Sie nicht kündigen können und diese schlechte Behandlung hinnehmen müssen. Wir Frauen müssen unser Selbstwertgefühl und unsere Selbstachtung stärken, damit wir endlich aufhören, ein solches Verhalten von Männern zu tolerieren.

Ich bin einmal in ein Mietshaus gezogen, dessen Eigentümer in dem Ruf stand, seine Mieter zu terrorisieren. Ich benutzte die Affirmation: ICH HABE IMMER EIN AUSGEZEICHNETES VERHÄLTNIS ZU MEINEN VERMIETERN. Er war die ganze Zeit über sehr freundlich zu mir, und als ich auszog, kaufte er sogar alle meine alten Möbel. Ich schlage Ihnen folgende Affirmation vor: ICH LIEBE MICH SELBST UND ICH ARBEITE IMMER FÜR GANZ WUNDERBARE CHEFS. Wenn Sie diese Affirmation möglichst oft wiederholen, wird sie für Sie zum persönlichen Gesetz und dann werden Sie, wo immer Sie arbeiten, stets einen wunderbaren Chef antreffen.

P. S.: Ich leite eine sehr erfolgreiche Firma. Bei uns werden Angestellte niemals angeschrien oder unwürdig behandelt. Wir haben eine Vier-Tage-Woche und bei der Arbeit herrscht eine lockere, fröhliche Stimmung. Das ist das beste Erfolgsrezept und ich begreife nicht, wie man eine Firma anders führen kann!

Liebe Louise,
ich bin dreiundzwanzig Jahre alt und lebe und arbeite als Schauspieler in Los Angeles. Ich schreibe Theaterstücke und bekomme allmählich kleinere Rollen in Film- und Fernsehproduktionen. In letzter Zeit fühle ich mich jedoch blockiert. Ich habe das Gefühl, mit meinen schauspielerischen Fähigkeiten an eine Grenze gestoßen zu sein, die ich einfach nicht zu durchbrechen vermag. Dieses Problem hat etwas mit meinem Unvermögen zu tun, wirkliche Emotionen zu zeigen.

Intellektuell bin ich bereit, zu schluchzen, zu schreien oder zu lachen, doch wenn ich eine entsprechende Szene spielen soll, fühle ich mich kalt und taub. Wissen Sie einen Rat, wie ich diese Barriere durchbrechen kann?

Louises Antwort:
Ich vermute, in Ihnen gibt es ein furchtsames kleines Kind, das Angst davor hat, sich dumm zu benehmen und von den anderen ausgelacht zu werden. Diese Angst hält Sie davon ab, die Schauspielerei zu genießen

und Spaß an der Arbeit zu haben. Dieses Problem werden Sie auf intellektuellem Weg niemals lösen können. Ihr Denken kontrolliert Ihr Verhalten, weil Sie sich nicht trauen, loszulassen, sich gehen zu lassen.

Ich glaube, eine Rebirthing-Therapie könnte Ihnen weiterhelfen. Dabei wird Ihnen mit Hilfe einer bestimmten Atemtechnik in einer sicheren, geschützten Atmosphäre ermöglicht, sich von Schmerzen und Ängsten aus der frühen Kindheit zu befreien. Es gibt inzwischen viele Rebirthing-Therapeuten. Hören Sie sich einfach um, dann werden Sie sicher den für Sie richtigen finden.

Bis dahin können Sie die folgenden Affirmationen benutzen. Das wird Ihre Ängste lindern und Ihre Kreativität anregen: ICH BIN IMMER BEHÜTET UND GEBORGEN. ICH BIN FREI, ALL MEINE FREUDE OFFEN ZU ZEIGEN. DIE SCHAUSPIELEREI IST ETWAS WUNDERBARES UND SIE MACHT MIR GROSSEN SPASS!

Liebe Louise,
seit meinem vierten Lebensjahr spiele ich Klavier (nach Gehör) und das ist meine größte Liebe und Leidenschaft. Ich denke an nichts anderes. Jeden Tag bitte ich das Universum darum, meinen Lebensunterhalt mit der Musik verdienen zu können. (Noch spiele ich ohne Gage auf Hochzeiten und Partys.)

Leider ist seit einem Besuch bei einem Popkonzert vor zwei Jahren mein Gehör extrem empfindlich geworden. Ich habe leichte Tinnitus-Beschwerden, doch vor allem scheint es sich um eine übermäßige Empfindlichkeit zu handeln. Zwei Ärzte haben untersucht, ob mein Gehör nachgelassen hat, doch sie konnten nichts feststellen. Man hat mir das Tragen spezieller Hörgeräte empfohlen, die manche Töne durchlassen und andere, schädliche abblocken. Im Moment trage ich fast ständig Ohrenstöpsel. Ich habe viel in Schallplattenläden gearbeitet und viele Konzerte besucht; ist durch die viele Musik ein bleibender Schaden an meinem Gehör entstanden?

Das Universum hat mir mein musikalisches Talent geschenkt, doch jetzt ist dieses Talent in Gefahr und ich verstehe nicht, warum. Das Hören bereitet mir Schmerzen. Was mir und anderen Freude schenkte, erfüllt mich jetzt mit Angst. Weil es so schmerzhaft für mich ist, sie zu hören, wird mir jetzt möglicherweise meine Musik genommen. Das wäre für jeden Menschen beängstigend, aber für einen Musiker ist es entsetzlich. Musik ist mein Leben. Sie zu verlieren wäre schrecklich.

Ich hoffe sehr, Sie können Licht in meine Problematik bringen, denn in mir wird es von Mal zu Mal dunkler, wenn ich mich ans Klavier setze.

Louises Antwort:
Mir scheint, Sie haben eine »Lebens-Überempfindlichkeit« entwickelt. Welches negative Erlebnis in Ihrem Leben war so stark, dass Sie deshalb die Sache zerstören, die Sie am meisten lieben? Welcher Person in Ihrem Umfeld würde es gefallen, wenn Sie auf die angestrebte Karriere als Musiker verzichten?

Ich vermute, vor zwei Jahren ist irgendetwas geschehen, das Sie sehr belastet. Daher sollten Sie zuerst einmal Vergebung praktizieren. Vielleicht wurde eine alte Prägung aus der Kindheit in Ihnen wachgerufen. Ihre Hörempfindlichkeit könnte ein Schutzschild sein, um sich gegen eine wichtige Erkenntnis zu sperren, die Sie nicht hören (also nicht wahrhaben) wollen. Entspannen Sie sich, lauschen Sie in sich hinein und bitten Sie Ihre innere Weisheit, Ihnen jene Botschaft zu entschlüsseln, die Ihnen derartig laut in den Ohren klingt, dass Sie sie gar nicht verstehen können. Bejahen Sie häufig: LIEBEVOLL UND FRIEDVOLL LAUSCHE ICH DEN BOTSCHAFTEN, DIE DAS LEBEN FÜR MICH BEREITHÄLT.

Liebe Louise,
immer schon fiel es mir schwer, die Frage zu beantworten: »Was willst du werden, wenn du erwachsen bist?« Ich finde es großartig, welche Karriere Sie sich aufgebaut haben, und ich bewundere Ihre Arbeit.

Einerseits bin ich optimistisch, dass sich auch bei mir die Dinge zum Guten wenden, wenn ich mich nur weiterhin bemühe, meine Lebensaufgabe zu finden. Dennoch bin ich oft frustriert, weil diese Suche jetzt schon so lange dauert. Manchmal überkommt mich sogar eine gewisse Torschlusspanik, obwohl ich erst fünfundzwanzig bin.

Welchen Rat können Sie mir für meine Karriere geben?

Louises Antwort:
Meine »Karriere« begann erst, als ich schon Mitte vierzig war. Der Start verlief sehr bescheiden und schleppend und zunächst zeichneten sich keine großen Erfolge ab. Damals hatte ich keine Ahnung, dass meine Arbeit eines Tages die Dimensionen annehmen würde, die sie heute besitzt. Ich bin, was man eine »Spätentwicklerin« nennt.

Vielleicht müssen Sie erst noch viel mehr über das Leben lernen, ehe Ihre eigentliche Aufgabe für Sie erkennbar wird. Den heutigen Tag können Sie nur heute erleben. Richten Sie Ihre Aufmerksamkeit auf das Hier und Jetzt und freuen Sie sich an jedem einzelnen Augenblick. Lassen Sie sich nicht durch Frustrationen den Tag verderben, sonst werden Ihnen viele mögliche Freuden entgehen. Konzentrieren Sie sich einen Monat lang bewusst darauf, für alles zu danken, was Ihnen gegeben wird. Das Leben liebt dankbare Menschen und gibt ihnen gerne immer neue Gründe, dankbar zu sein. Bejahen Sie möglichst oft: MEIN LEBEN ENTFALTET SICH AUF WUNDERBARE WEISE. ICH BIN IM FRIEDEN.

- Ich arbeite mit all meinen Kollegen in Harmonie und in gegenseitigem Respekt zusammen.
- Ich arbeite für Menschen, die mich respektieren und gut bezahlen.
- Mein Arbeitsplatz ist ein Ort der Freude.
- Es fällt mir leicht, eine geeignete Anstellung zu finden.
- Mein Einkommen wächst stetig.
- Meine Arbeit ist erfüllend und befriedigend.
- Ich habe stets wunderbare Chefs.
- Es ist eine Freude für mich, zur Arbeit zu gehen.
- Mein Berufsleben ist wunderbar.
- Ich genieße meine Karriere.

11. KAPITEL

Das Kind in uns

Liebevoll nehme ich mein inneres Kind in den Arm. Ich sorge gut für mein inneres Kind. Das Kind ist jener Teil in mir, der ängstlich ist. Das Kind ist jener Teil in mir, der verletzt ist und sich verloren fühlt. Darum bin ich von jetzt an für mein inneres Kind da. Ich umsorge es liebevoll und kümmere mich um seine Bedürfnisse. Ich gebe ihm die Gewissheit, immer für es da zu sein, geschehe, was da wolle. Ich werde es niemals im Stich lassen. Ich werde dieses Kind immer lieben.

Ganz gleich, wie alt Sie sind, in Ihnen gibt es ein kleines Kind, das Liebe und Zuwendung braucht. Als Frau können Sie noch so selbstständig und unabhängig sein, trotzdem gibt es in Ihnen ein kleines Mädchen, das sehr zart ist und Hilfe braucht. Und selbst der größte Macho hat einen kleinen Jungen in sich, der sich nach Wärme und Zuneigung sehnt.

Wenn etwas schief geht, nehmen Kinder sehr schnell die Verantwortung auf sich und glauben, mit ihnen sei etwas nicht in Ordnung. Kinder entwickeln die Vorstellung, sie könnten die Liebe ihrer Eltern oder anderer Bezugspersonen dadurch gewinnen, dass sie alles richtig machen, und dass man sie dann nicht schlagen oder anderweitig bestrafen wird. Wenn das – was meistens der Fall ist – nicht eintritt, sagen sich die Kinder: *Mit mir stimmt etwas nicht. Ich bin nicht gut genug*. Wenn wir heranwachsen, tragen wir diese Glaubenssätze aus der Kindheit weiter in uns. Wir lernen, uns selbst abzulehnen.

In jedem von uns gibt es nicht nur ein Kind, sondern auch eine innere Mutter und einen inneren Vater. Diese inneren Elternpersönlichkeiten schimpfen ständig mit dem Kind oder mäkeln an ihm herum. Wenn wir aufmerksam in uns hineinhorchen, können wir diesen unablässigen inneren Dialog hören. Wir können hören, wie die Elternpersönlichkeit zu dem Kind sagt, was es falsch macht und warum es nicht gut genug ist. Wir müssen dieser inneren Elternpersönlichkeit erlauben, sich dem Kind gegenüber liebevoller und ermutigender zu verhalten.

Ich habe herausgefunden, dass die Arbeit mit dem inneren Kind uns sehr dabei hilft, die Wunden der Vergangenheit zu heilen. Hier und heute kommt es darauf an, dass wir uns voll und ganz akzeptieren, und zwar alle Teile unserer Persönlichkeit. Wir müssen mit dem inneren Kind kommunizieren und es wissen lassen, dass wir den Teil von uns liebevoll akzeptieren, der sich immer so dumm benommen hat, der komisch aussah, der Angst hatte – alle Teile unserer Person.

Liebe ist die größte Heilungsmacht, die ich kenne. Liebe kann sogar die tiefsten und schmerzhaftesten Erinnerungen heilen, denn Liebe bringt das Licht der Erkenntnis bis in die dunkelsten Ecken unseres Geistes. Wie schmerzhaft unsere Kindheit auch gewesen sein mag, wenn wir unser inneres Kind jetzt lieben, wird Heilung möglich. Wir können neue Entscheidungen treffen und neue Gedanken denken. Gedanken der Vergebung und Liebe werden uns neue Wege ebnen und das Universum wird uns in unseren Bemühungen unterstützen.

Die folgenden Briefe haben den richtigen Umgang mit dem inneren Kind zum Thema:

Liebe Louise,
mein Problem ist, dass ich stark übergewichtig bin. Ich weiß, meine schwere Kindheit ist dafür verantwortlich, dass ich mir so viele schützende Polster angegessen habe, doch heute ist mein Leben wunderschön. Ich besuche seit zwei Jahren Seminare bei Science of Mind und habe gelernt, dass ich mein Leben selbst erschaffe. Warum gelingt es mir trotzdem nicht, mein altes, ungesundes Essverhalten zu überwinden?

Louises Antwort:
Ich freue mich, dass Sie diese Seminare besuchen und positive Veränderungen in Ihrem Leben vorgenommen haben. Science of Mind zu praktizieren ist einer der besten und schnellsten Wege, sein Leben zum Besseren zu verändern.

Doch Ihre schwere Kindheit hat offenbar einige tiefe Narben und negative Muster bei Ihnen hinterlassen, mit denen Sie sich bewusst auseinander setzen sollten. Man hört aus Ihren Zeilen immer noch ein wenig heraus, dass Sie sich selbst verurteilen und für nicht gut genug halten. Akzeptieren Sie Ihre Ängste und Ihre Unvollkommenheit, dann wird Heilung möglich. Folgende Affirmation kann Ihnen dabei helfen: ICH BIN JETZT STARK GENUG, ALLE NEGATIVEN ERLEBNISSE AUS MEINER KINDHEIT ZU VERZEIHEN UND ZU VERGEBEN. ICH BIN FREI VON MEINER VERGANGENHEIT. HIER UND JETZT LIEBE ICH MICH SO, WIE ICH BIN.

Liebe Louise,
meine Eltern brachten sich selbst und anderen Menschen nur wenig Liebe entgegen. Sie lobten mich kaum einmal und halfen mir in keiner Weise, ein gutes Selbstwertgefühl zu entwickeln. So sehr ich mich auch um ihre Anerkennung bemühte, immer wurde ich nur kritisiert und beschimpft. Auch untereinander stritten sie sich immer wieder und manchmal verprügelte mein Vater meine Mutter, meine Schwestern und mich.

Heute, als Erwachsener, habe ich meinen Eltern vergeben, was sie mir damals antaten, aber es fällt mir schwer, mich von den vielen Botschaften aus meiner Kindheit zu befreien, die ich immer noch mit mir herumtrage.

Louise, wie kann ich diese negativen Botschaften aus meinem Bewusstsein tilgen? Ich weiß, ich muss lernen, mich selbst zu lieben, und mein Selbstwertgefühl aufbauen, aber ich scheine nicht von der Scham und den Schuldgefühlen loszukommen, die mir anerzogen wurden.

Louises Antwort:
Sie müssen das alles nicht allein durchstehen, sondern sollten sich unbedingt helfen lassen. Es gibt heute viele ausgezeichnete Seminarangebote und Selbsthilfegruppen, wo Sie Unterstützung und Beistand finden. Auch können Sie sich nach innen wenden und das Universum bitten, Ihnen den nächsten Schritt auf Ihrem Heilungsweg zu zeigen.

Machen Sie sich immer wieder bewusst, dass Schuldgefühle lediglich daraus resultieren, dass Sie glauben, Sie hätten etwas falsch gemacht. Und Scham resultiert daraus, dass Sie sich selbst einreden, mit Ihnen stimme etwas nicht. Verwenden Sie die Affirmation: So, WIE ICH BIN, BIN ICH VOLLKOMMEN UND WUNDERBAR. Je öfter Sie diese tiefe Wahrheit wiederholen, desto rascher werden Sie im Stande sein, Ihre Vergangenheit hinter sich zu lassen.

Liebe Louise,
vielleicht können Sie mir eine Affirmation empfehlen, die mir weiterhilft. Ich leide unter starken Minderwertigkeitskomplexen und befinde mich in Therapie. Mir macht extrem starkes

Schwitzen zu schaffen, aber ich weiß, dass mein Problem viel tiefer liegt. Ich bin bereit, an mir zu arbeiten, aber ich könnte, glaube ich, etwas guten Rat gebrauchen. Louise, ich möchte Ihnen sehr herzlich für Ihre Bücher danken und dafür, dass Sie ein Teil meines Lebens sind.

Louises Antwort:
Offenbar befindet sich Ihr Körper in einem ständigen Alarmzustand. Wenn wir unter chronischer Angst leiden und der Körper ständig auf »Kampf oder Flucht« eingestellt ist, wird laufend Adrenalin ausgeschüttet, das dann die übermäßige Schweißbildung verursacht.

Nehmen Sie sich während des Tages immer wieder einen Moment Zeit, innezuhalten und sich bewusst zu machen, dass das Universum Sie beschützt und dass Ihnen nichts geschehen kann. Chronische Angst geht oft auf frühe Kindheitserlebnisse zurück, bei denen Sie sich isoliert und allein gelassen fühlten. Widmen Sie sich regelmäßig Ihrem inneren Kind und erinnern Sie es daran, dass Sie niemals allein sind, sondern in harmonischer Verbindung mit der ganzen Schöpfung stehen. Eine wunderschöne Affirmation für Sie lautet: DAS UNIVERSUM IST EIN SICHERER ORT UND ALLES LEBEN LIEBT UND UNTERSTÜTZT MICH.

Liebe Louise,
ich bin seit kurzem Witwe und versuche, ein Gefühl dafür zu entwickeln, was es heißt, ein Kind Gottes zu sein. Ich kann mir Gottes väterliche Liebe zu seinen Kindern nur schwer vorstel-

len, weil ich selbst nie eine wirkliche Vater-Tochter-Beziehung erlebt habe. Mein verstorbener Vater war nur selten zu Hause, und wenn, dann sprach er nie mit mir und nahm mich nie in den Arm. Er schenkte mir keinerlei Beachtung.

Durch Gebete und Meditationen bin ich zu wundervollen neuen Erfahrungen gelangt und habe tiefe Freude erlebt, doch momentan spüre ich sehr stark jenen Teil in mir, der sich nach der nie erlebten väterlichen Liebe sehnt. Ich habe versucht, Verbindung zu meinem inneren Kind aufzunehmen, doch es findet praktisch kein innerer Dialog statt, weil ich nicht weiß, wie eine Tochter und ihr Vater liebevoll miteinander kommunizieren können. Es ist eine frustrierende Situation. Haben Sie eine Empfehlung für mich, wie ich die Schönheit von Gottes väterlicher Liebe erfahren kann?

Louises Antwort:
Zwar hat unsere patriarchalische Gesellschaft uns zu dem Glauben erzogen, Gott sei ein alter Mann, der – wie ein Übervater – hoch oben auf einer Wolke sitzt und alle unsere Handlungen beobachtet, doch das ist einfach nicht wahr. Gott ist weit mehr als eine solch menschliche Figur. Ich glaube, »Gott« ist jene unglaubliche Intelligenz, die alle Universen erschaffen hat und zugleich in jedem Augenblick unser Herz schlagen und unsere Lunge atmen lässt. Daher können Sie Gott lieben, ohne ihn zu vermenschlichen.

Ja, wir alle sind Kinder dieser Macht, die uns erschaffen hat, aber wir müssen keine glückliche Beziehung zu unserem leiblichen Vater gehabt haben, um die Verbundenheit mit der universalen Intelligenz spüren zu können. Dennoch kann ich gut nachfühlen, wie sehr Ihnen

Ihr verstorbener Mann fehlt und dass Sie gerne einen liebevollen, fürsorglichen Vater gehabt hätten.

Es ist traurig, dass Ihr Vater auf eine Weise erzogen wurde, die es ihm unmöglich machte, Ihnen seine Liebe zu zeigen. Vielleicht hat sein Vater nie mit ihm gesprochen, so dass er ein solches elterliches Verhalten für normal hielt. Vergeben Sie Ihrem Vater. Führen Sie täglich vor dem Spiegel eine imaginäre Unterhaltung mit Ihrem Vater und bitten Sie ihn, Ihnen zu helfen, die väterliche Liebe zu verstehen. Machen Sie sich außerdem bewusst, dass dann, wenn Sie eines Tages den Planeten verlassen, Ihr Vater voller Liebe auf Sie warten wird.

Ich empfehle Ihnen folgende Affirmation: Ich gebe meinem inneren Kind alle Liebe, die es sich immer gewünscht hat, und noch mehr. Mein Kind ist behütet und geliebt.

Liebe Louise,
wie kann ich Selbstvertrauen und Zuversicht aufbauen?

Ich wurde als Kind geschlagen und vermute, dass ich außerdem sexuell missbraucht wurde. Mit fünfzehn unternahm ich einen Selbstmordversuch und inzwischen habe ich drei gescheiterte Ehen hinter mir. Ich habe eine Menge Vergebungsarbeit geleistet und verurteile meine Eltern nicht mehr.

Von Kind an war es mein Wunsch, Krankenschwester zu werden. Gegenwärtig nehme ich an einer zehnmonatigen Schwesternausbildung teil. Meine Lehrerin hat mir gesagt, ich wäre bei der Arbeit zu zögerlich und unsicher, doch wenn ich lernen würde, Selbstvertrauen und Initiative zu ent-

wickeln, könnte ich eine gute Krankenschwester werden. Sie sagt, beim theoretischen Unterricht sei ich eine der Besten in der Klasse. Das theoretische Wissen ist also in meinem Kopf, ich habe nur Probleme, es anzuwenden.

Nun bin ich gerade für drei Wochen in der chirurgischen Abteilung gewesen, bei einer anderen Lehrerin. Sie sagt, kein Krankenhaus würde mich je einstellen, weil ich viel zu langsam wäre. Jetzt sind gerade Ferien und ich überlege, ob ich die Ausbildung abbrechen soll. Ich fühle mich mutlos und hilflos.

Louises Antwort:
Krankenschwester zu sein heißt, für Menschen zu sorgen. Denken Sie daran, dass auch Sie ein Mensch sind, der Fürsorge und Zuwendung braucht. Sorgen Sie also zuerst einmal gut für sich selbst. Handeln Sie, als wären Sie Ihre eigene Patientin. Fragen Sie sich: »Was möchte ich mir selbst gerne Gutes tun?« Das wirkt heilend, und je mehr Sie sich selbst heilen, desto besser werden Sie sich um andere kümmern können.

Wenn Sie sich mutlos und hilflos fühlen, bedeutet das lediglich, dass Sie sich fürchten. Sie sind nicht zögerlich oder langsam, sondern Sie sind ängstlich. Das kleine Mädchen in Ihnen hat diese Gefühle. Es braucht viel Trost und Zuwendung. Nehmen Sie es bei der Hand und sagen Sie ihm, dass Sie immer für es da sind und dass Sie nie mehr zulassen werden, dass es geschlagen oder missbraucht wird.

Schauen Sie jeden Morgen und Abend in den Spiegel und bekräftigen Sie mehrfach: ICH SORGE JETZT LIEBEVOLL FÜR MEIN INNERES KIND. ICH SCHENKE IHM BEDINGUNGSLOSE LIEBE UND ES IST GEHEILT.

Die Arbeit mit dem Kind in uns endet nie. Ihr inneres Kind ist immer da und möchte Zuwendung und Trost. Auch wenn es einige Zeit gedauert hat, ist es mir letztlich gelungen, mein verletztes inneres Kind zu heilen, und ich weiß, dass Sie dazu ebenfalls in der Lage sind.

- Im Hier und Jetzt schenke ich mir bedingungslose Liebe.
- Liebevoll umarme ich mein inneres Kind.
- Ich bin bereit, meine Grenzen zu überschreiten.
- Ich übernehme Verantwortung für mein Leben. Ich bin frei.
- Ich bin jetzt erwachsen und ich kümmere mich liebevoll um mein inneres Kind.
- Ich befreie mich jetzt von alten Ängsten und Blockaden.
- Ich bin im Frieden mit mir selbst und meinem Leben.
- Ich kann meine Gefühle gefahrlos zum Ausdruck bringen.
- Ich liebe und achte mich.
- Ich erschaffe jetzt meine Zukunft.

12. KAPITEL

Kindererziehung

Unsere Kinder gehören uns nicht; sie sind ein Segen, den das Universum uns schenkt. Sie besitzen ihren eigenen individuellen Geist. Sie sind alte Seelen, die auf die Erde kommen, um neue menschliche Erfahrungen zu sammeln. Sie haben sich ihre Eltern ausgewählt, weil sie bestimmte Lektionen lernen und bestimmte Herausforderungen meistern wollen. Sie können ihren Eltern viel beibringen, wenn die Eltern bereit sind, von ihnen zu lernen. Kinder sind eine Herausforderung, weil sie das Leben oft ganz anders sehen als wir. Eltern beharren häufig darauf, ihren Kindern alte, überlebte Ideen einzuhämmern, von denen die Kinder instinktiv spüren, dass sie nicht das Richtige für sie sind. Es ist die Pflicht der Eltern, ihren Kindern eine sichere, förderliche Umgebung zu schaffen, in der sich ihre Persönlichkeit auf bestmögliche Weise entwickeln kann. Würden wir uns doch nur immer wieder bewusst machen, dass jedes Kind, das auf diesen Planeten kommt, ein Heiler ist und Wunderbares für den Fortschritt der Menschheit zu leisten vermag, wenn es nur ausreichend ermutigt wird! Wenn wir versuchen, ein Kind in ein Korsett zu zwängen, das uns von unseren eigenen Eltern überliefert wurde, leisten wir ihm damit keinen guten Dienst und wir leisten auch der Gesellschaft insgesamt keinen guten Dienst.

Es ist enorm wichtig, ein offenes Ohr für das zu haben, was Kinder uns mitteilen möchten. Wenn Kinder anfangen, ihre Abneigungen und Wünsche zu artikulieren, bekommen sie viel zu oft zu hören: »So etwas sagt man nicht! So etwas tut man nicht! Benimm dich gefälligst! Tu dies nicht! Tu das nicht!« Irgendwann hört das Kind dann auf, überhaupt mit seinen Eltern zu reden, und eines Tages ist es auf und davon. Wenn Sie möchten, dass Ihre Kinder später, wenn Sie älter sind, in nahem Kontakt zu Ihnen bleiben, sollten Sie sich frühzeitig angewöhnen, ihnen zuzuhören und einen offenen Kommunikationsstil zu pflegen.

Loben Sie Ihre Kinder für ihre Einzigartigkeit. Lassen Sie zu, dass sie ihre ganz persönlichen schöpferischen Talente entdecken, und ermutigen Sie sie, auch wenn Sie glauben, dass es sich nur um eine vorübergehende Laune oder »Flausen im Kopf« handelt. Und kritisieren Sie sie nicht.

Kinder tun niemals das, was wir ihnen sagen. Sie tun das, *was wir tun*. Wir können nicht zu ihnen sagen, dass sie nicht rauchen, trinken oder Drogen konsumieren sollen, wenn wir uns selbst nicht daran halten. Wir müssen Vorbilder sein und selbst den Lebensstil pflegen, den wir für unsere Kinder als wünschenswert ansehen. Es ist immer wieder erstaunlich, welche Harmonie in Familien entsteht, wenn Eltern bewusst daran arbeiten, Selbstliebe und eine positive Lebenseinstellung zu kultivieren. Die Kinder reagieren darauf mit neuem Vertrauen in die eigenen Fähigkeiten und ihr Selbstwertgefühl wird gestärkt. Wenn es uns gelingt, unseren Kindern zu vermitteln, dass sie keine Opfer ihrer Situation sind und dass sie ihr Leben zum Besseren verändern können, indem sie Verantwortung für sich selbst übernehmen, werden wir überrascht sein, welche großen persönlichen Fortschritte sie machen.

Dazu müssen wir keine »perfekten Eltern« sein. Wenn wir liebevolle Eltern sind, werden unsere Kinder mit hoher Wahrscheinlichkeit zu Männern und Frauen heranwachsen, wie wir sie uns als Freunde wünschen. Sie werden erfolgreiche Menschen sein, die ein erfülltes Leben führen. Selbsterfüllung bringt inneren Frieden. Das Beste, was wir für unsere Kinder tun können, ist, uns selbst zu lieben, denn Kinder lernen immer durch Vorbilder. Sie werden dann ein besseres Leben haben und auch wir werden ein besseres Leben haben.

Es folgen Briefe zum Thema Kindererziehung:

Liebe Louise,
mein Mann und ich haben sehr unterschiedliche Auffassungen, was die Erziehung unserer Kinder angeht. Wir sind beide traditionell christlich erzogen worden und ich akzeptiere, dass mein Mann in dieser Frage das letzte Wort hat, aber ich fürchte, dass er zu streng mit unserem Sohn ist. Wir haben drei Kinder, einen Jungen und zwei Mädchen. Den beiden (acht- und neunjährigen) Mädchen gegenüber verhält sich mein Mann sehr liebevoll, aber unserem Sohn gegenüber ist er sehr hart. Er bringt ihm bereits bei, wie man kämpft (unser Sohn ist erst sechs Jahre alt), und sagt ihm, dass Jungen nicht weinen dürften.

Es gefällt mir nicht, dass unsere Kinder auf so unterschiedliche Weise behandelt werden. Ich versuche, zu allen dreien gleichermaßen liebevoll zu sein. Die Lektüre Ihres Buches Gesundheit für Körper und Seele *hat mich sehr inspiriert. Aber ich weiß nicht, wie ich Ihre Ideen auf diese Situation anwenden soll. Haben Sie dazu Vorschläge?*

Louises Antwort:
Warum hat Ihr Mann in der Kindererziehung das letzte Wort? Immerhin haben *Sie* die Kinder geboren. Daher sollten Sie und Ihr Mann gleichberechtigt entscheiden. Die traditionellen christlichen Kirchen müssen endlich akzeptieren, dass Frauen gleichwertige und gleichberechtigte menschliche Wesen sind.

Ich vermute, dass Ihr Mann Ihren Sohn so behandelt, wie er selbst als Kind behandelt wurde, und dass er glaubt, Jungen müssten auf solche Weise erzogen werden. Meines Erachtens ist das eine Form von Kindesmissbrauch. Entweder wird Ihr Sohn später seine Kinder auf die gleiche Art behandeln oder er wird viel Zeit in therapeutischer Behandlung verbringen. Außerdem lernt er auf diese Weise, Frauen zu hassen, denn seine Schwestern werden gut behandelt, während er Strenge und Strafen über sich ergehen lassen muss.

Männer, die glauben, sich mit den Fäusten behaupten zu müssen, sind tief im Innern sehr ängstlich. Wenn man Kindern beibringt, Selbstachtung zu entwickeln, haben sie es nicht nötig, zu kämpfen und gewalttätig zu werden. Der beste Weg, Ihre familiäre Situation positiv zu beeinflussen, besteht darin, dass Sie in Gedanken möglichst oft die folgende Affirmation wiederholen: ALLE MEINE KINDER WERDEN GERECHT UND LIEBEVOLL BEHANDELT. Und konzentrieren Sie sich bewusst auf die Vorstellung, dass Ihr Mann allen drei Kindern, auch Ihrem Sohn, ein liebevoller Vater ist.

Liebe Louise,
mein zwölfjähriger Sohn ist intelligent, aber außerordentlich sensibel und hat extreme Minderwertigkeitskomplexe. Er war wegen Augenproblemen und Koordinationsstörungen in ärztlicher Behandlung, aber die Therapie hat ihn offenbar nur in seinem Glauben bestärkt, dass etwas mit ihm nicht stimmt. Er sagt ständig Sachen wie: »Ich bin ein Trottel.« »Niemand mag mich.« »Ich bin dumm.« »Ich mache alles falsch.« Und ständig sorgt er sich um alles Mögliche.

Ich weiß nicht, wie ich ihm helfen kann, und ich mache mir große Sorgen, wie es mit ihm weitergehen soll. Offenbar gelingt es mir nicht, ihm klar zu machen, dass er etwas Besonderes ist und dass niemand ein Versager ist, nur weil er die Erwartungen bestimmter Leute nicht erfüllt.

Louises Antwort:
Ich glaube, dass jeder von uns sich für seinen Aufenthalt hier auf diesem Planeten eine bestimmte Lektion ausgewählt hat. Ein Kind, das mit einer Krankheit oder Behinderung geboren wird, erhält dadurch die Chance, das eigene Selbst bedingungslos lieben zu lernen.

Aus Ihrem Brief entnehme ich, dass Ihr Sohn ein Einzelgänger ist, der sich stark in sich selbst zurückzieht.

Welche Vorteile gewinnt er daraus, dass er so wenig am Leben um ihn herum teilnimmt?

Auch sollten Sie sich Gedanken über die Ernährung Ihres Sohnes machen. Das, was wir essen, hat einen großen Einfluss darauf, wie wir uns fühlen. Holen Sie außerdem die Meinung seiner Ärzte und Lehrer ein. Denken Sie daran, dass Gottes Liebe auch durch die Ärzte und das offizielle Gesundheitssystem wirkt.

Am besten und schnellsten erreichen wir bei unseren Kindern eine Veränderung, indem wir selbst uns ändern. Wenn Sie möchten, dass Ihr Sohn Selbstachtung und Selbstliebe entwickelt, müssen auch Sie diese Qualitäten entwickeln. Überfordern Sie Ihren Sohn nicht. Lernen Sie, sich selbst so viel Liebe wie möglich zu geben, dann werden Sie bei ihm positive Veränderungen bemerken. Bejahen Sie: JE MEHR ICH MICH LIEBE, DESTO MEHR LIEBT MEIN SOHN SICH. DAVON PROFITIEREN WIR BEIDE.

Liebe Louise,
ich hoffe, Sie können uns helfen. Mein Mann war lange Zeit Alkoholiker, lebt aber inzwischen abstinent. Ich bin Tochter eines Alkoholikers und habe früher selbst getrunken. Wir haben große Probleme mit unseren Kindern. Beide leiden darunter, dass sie von uns lange Zeit zu wenig Zuwendung bekamen. Unsere dreizehnjährige Tochter ist still und in sich gekehrt. Und sie kommt in der Schule nicht zurecht. In der dritten Klasse wurde bei ihr eine Leseschwäche festgestellt. Sie erhielt Förderunterricht, verweigerte aber die Mitarbeit und

wurde noch stärker in sich gekehrt und aggressiv. Als sie ins sechste Schuljahr kam, wollte ich mit ihr zur psychologischen Beratung gehen, doch sie weigerte sich und mein Mann nahm sie gegen mich in Schutz. Irgendwann war es mir einfach egal. Sie war Papas Liebling und ich hatte keine Lust mehr, immer die Zielscheibe ihrer Wut zu sein. In der achten Klasse probierte sie zum erstenmal Drogen und nahm gleich eine Überdosis. Jetzt ist sie in psychiatrischer Behandlung.

Unser sechsjähriger Sohn hatte schon im Kindergarten Probleme. Er war hyperaktiv und ungehorsam. Wir redeten mit ihm, versuchten es mit Hausarrest und Prügeln, aber er ist ein rachsüchtiges Kind – wenn man seine Gefühle verletzt, wird er aggressiv, schlägt wild um sich und behauptet, dass wir ihn nicht lieben. Inzwischen ist er völlig unkontrollierbar geworden und bekommt nachts Medikamente, weil er sonst schreckliche Wutanfälle hat.

Trotz allem versuchen wir, eine positive Einstellung zu bewahren. Mein Mann und ich sind uns näher gekommen und haben wieder zu Gott gefunden. Ich benutze täglich Affirmationen und bekräftige immer wieder, dass meine Kinder göttlich geführt werden, aber manchmal versagen unsere Kräfte und unser Glaube. Dann wächst uns alles über den Kopf. Welche negativen Glaubenssätze sind für dieses Verhalten unserer Kinder verantwortlich? Was kann ich tun, um den Kindern und meinem Mann zu helfen, damit wir das alles gemeinsam durchstehen?

Louises Antwort:
In Ihrer Familie scheint es an offener, aufrichtiger Kommunikation zu fehlen. Nehmen Sie und Ihr Mann beide an Zwölf-Schritte-Programmen teil? Befinden Sie sich in

psychotherapeutischer Behandlung? Offenbar agieren Ihre Kinder gegenwärtig genau jene Verhaltensstörungen aus, die Sie und Ihr Mann früher selbst durchgemacht haben. Sie *alle* sollten gemeinsam zu einer guten Ehe- und Familienberatung gehen. Sie brauchen für eine Weile ständige, qualifizierte Hilfe von außen. Wenn Ihre Familie nicht mitkommen will, müssen zumindest Sie eine solche Beratungsstelle aufsuchen. Eine gute Affirmation für Sie lautet: ALLE HILFE, DIE ICH BRAUCHE, IST IMMER IN REICHWEITE UND WIR LEBEN IN FRIEDEN.

Auch empfehle ich Ihnen, einen guten Ernährungsberater aufzusuchen. Besorgen Sie sich Bücher zu diesem Thema und informieren Sie sich darüber, welche Wirkung bestimmte Nahrungsmittel auf unseren Körper haben. Damit will ich nicht sagen, dass die Probleme Ihrer Kinder allein auf falsche Ernährung zurückzuführen sind, aber mit einer Umstellung auf gesunde Nahrung lassen sich oft erstaunliche Resultate erzielen. Möglicherweise leiden Ihre Kinder unter starken Allergien auf spezielle Lebensmittel oder sie vertragen insgesamt Fertigkost und denaturierte Nahrungsmittel schlecht.

Liebe Louise,
in Ihrem Buch Gesundheit für Körper und Seele *schreiben Sie, dass wir uns unsere Eltern selbst aussuchen. Meine Frage lautet: Wie ist es bei einer Adoption? Kann man dann auch davon sprechen, dass das Kind sich seine Eltern »aussucht«?*

In unserem Fall war meine Unfruchtbarkeit der Grund dafür, dass wir uns entschieden, ein Kind zu adoptieren. Habe ich damit gegen »den Willen Gottes« verstoßen oder war es richtig, diesen Weg zu gehen?

Louises Antwort:
Ich bin sicher: Wenn ein Kind nicht auf leiblichem Wege von der Mutter geboren werden kann, die für es die richtige ist, wird es auf dem Weg der Adoption zu dieser Frau kommen. Das Kind hat Sie als seine Mutter ausgewählt und einen Weg zu Ihnen gefunden. Seien Sie dankbar für diese wunderbare Gelegenheit!

Warum sollten Sie sich wegen Ihrer Unfruchtbarkeit schuldig fühlen? Gott hat Ihnen ein schönes Baby geschenkt. Stellen Sie dieses Geschenk nicht in Frage, indem Sie sich solchen negativen Gedankengängen hingeben. Lieben Sie sich selbst und akzeptieren Sie Ihre Situation, dann werden Sie ein glückliches Kind und eine glückliche Ehe haben. Gottes Wille für Sie ist, dass Sie glücklich sind und sich Ihres Lebens freuen. Bekräftigen Sie häufig: ICH BIN EINE LIEBEVOLLE MUTTER UND ICH BIN ZUTIEFST DANKBAR FÜR MEIN WUNDERBARES BABY.

Liebe Louise,
wir finden die Zusammenhänge zwischen körperlichen Krankheiten und mentalen Mustern, auf die Sie in Ihren Büchern immer wieder hinweisen, sehr aufschlussreich. Aber wie lassen sich diese Erkenntnisse bei Kindern anwenden? Unsere

Kinder haben beide starke Gesundheitsbeschwerden, das eine hat Probleme mit den Augen, das andere mit dem Herzen. Sind sie nicht viel zu jung, um unter solchen Beschwerden zu leiden?

Louises Antwort:
Wenn Kinder unter den von Ihnen beschriebenen Symptomen leiden, sind sie ängstlich und fühlen sich sehr unsicher. Denken Sie daran, dass Kinder viel empfindlicher auf ihre Umwelt reagieren als Erwachsene. Als Erwachsene vergessen wir manchmal oder verstehen nicht, wie sensibel manche Kinder sind und welche Gefühlskrisen sie durchmachen können.

Wenn Kinder Probleme mit den Augen haben, kann sich darin symbolisch ausdrücken, dass ihnen das, was sie sehen, nicht gefällt. Und Herzbeschwerden offenbaren große Unsicherheit und Existenzangst. Nehmen Sie sich einmal die Zeit, Ihre familiäre Umgebung mit den Augen Ihrer Kinder zu betrachten. Gibt es heikle, problematische Situationen, auf die Ihre Kinder sensibel reagieren, während Sie selbst diese Sensibilität verloren haben?

Als Eltern können wir unseren Kindern am besten dadurch helfen, dass wir lernen, uns selbst auf einer tiefen seelischen Ebene zu lieben und zu akzeptieren und ein familiäres Umfeld zu schaffen, das uns allen möglichst viel Liebe, Frieden, Freude und Harmonie schenkt. Bejahen Sie: INDEM ICH VERGEBUNG ÜBE, DIE VERGANGENHEIT HINTER MIR LASSE UND MICH SELBST HEILE, WERDEN AUCH MEINE KINDER GEHEILT.

Liebe Louise,
ich kam mit einem häufigen und leicht korrigierbaren Geburtsfehler zur Welt, der jedoch erst entdeckt wurde, als ich schon fast zwei Jahre alt war. Ich verbrachte meine Kindheit in Krankenhäusern, musste in einem Gipsbett liegen und mit Beinschienen herumlaufen. Heute, als Erwachsener, der selbst Vater zweier Kinder ist, wird mir bewusst, wie verbittert ich wegen dieser Kindheitserfahrungen bin. Ich weiß nicht, warum ich mir diese Erfahrung seinerzeit ausgesucht habe, aber was ich auf jeden Fall weiß, ist, dass ich meine Wut und Verbitterung überwinden möchte.

Louises Antwort:
Danke für Ihren Mut, Rat und Hilfe zu suchen. Ihre Bereitschaft, die Schmerzen aus Ihrer Kindheit zu überwinden, hat Sie bereits auf den Weg der Heilung geführt. Wann immer Erinnerungen an die damalige schwere Zeit in Ihnen hochsteigen, sollten Sie die folgenden Worte gedanklich wiederholen oder – wenn möglich – laut vor sich hin sagen: ICH BIN BEREIT ZU VERGEBEN. ICH BIN JETZT VON WEISHEIT UND VERSTÄNDNIS ERFÜLLT. ICH BIN GEHEILT.

Leider bringt man uns in der Schule nicht bei, wie man eine gute Ehe führt, ein guter Vater oder eine gute Mutter wird. Als Eltern versuchen wir einfach, unsere Sache so gut wie möglich zu machen, wobei wir notgedrungen auf das zurückgreifen, was wir in der eigenen Familie erlebt und beobachtet haben. Da Kinder lernen, indem sie ihre Eltern beobachten, ist Ihr Entschluss, sich von Ihrer alten Verbitterung zu heilen, von großer Wichtigkeit; andernfalls würden Sie Ihren Kindern nämlich beibringen, ebenfalls mit Bitterkeit und Grollgefühlen auf negative Erfahrungen zu reagieren. Wenn Sie Ihren Kindern dagegen eine liebevolle Haltung vorleben und Vergebung praktizieren, werden die Kinder lernen, ebenfalls zu lieben und zu verzeihen (und auch Ihnen die Fehler zu verzeihen, die Sie in der Erziehung machen).

- Meine Kommunikation mit meinen Kindern ist offen und warmherzig.
- Meine Kinder stehen unter göttlichem Schutz.
- Ich habe ein liebevolles, harmonisches, freudevolles, gesundes Familienleben.
- Meine Kinder sind stets beschützt und geborgen, wo immer sie sich gerade aufhalten mögen.
- Ich habe eine liebevolle, friedvolle Beziehung zu meinen Kindern.
- Meine Kinder entwickeln persönliche Stärke, Vertrauen und Selbstliebe.
- Ich liebe und achte die Einzigartigkeit meiner Kinder.
- Ich erlaube es meinen Kindern, ihre Persönlichkeit frei zum Ausdruck zu bringen.
- Ich liebe meine Kinder und meine Kinder lieben mich.
- Wir sind alle Teil einer Familie der Liebe.

13. KAPITEL

Krankheit

Krankheiten stehen im Zusammenhang damit, dass ein Mensch in bestimmten Bereichen dem Fluss des Lebens Widerstand leistet und nicht fähig ist zu vergeben. Ich vergebe mir jetzt, dass ich meinen Körper in der Vergangenheit schlecht behandelt habe. Von nun an sorge ich gut für mich und gönne mir das Beste, was das Leben mir zu bieten hat. Es geht um meinen Körper und meinen Geist und ich selbst übernehme die Verantwortung und bestimme den Kurs. Ich helfe meinem Körper, meinem Geist und meiner Seele dabei, gesund zu leben, indem ich um mich herum eine liebevolle Atmosphäre erzeuge. Ich wähle jetzt friedvolle, harmonische Gedanken, die für die Zellen meines Körpers eine innere Atmosphäre der Harmonie erzeugen. Ich liebe alle Teile meines Körpers. Das Leben ist gut und ich lebe gern!

Ich glaube, dass wir zu jeder so genannten Krankheit in unserem Körper selbst beitragen. Der Körper ist, wie alles im Leben, ein Spiegel unserer inneren Gedanken und Glaubenssätze. Der Körper spricht ständig mit uns, wir müssen uns nur die Zeit nehmen, ihm zuzuhören. Jede Zelle unseres Körpers reagiert auf jeden unserer Gedanken und auf jedes Wort, das wir aussprechen.

Um unseren körperlichen Zustand dauerhaft zu verändern, müssen wir zunächst die Ursachen beseitigen. Das körperliche Symptom ist lediglich eine äußere Wirkung innerer, mentaler Ursachen. Kritik, Wut, Groll und Verbitterung sind jene mentalen Denkmuster, die als Ursache hinter den meisten Krankheiten stehen. Eine übermäßig kritische Einstellung kann zum Beispiel langfristig zu Arthritis führen. Wut erzeugt im Körper Infektionen. Werden Grollgefühle über einen langen Zeitraum innerlich aufgestaut, zehren sie an unserem Selbst und können schließlich Krebs auslösen. Schuldgefühle führen dazu, dass ein Mensch unbewusst nach Bestrafung strebt, was sich in chronischen Schmerzen manifestieren kann. Solange wir gesund sind und uns nicht in einem Zustand der Panik und ständiger Schmerzen befinden, fällt es uns wesentlich leichter, uns von diesen negativen Denkmustern zu befreien. Ohne uns selbst zu tadeln und uns schuldig zu fühlen, sollten wir danach streben, krank machende Denkmuster künftig zu vermeiden.

Wenn wir liebevoll auf die Botschaften unseres Körpers achten, sorgen wir gut für ihn, geben ihm gesunde Nahrung, ausreichend Bewegung und Ruhe. Es ist ein Ausdruck von Liebe, wenn wir sorgsam mit unserem

Körper umgehen. Wir müssen den wunderbaren Tempel, in dem wir wohnen, wertschätzen und in Ehren halten. Ich glaube nicht, dass wir dazu bestimmt sind, krank zu werden und in Pflegeheimen zu enden – wir müssen unsere Tage auf diesem außergewöhnlichen Planeten wirklich nicht auf solche Weise beenden. Ich denke, dass wir fähig sind, gut für uns selbst zu sorgen und sehr lange gesund zu bleiben.

Es ist an der Zeit, dass wir uns unsere Macht von der medizinischen und pharmazeutischen Industrie zurückholen. Die moderne Hightechmedizin ist sehr teuer und zerstört in vielen Fällen unsere Gesundheit. Wir alle sollten lernen, die Kontrolle über unsere Körper selbst zu übernehmen und uns eine gute Gesundheit zu schaffen, wodurch Millionen Menschen gerettet und Milliarden Dollar eingespart werden könnten. Wenn wir die Zusammenhänge von Körper und Geist wirklich verstehen, werden die meisten Krankheiten für immer verschwinden.

Die folgenden Briefe befassen sich mit Gesundheitsfragen:

Liebe Louise,
bei meinem dreiundsechzigjährigen Vater ist Prostatakrebs diagnostiziert worden. Offenbar ist es zu spät für eine Operation und die Ärzte geben ihm nicht mehr lange zu leben. Meine Mutter ist am Boden zerstört. Sie hatten noch so viele Pläne für ihren Lebensabend, doch nun sieht es so aus, als

würden sie keine Gelegenheit mehr haben, diese Jahre gemeinsam zu genießen. Mein Vater ist sehr deprimiert und weigert sich, mit uns über seine Krankheit zu sprechen.

Aus Ihren Büchern weiß ich, dass es möglich ist, eine Krebserkrankung zu überwinden. Ich möchte von Ihnen wissen, was ich tun kann, um meinem Vater bei seinem Kampf gegen die Krankheit zu helfen. Und ich möchte meiner Mutter helfen, stark zu sein und ihm zur Seite zu stehen. Gibt es etwas, was ich in dieser Situation tun kann? Ich liebe meine Eltern sehr und es ist schrecklich, dass ihnen so etwas zustößt.

Louises Antwort:
Sie geben mir Gelegenheit, etwas anzusprechen, was mir sehr am Herzen liegt. Prostatakrebs ist, wie Brustkrebs, vermeidbar und in vielen Fällen heilbar. Tatsächlich sind die meisten besonders gefürchteten Krankheiten auf bestimmte gesundheitsschädigende Verhaltensweisen zurückzuführen – falsche Ernährung, Rauchen, übermäßiges Trinken, Drogen, Bewegungsmangel und eine negative geistige Einstellung.

Von Larry Clapp gibt es ein sehr gutes Buch mit dem Titel *Prostate Health in 90 Days: Without Drugs or Surgery*. Ich weiß nicht, wie weit fortgeschritten der Krebs bei Ihrem Vater ist und wie viel Glauben er der Meinung seines Arztes schenkt, aber es könnte sich auf jeden Fall lohnen, wenn er einmal einen Blick in dieses Buch wirft. Niemand hat das Recht, uns zu sagen, wie lange wir noch zu leben haben. Oft akzeptieren wir eine solche medizinische Aussage wie ein Todesurteil, obwohl es sich lediglich um die persönliche Meinung eines Arztes handelt. Ihr Vater muss sich klarmachen, dass diese Diagnose lediglich eine Art Weckruf ist, ein Alarmsignal, und dass er eine Menge tun kann, wenn er bereit ist, die Verantwortung für seine Gesundheit selbst in die Hand zu nehmen. Schon viele Menschen haben die Ärzte überlebt, die ihnen einen baldigen Tod prophezeiten.

Andererseits steht jeder Mensch unter dem Gesetz seines eigenen Bewusstseins und muss seine eigenen Entscheidungen treffen. Ihr Vater wird auf seine Weise mit dieser Krankheit umgehen. Sie können Ihre Hilfe anbieten, aber Sie können ihn zu nichts zwingen. Versuchen Sie, Ihre Eltern so tief zu lieben, dass Sie ihnen die Freiheit lassen können, ihren eigenen Heilungsweg zu beschreiten. Bejahen Sie: ICH HÜLLE MEINE ELTERN IN EINEN LEUCHTENDEN MANTEL DER LIEBE UND UNTERSTÜTZUNG.

Liebe Louise,
ich bin einundvierzig Jahre alt und vor sechs Wochen wurde bei mir Brustkrebs festgestellt. Mir sind Knoten aus der Brust entfernt worden und gegenwärtig erhalte ich eine Chemotherapie. Obwohl ich mich für eine konventionelle medizinische Behandlung entschieden habe, weiß ich, wie wichtig es ist, dass ich nun meinen ganzen Körper von innen her selbst behandle.

Ich habe Ihre Bücher gelesen und mir Ihre Kassetten angehört und ich kann Ihre Ansichten über die Ursachen körperlicher Erkrankungen nachvollziehen. Es fällt mir aber schwer, dieses Wissen im Alltag umzusetzen. Mein Denken kreist viel zu sehr um die Angst, der Krebs könnte zurückkehren, so dass ich mich nicht genug auf die Heilung konzentrieren kann. Wie kann ich diese Konzentration besser aufrechterhalten? Ich habe Ihre speziellen Affirmationen gegen Brustkrebs immer wieder vor mich hin gesagt. Wie kann ich feststellen, ob sie wirken?

Louises Antwort:
Auch wenn Sie sich schulmedizinisch behandeln lassen, sollten Sie sich dennoch möglichst viele Informationen über alternative und ergänzende Heilmethoden beschaffen. Erweitern Sie Ihr Wissen. Finden Sie mehr über die Körper/Geist-Verbindung heraus und über den Zusammenhang zwischen Brustkrebs und der Ernährung. Als ich selbst an Krebs erkrankte, las ich alles zu dem Thema, was ich auftreiben konnte. Das half mir, meine Ängste in den Griff zu bekommen. Ich empfehle Ihnen dringend, das von der Ärztin Christiane Northrup verfasste Buch *Frauenkörper, Frauenweisheit* zu lesen. Es enthält eine Fülle ausgezeichneter Informationen darüber, wie Frauen eine harmonische Beziehung zum eigenen Körper aufbauen können. Besonders empfehle ich Ihnen die Lektüre des Kapitels über Brustkrebs.

Ich habe festgestellt, dass meistens solche Frauen an Brustkrebs erkranken, die sich selbst in ihrem Leben immer an die letzte Stelle setzen. Die Brüste stehen symbolisch für das Genährtwerden, die Fürsorge, und vermutlich sind Sie eine Frau, die sich ständig um das Wohl anderer kümmert, so dass für Sie selbst nicht mehr viel Energie übrig bleibt. Frauen, die an Brustkrebs erkrankt sind, müssen lernen, *nein* zu sagen! Kein zaghaftes »Nein«, das mit einer Entschuldigung vorgebracht wird, sondern ein klares, eindeutiges »Nein«. Die Menschen, die es gewohnt sind, Sie auszunutzen, werden verärgert reagieren, wenn Sie zum ersten Mal nein sagen. Das erste Nein wird Ihnen am schwersten fallen, das zweite Nein wird Ihnen schon ein bisschen leichter über die Lippen kommen und beim dritten werden Sie sich fragen, warum Sie nicht schon Jahre zuvor mit dem Neinsagen begonnen haben. Jemand, der immer ja sagt, wird von den anderen ausgenutzt. Dagegen haben die Leute Respekt vor jemandem, der Grenzen zu ziehen versteht und nein sagen kann. Das ist eine wichtige Lektion für Sie. Benutzen Sie folgende Affirmation: **Ich liebe mich und sorge gut für mich selbst und ich bin stets sicher und geborgen.**

Liebe Louise,
ich leide seit sechs Jahren an einer Candida-Infektion. Meine Familie weiß nichts von meinen Beschwerden und hätte vermutlich auch kein Verständnis dafür. Mit meinen Freunden oder den Leuten hier in der Kirchengemeinde wage ich nicht, über meine Krankheit zu sprechen, weil ich mich deswegen viel zu sehr schäme.

Ich muss immer noch eine Menge unerfreuliche Sachen aus meiner Vergangenheit ausgraben und mich bewusst damit auseinander setzen. Haben Sie eine Empfehlung, wie ich diesen Prozess beschleunigen kann?

Louises Antwort:
Es behagt mir nicht, wenn jemand im Zusammenhang mit der Heilung alter Wunden davon spricht, er müsse Dinge »ausgraben«. Seelische Heilung und das Auflösen alter negativer Gefühle erfordern sanfte, liebevolle Zuwendung. Der Begriff »Ausgraben« klingt dagegen alles andere als sanft. Manchmal ist es hilfreich, sich bewusst zu machen, dass es vor allem unser inneres Kind ist, das die Bürde alter Wunden und Probleme tragen muss. Während Sie Ihren Heilungsprozess fortsetzen, sollten Sie immer an das zarte, liebebedürftige Kind in Ihnen denken. Schenken Sie Ihrem inneren Kind so viel Geduld, Freundlichkeit und Ermutigung wie den Kindern in der äußeren Welt. Dadurch wird Ihr Heilungsprozess sich auf wunderbare Weise beschleunigen.

Scham und Schuldgefühle sind Ihr Hauptproblem, nicht Candida. Würden Sie sich etwa »schämen«, wenn Sie sich den Knöchel verstauchen oder sich einen Schnupfen holen? Natürlich nicht. Schuldgefühle entstehen aus dem Gedanken, Sie hätten etwas Unrechtes getan, und Scham entsteht aus dem Gedanken, mit Ihnen stimme etwas nicht. Das ist jedoch beides unwahr. Sie sind eine großartige, göttliche Ausdrucksform des Lebens, die vorübergehend durch die Erfahrung einer Candida-Infektion geht.

Eine Gruppentherapie könnte für Sie von großem Nutzen sein. Das Bewusstsein, diese Erfahrung nicht allein durchstehen zu müssen, kann Ihnen helfen, negative Gefühle zu überwinden. Darüber hinaus habe ich festgestellt, dass die Kirchen der Religious Science eine sehr freundschaftliche Atmosphäre und hilfreiche Unterstützung anbieten. Vielleicht sollten Sie einmal eine solche Kirche in Ihrer Nähe aufsuchen.

Schauen Sie jeden Morgen in den Spiegel und bekräftigen Sie nachdrücklich: ICH LIEBE UND AKZEPTIERE MICH UND ALLES, WAS ICH FÜR EINE VOLLSTÄNDIGE HEILUNG BENÖTIGE, KOMMT JETZT ZU MIR.

Liebe Louise,
ich bin dreiunddreißig Jahre alt, weiblich, und schreibe Ihnen aus Italien. Ich habe alle Ihre Bücher gelesen und sie gefielen mir so gut, dass ich an dem Seminar teilnahm, das Sie hier bei uns geleitet haben. Das war ein wirklich beeindruckendes Erlebnis für mich! Mit dem, was ich während dieses zweitägigen Seminars gelernt habe, gelang es mir, mich von meiner Psoriasis zu befreien.

Momentan muss ich bezüglich eines anderen gesundheitlichen Problems eine Entscheidung treffen. Ich bin unsicher, ob ich mich wegen einer Schilddrüsenüberfunktion operieren lassen soll. Als Folge dieser Erkrankung leide ich zusätzlich an einem Kropf und starkem Herzklopfen. Bisher habe ich die Entscheidung vor mir hergeschoben, weil mir gesagt wurde, nach der Operation müsse ich für den Rest meines Lebens täglich Medikamente einnehmen, womit ich überhaupt nicht einverstanden bin. In einem Ihrer Bücher haben Sie empfohlen, dass die Leser ihre Grenzen überwinden sollten. Ich glaube, das ist mir bereits gelungen, aber was kann ich noch tun, um dieser Operation zu entgehen?

Louises Antwort:
In Ihren Krankheiten kommt eine tiefe Frustration zum Ausdruck. Offenbar ist Ihre Kreativität unterdrückt worden und konnte nicht frei fließen. Aus welchen Gründen auch immer, Sie gestatten es sich bislang nicht, Ihr Selbst offen und frei zum Ausdruck zu bringen. Dass es Ihnen gelungen ist, sich von Psoriasis zu befreien, war ein ausgezeichneter Anfang. Nun müssen Sie ein wenig tiefer in Ihr Inneres blicken.

Auf der physischen Ebene rate ich Ihnen, sich einen Experten für traditionelle chinesische Medizin zu suchen, der Sie auch in Ernährungsfragen berät. Was die metaphysische Ebene angeht, empfehle ich Ihnen Max Damioli in Mailand. Er ist ein von mir ausgebildeter Lehrer. Ein paar Sitzungen bei ihm werden Ihnen gewiss helfen, sich dauerhaft von Ihren negativen gesundheitlichen Mustern zu befreien. Wenn ich selbst in meinem Leben an einen Punkt komme, wo ich nicht mehr weiter weiß, wende ich mich an einen guten, qualifizierten Therapeuten. Oft ist er oder sie in der Lage, deutlich zu sehen, was mir selbst bezüglich meines Problems nicht bewusst ist. Eine gute Affirmation für Sie: ICH WIRKE VOLLER FREUDE AN MEINEM HEILUNGSPROZESS MIT!

Liebe Louise,
bei mir, einer zwanzigjährigen Frau, wurde vor einem Jahr entdeckt, dass ich HIV-positiv bin. Mein Mann hat mich angesteckt, bevor wir heirateten. Ich denke, dass ich mich bisher sehr gut halte, denn meine T-Zellen-Rate ist hoch und ich

bin sicher, dass ich lange überleben werde. Meine Eltern haben mir in meiner Erziehung vermittelt, wie sehr wir durch positives Denken unsere Gesundheit und Lebensumstände beeinflussen können. Ich habe Ihre Bücher über Aids und Selbstheilung gelesen und fand sie sehr hilfreich und inspirierend.

Trotzdem möchte ich gerne von Ihnen wissen: Glauben Sie, dass eine vollständige Heilung von HIV oder Aids möglich ist? Ich bin fest entschlossen, mich zu heilen, aber ich frage mich, ob das tatsächlich machbar ist. Wenn ja, was muss ich dafür tun?

Louises Antwort:
Es gibt in der Tat Menschen, die sich von Aids geheilt haben – nicht so viele, wie ich mir wünschen würde, aber immerhin einige. Es ist schwierig, darüber Statistiken zu bekommen, weil die Leute, die sich selbst geheilt haben, meistens anonym bleiben wollen (wegen der leider immer noch mit HIV/Aids verbundenen Stigmatisierung). Niro Assistant, über die in der Zeitschrift *People* berichtet wurde, hat sich selbst geheilt und veranstaltet jetzt Seminare für die Organisation *People With AIDS* (PWAs). Caroline Myss hat schon sehr frühzeitig für PWAs gearbeitet. In ihrem 1987 erschienenen Buch *AIDS: Passageway to Transformation* beschreibt sie die Fallgeschichte eines Mannes, bei dem eine Heilung eintrat. Ein weiteres von Caroline Myss verfasstes Buch empfehle ich allen Menschen, die Heilung für Körper, Geist und Seele suchen: *Geistkörper-Anatomie. Die sieben Zentren von Kraft und Heilung.*

Die meisten Menschen, bei denen eine Heilung eintritt, unterziehen sich einem intensiven Gesundheitsprogramm. Sie ändern ihre Ernährung, machen Körperübungen, greifen nicht länger zu Nikotin und Alkohol, benutzen Rizinusöl, Vitamine, Mineralstoffe und Heilkräuter, machen eine Psychotherapie, meditieren und beten regelmäßig und tun einfach alles, was in ihrem speziellen Fall Besserung verspricht. Eine Psychotherapie ist zumeist erforderlich, um destruktive innere Botschaften aufzulösen, Vergebung zu erreichen und Selbstliebe zu erlernen. Vor allem aber sollte ein solches Heilungsprogramm mit einer freudigen Haltung angegangen werden. Viel zu viele Leute scheinen es geradezu als Strafe zu betrachten, wenn sie etwas für ihre Gesundheit tun sollen. Wahre Heilung bezieht sich nicht nur auf den Körper, sondern geht viel tiefer und sie kann immer nur von innen heraus kommen.

Bekräftigen Sie häufig: ICH ZIEHE JETZT ALLES IN MEIN LEBEN, WAS ICH ZU MEINER HEILUNG BENÖTIGE. Lesen Sie viele Bücher zu diesem Thema und achten Sie in der Lokalzeitung und am schwarzen Brett Ihres Reformhauses oder Bioladens auf entsprechende Vorträge und Seminare. Lieben Sie sich und Ihren Körper.

Liebe Louise,
ich möchte Ihnen für Ihr Buch Gesundheit für Körper und Seele *danken. Vieles von dem, was Sie darin vorschlagen, habe ich selbst ausprobiert. Zum Beispiel litt ich jahrelang unter Magengeschwüren. Als ich dann den Zusammenhang zwischen dieser Erkrankung und ihrer wahrscheinlichen*

emotionalen Ursache begriff, wurde ich geheilt, wenn auch selbstverständlich nicht über Nacht.

Kürzlich habe ich nun erfahren, dass ich unter »einem zu geringen Sauerstoffgehalt des Blutes bei körperlicher Anstrengung« leide. Es wurden alle möglichen medizinischen Tests durchgeführt, doch die Ärzte konnten bislang keine Ursachen für diese Symptomatik finden. Als Schüler der Metaphysik glaube ich, dass alle Dinge zunächst auf der mentalen Ebene erzeugt werden. Helfen Sie mir bitte! Was ist die mentale Ursache für meine körperliche Störung? Ich bin Ihnen sehr dankbar für Ihren Rat und bitte Sie außerdem um eine Affirmation, die sich für meine besondere Situation eignet.

Louises Antwort:
Von der Krankheit, unter der Sie leiden, habe ich noch nie gehört und Sie machen nur wenige Angaben dazu. Tritt dieser Zustand auf, wenn Sie Sport treiben, oder schon beim Treppensteigen? Nun, lassen Sie uns die Sache zumindest vom metaphysischen Standpunkt aus beleuchten: Blut repräsentiert immer Freude und die Familie. Ist mit Ihrem Blut etwas nicht in Ordnung, geht es darum, dass die Familie Ihnen entweder Ihre Freude genommen hat oder aber Sie daran hindert, Freude zu erleben – zumindest Ihrem Empfinden nach. Sauerstoff ist der Atem des Lebens und gesundes Blut hat immer einen ausreichenden Sauerstoffgehalt.

Unser Herz steht für die Liebe, während unser Blut Freude symbolisiert. Bei einem gesunden Menschen pumpt das Herz liebevoll Freude durch den ganzen Körper. Ich stelle mir dabei bildlich vor, wie diese Freude alle Zellen im Körper durchströmt und nährt, so dass jede Zelle in einer Atmosphäre der Freude optimal ihre Arbeit tut. Sind Sie ein fröhlicher Mensch? Lachen Sie viel? Können Sie Angst durch Freude ersetzen? Wie können Sie mehr Freude in Ihr Leben bringen? Gibt es einen Menschen, dem Sie unbedingt verzeihen sollten? Ihr Herz ist für die Liebe geschaffen. Die Liebe wird Sie heilen. Bejahen Sie: FREI UND VOLLER FREUDE GEHE ICH DURCHS LEBEN.

Affirmationen zur Überwindung von Krankheiten

- Ich liebe meinen Körper.
- Mein Körper liebt es, gesund zu sein.
- Ich freue mich an der wunderbaren Ausstrahlung meines Körpers.
- Ich achte auf die Botschaften meines Körpers.
- Jede Zelle meines Körpers fühlt sich geliebt.
- Ich verstehe es, gut für mich zu sorgen.
- Ich bin gesünder als je zuvor.
- Ich bin in Harmonie mit allen Teilen meines Lebens.
- Ich erschaffe mir jetzt liebevoll eine perfekte Gesundheit.
- Ich gebe meinem Körper alles, was er braucht, um optimal gesund zu sein.

14. KAPITEL

Missbrauch und Gewalt

Die Vergangenheit hat keine Macht über mich, da ich bereit bin, dazuzulernen und mich zu verändern. Die Vergangenheit war notwendig, um mich dorthin zu bringen, wo ich heute stehe. Ich bin bereit, jetzt geistigen Hausputz zu halten. Ich weiß, es kommt nicht darauf an, wo ich anfange, daher beginne ich mit dem kleinsten und am leichtesten zu reinigenden Zimmer dieses Hauses. So werde ich rasch positive Resultate erleben. Ich weise altem Schmerz und alter, selbstgerechter Verbitterung die Tür. Ich visualisiere, dass ich am Ufer eines Flusses stehe. Ich nehme die alten, schmerzhaften Erfahrungen, werfe sie in den Fluss und sehe zu, wie sie davontreiben und sich auflösen. Ich bin fähig, loszulassen. Ich bin jetzt frei, mein Leben neu zu erschaffen.

Viele von uns stammen aus gestörten Familien. Daher tragen wir viele negative Gefühle gegenüber uns selbst und dem Leben insgesamt in uns. In unserer Kindheit waren wir Opfer seelischer und körperlicher Gewalt und möglicherweise hat uns diese Gewalt auch später als Erwachsene noch begleitet. Wenn wir früh Angst und Gewalt erleben, bringen wir uns auch später als Erwachsene immer wieder in ähnliche Situationen. Wir neigen dazu, aus dem Mangel an Liebe und Zuneigung in unserem Leben zu schließen, dass wir schlechte Menschen sind und es nicht besser verdienen.

Wir müssen uns unbedingt bewusst werden, dass wir die Kraft haben, all das zu verändern. Alles, was uns bislang in unserem Leben widerfahren ist, haben wir durch unsere Gedanken und Glaubenssätze selbst erschaffen. Wir brauchen uns unserer Vergangenheit in keiner Weise zu schämen. Wir sollten sie vielmehr als Teil des Reichtums und der Fülle des Lebens betrachten. Ohne diesen Reichtum und diese Fülle gäbe es uns gar nicht. Es gibt keinen Grund, dass wir uns in Selbstvorwürfen ergehen wegen Fehlern, die wir in der Vergangenheit gemacht zu haben glauben. Wir haben mit dem uns damals zur Verfügung stehenden Wissen unser Bestes gegeben. Oft gelang es uns, unter widrigsten Umständen durchzuhalten und zu überleben. Wir können uns jetzt liebevoll von unserer Vergangenheit lösen und dankbar sein, dass sie uns zu unserer heutigen Bewusstheit führte.

Die Vergangenheit existiert nur in unserem Denken. Es liegt an uns, in welchem Licht wir sie betrachten. Wir leben ausschließlich im gegenwärtigen Augenblick. Wir fühlen ausschließlich im gegenwärtigen Augenblick. Alle unsere Erfahrungen finden ausschließlich im gegenwärtigen Augenblick statt. Das, was wir heute tun, bildet das Fundament für unsere Zukunft. Daher müssen wir jetzt, hier und heute, Entscheidungen treffen. Wir können nicht in der Zukunft handeln und wir können nicht in der Vergangenheit handeln. Veränderungen sind immer nur in der Gegenwart möglich. Es kommt darauf an, was wir heute denken, glauben und sagen.

Indem wir lernen, uns selbst zu lieben und unserer inneren Kraft zu vertrauen, werden wir zu Mitschöpfern des unendlichen Geistes einer liebenden Welt. Unsere Liebe zu uns selbst bewirkt, dass wir nicht länger Opfer sind, sondern zu Gewinnern werden. Wenn wir uns selbst lieben, ziehen wir wundervolle Erfahrungen in unser Leben.

Die folgenden Briefe beschäftigen sich mit den Folgen seelischen und körperlichen Missbrauchs:

Liebe Louise,
mein Vater war Alkoholiker und ich musste eine Menge seelische und körperliche Gewalt erdulden. Mit sechzehn wurde ich von einem Jungen geschwängert, der mich sehr schlecht behandelte. Seine Eltern arrangierten meine Aufnahme in ein Heim für unverheiratete Mütter, wo ich mich wie im Gefängnis fühlte.

In diesem Heim zerbrach irgendetwas in mir. Vielleicht lag es an all den Lügen, die ich meinen Freundinnen und meiner Familie darüber erzählen musste, wohin ich angeblich ging. Vielleicht war es dieses unerträglich schmerzhafte Gefühl, dass niemand mich wirklich liebte oder sich je um mich sorgen würde. Vielleicht fühlte ich mich als Versagerin, weil ich nicht wie einige der anderen Mädchen einfach mit meinem Baby aus diesem Heim fortgehen konnte. Was immer der Grund war, ich konnte von da an anderen Menschen nicht mehr in die Augen schauen. Ich bin bei vielen Therapeuten gewesen, um diesen Schmerz zu überwinden, aber nichts hat mich so sehr beeindruckt wie Ihr Buch Gesundheit für Körper und Seele.

Ich habe mir Ihre Affirmationen auf Kärtchen geschrieben und nehme sie mit zur Arbeit. Trotzdem ist mein Leben immer noch sehr schmerzhaft. Ich weiß, ich leide schon viel zu lange unter diesem seelischen Schmerz, aber es fällt mir schwer, den Teufelskreis zu durchbrechen. Als Folge all der Belastungen, denen ich ausgesetzt war, leide ich jetzt auch noch unter Haarausfall. Das ist mir außerordentlich unangenehm. Ich versuche, mit Affirmationen dagegen anzugehen, aber ich spüre einen starken inneren Widerstand.

Louise, zum ersten Mal in meinem Leben ist mir bewusst, dass mein Denken sich verändern muss. Ich möchte nicht mehr so leben wie früher.

Louises Antwort:

Viele von uns wurden in der Kindheit misshandelt und wuchsen mit einer negativen Lebenseinstellung auf (auch ich wurde als Kind missbraucht). Oft haben wir Angst davor, eine positive Einstellung zu uns selbst zu entwickeln, weil das für uns ein ganz unvertrautes Terrain ist. Ich weiß, dass Menschen, die geschlagen und missbraucht wurden, sehr viel Wut und Verbitterung mit sich herumtragen. Sie besitzen zumeist nur wenig Selbstachtung und haben das Gefühl, »nicht gut genug« zu sein. Daher kommt es, dass Sie in Ihrem Leben bestimmte Dinge ausagiert haben, ohne sich über deren Ursachen im Klaren zu sein.

Sie sollten nachsichtig mit sich sein. Die Intelligenz des Universums, Gott, hat Ihnen längst vergeben; jetzt sollten Sie sich endlich auch selbst vergeben. Für Gott sind alle Menschen wunderbar und vollkommen. Sie können wählen, ob Sie damit aufhören wollen, sich selbst zu bestrafen, oder ob Sie sich weiter als Opfer der Umstände fühlen wollen. Bejahen Sie jetzt gleich: ICH LÖSE MICH VON ALLEN NEGATIVEN ERFAHRUNGEN AUS MEINER VERGANGENHEIT. ICH VERDIENE ES, IN FRIEDEN UND FREUDE ZU LEBEN UND GESUNDE BEZIEHUNGEN ZU MEINEN MITMENSCHEN ZU HABEN. VON NUN AN ZIEHE ICH NUR NOCH LIEBEVOLLE ERFAHRUNGEN IN MEIN LEBEN.

Liebe Louise,
meine Schwester und ich sind als Kinder von unseren Eltern körperlich und seelisch misshandelt worden. Daher habe ich meine Eltern schon früh abgelehnt und mir andere Erwachsene zu Vorbildern genommen, die ihre Kinder besser behandelten. Dennoch verfolgen mich die schlimmen Erinnerungen an meine Kindheit noch immer. Ich hatte schon lange Alpträume, in denen meine Mutter eine Rolle spielt. In letzter

Zeit sind diese Träume schlimmer denn je. Ich habe das Gefühl, dass tonnenweise emotionaler Schmerz in mir angestaut ist und dass eines Tages der Damm brechen wird und ich in den Fluten ertrinke.

Ist es besser, wenn ich meinen Eltern mitteile, dass ich keinen Kontakt mehr zu ihnen wünsche? Ich möchte ihnen wirklich nicht wehtun, aber mir wäre es am liebsten, wenn ich nie wieder etwas von ihnen sehe und höre. Und ich möchte, dass mein Schmerz endlich aufhört.

Louises Antwort:
Den Kontakt zu den Eltern für eine Weile völlig abzubrechen ist für Sie möglicherweise im Moment das Beste. Offenbar ist Leugnung für Ihre Eltern der einzige Weg, mit ihrer Schuld fertig zu werden. Es ist nicht Ihre Aufgabe, Ihre Eltern zu heilen; Sie sind hier, um sich selbst zu heilen. Vielleicht können Sie ihnen ja ab und zu eine Karte oder einen kurzen Brief schicken.

Um Ihre eigene Heilung in Gang zu bringen, empfehle ich Ihnen, dass Sie Ihren Eltern einen Brief schreiben, in dem Sie die ganze Wut herauslassen, die sich so lange in Ihnen angestaut hat. Schreiben Sie alles auf, was Sie Ihren Eltern in all den Jahren nicht zu sagen wagten. Beenden Sie den Brief mit dem Satz: »Es ist Zeit für eine vollständige Heilung. Ich lerne jetzt, mich selbst zu lieben.« Verbrennen Sie den Brief dann und visualisieren Sie, dass Ihr Schmerz und Ihre Verbitterung sich mit ihm in Rauch auflösen.

Dieses Ritual wird aber gewiss nicht ausreichen, um den Schmerz völlig zum Verschwinden zu bringen. Sie sollten auf jeden Fall die Dienste eines Psychotherapeuten in Anspruch nehmen oder sich an eine Selbsthilfeorganisation wenden, etwa an Al-Anon (Adresse siehe Anhang; Anm. d. Übers.). Das Universum ist stets bereit, Ihnen Hilfe zu schicken, Sie müssen nur darum bitten. Bekräftigen Sie häufig: ICH BIN BEREIT FÜR EINE HEILUNG. ICH BIN BEREIT ZU VERGEBEN.

Liebe Louise,
ich hoffe, Sie können mir weiterhelfen. Mein Mann schlägt mich und behandelt mich wie eine Dienstmagd. Er schreit mich ständig an und verlangt Unmögliches von mir. Er ist krebskrank und bekommt Bestrahlungen. Meine Tochter war drogenabhängig, ist aber gegenwärtig dabei, ihr Leben wieder in den Griff zu bekommen. Doch sie ist in sehr schlechter nervlicher Verfassung. Außerdem bin ich für meinen von mir adoptierten Enkel verantwortlich, für dessen Schulgeld (er besucht eine kirchliche Schule) ich aufkommen muss. Ich fürchte, dass diese finanzielle Belastung für mich nicht tragbar ist.

Ich fühle mich überfordert. Können Sie mir einen Rat geben, wie ich meine Last besser tragen kann?

Louises Antwort:
Natürlich sind Sie überfordert. Um Himmels willen, nehmen Sie diese Last von Ihren Schultern und gönnen Sie sich Urlaub und Erholung! Sie brauchen Abstand von Ihrer Familie, um den Kopf freizubekommen und klare Prioritäten setzen zu können. Es ist *Ihr* Leben. Niemand kann Sie missbrauchen oder ausnutzen, wenn Sie

es nicht zulassen. Wo ist die Liebe, die Sie einmal für sich empfunden haben?

Alle positiven Veränderungen beginnen in unserem Bewusstsein. Auch mir wurde als Kind beigebracht, dass die Frau immer zwei Schritte hinter dem Mann gehen, zu ihm aufschauen und sich von ihm sagen lassen müsse, was sie zu denken und zu tun habe. Und mir wurde beigebracht, körperliche Gewalttätigkeit des Mannes als normal hinzunehmen. Es dauerte lange, bis ich erkannte, dass dieses Verhalten keineswegs normal ist und dass keine Frau eine solche Behandlung verdient. Allmählich änderte ich meine Glaubenssätze, mein Bewusstsein, und ich begann, Selbstachtung und ein gutes Selbstwertgefühl zu entwickeln. Dadurch veränderte sich meine ganze Welt.

Auch Ihre Welt kann sich ändern. Doch dazu brauchen Sie dringend Hilfe. Schauen Sie im Telefonbuch nach, welche Beratungsstellen und Hilfsangebote es in Ihrer Nähe gibt. Und bekräftigen Sie: ICH ERSCHAFFE MIR JETZT MIT DER KRAFT MEINES GEISTES EINE LIEBEVOLLE WELT.

Liebe Louise,
als inzwischen zweiundfünfzigjährige Frau habe ich schon vor langer Zeit gelernt, ein routiniertes Lächeln zur Schau zu stellen. Doch dahinter versteckt sich ein kleines Mädchen. Dieses innere Kind habe ich so tief in mir verschlossen, dass es selbst jetzt, nach dreijähriger Psychotherapie, noch nicht herauskommen und sich zeigen mag.

Als Kind bin ich von meinem leiblichen Vater jahrelang sexuell missbraucht worden. Das hat in meinem späteren Leben zu selbstzerstörerischen Verhaltensweisen und vielen beruflichen und privaten Fehlschlägen geführt. Wann kann ich mich endlich von dieser Vergangenheit befreien? Meine Therapeutin kommt mit mir nicht weiter. Sie sagt, ich müsse zum Kern des Problems vordringen, um eine innerliche Heilung zu erreichen. Doch es gelingt mir nicht. Ich bin so verwirrt und unglücklich – und in meinem Leben herrscht das reinste Chaos. Ich habe meinen Job verloren, so dass ich mir eine Fortsetzung der Therapie nicht mehr leisten kann. Können Sie mir helfen herauszufinden, wer ich wirklich bin?

Louises Antwort:
Tief im Zentrum Ihres Schmerzes sperren Sie sich dagegen, zu vergeben. Ich bin mir bewusst, dass Sie eine schwere Kindheit hatten; dennoch ist es selbstzerstörerisch, wenn Sie an Ihrem Schmerz festhalten. Die Tür des Herzens öffnet sich nach innen und Sie können sich selbst nur lieben, wenn Sie bereit sind loszulassen. Sie verfügen über eine große innere Stärke. Das haben Sie bewiesen, indem Sie sich so lange und beharrlich Ihrer Therapeutin widersetzten. Ihr Vater hat einst Ihr inneres Kind missbraucht und jetzt sind Sie selbst es, die diesen Missbrauch fortsetzt.

Sie haben bereits drei Jahre Psychotherapie hinter sich, also wissen Sie sehr gut, was in einer Therapie abläuft. Nun ist für Sie der Moment gekommen, wo Sie das, was Sie in der Therapie gelernt haben, anwenden müssen, um Ihr inneres Kind zu heilen. Kein Therapeut kann Ihnen die eigentliche Heilungsarbeit abnehmen.

Arbeiten Sie mindestens einen Monat lang mit folgender Affirmation: ICH BIN BEREIT, MIR SELBST ZU VERGEBEN UND FREI ZU SEIN. Wiederholen Sie diesen Satz wenigstens fünfzigmal täglich laut oder in Gedanken. Sie sind stark und Sie können sich selbst heilen. Beginnen Sie gleich jetzt damit.

Liebe Louise,
besonders gut gefällt mir Ihre Affirmation: »Ich weiß, dass alle Dinge zur rechten Zeit und aus gutem Grund geschehen. Ich mache aus jeder Herausforderung, die das Leben mir schickt, das Beste. Alles ist gut.« Doch sagen Sie mir bitte, wie ich dies in meinem eigenen Leben anwenden soll. Ich habe einen Mann, der zu viel trinkt und dann jedes Mal körperlich gewalttätig gegen mich wird. Gerne würde ich mir sagen: »Alles ist gut«, doch das ist es nicht. Wie kann ich dafür sorgen, dass endlich alles gut wird? Ich bin neunundsechzig, mein Mann ist siebenundsiebzig.

Louises Antwort:
Sie brauchen nicht zu erdulden, dass irgendein anderer Mensch Ihnen Gewalt antut. Seit Generationen dulden wir Frauen Gewalt von Seiten unserer Männer, weil wir den Glauben akzeptiert haben, dass wir Menschen zweiter Klasse seien. Ich wuchs in dem Glauben auf, dass es normal sei, wenn ein Mann seine Frau schlägt oder sie sexuell missbraucht. Erst als ich Selbstachtung und ein stärkeres Selbstwertgefühl entwickelte, fanden Männer, die darauf aus waren, mich zu misshandeln

und zu demütigen, keinen Gefallen mehr an mir. Alle Frauen müssen endlich aufwachen und ein starkes, gesundes Selbstwertgefühl entwickeln. Dann werden wir es nie wieder dulden, dass irgendein Mann uns misshandelt und erniedrigt.

Aus jeder Herausforderung das Beste zu machen kann auch bedeuten, eine Umgebung zu verlassen, die nicht länger förderlich für uns ist. Ziehen Sie aus! Dazu sind Sie noch nicht zu alt. Ich bin einundsiebzig und fühle mich kein bisschen alt. Ich bin mir sicher, dass meine zweite Lebenshälfte erst mit fünfundsiebzig anfängt! Sie haben also noch viel Zeit vor sich. In beinahe jeder Stadt gibt es ein Frauenhaus. Gehen Sie dorthin und bitten Sie um Hilfe. Wenn Ihr Mann eine Therapie gegen seine Trunksucht und Gewalttätigkeit ablehnt, können Sie trotzdem für sich allein zu Al-Anon oder einer anderen Selbsthilfegruppe für Co-Abhängige gehen und dort lernen, gut für sich selbst zu sorgen.

Denken Sie daran: »Dies ist der erste Tag vom Rest Ihres Lebens.« Machen Sie das Beste daraus. Denken Sie an Ihr eigenes Wohlergehen. Das ist zugleich auch das Beste, was Sie für Ihren Mann tun können. Bejahen Sie: ICH BRAUCHE UND VERDIENE LIEBE UND SCHUTZ UND ICH GEBE MIR, WAS ICH BRAUCHE UND WAS MIR GUT TUT.

Affirmationen, um Missbrauch und Gewalt zu überwinden

- Ich löse mich von der Vergangenheit und lasse es geschehen, dass die Zeit alle Wunden heilt.
- Ich verzeihe anderen Menschen, ich verzeihe mir und ich bin frei, zu lieben und mich des Lebens zu freuen.
- Ich lasse mein inneres Kind jetzt aufblühen und gebe ihm das Gefühl, von ganzem Herzen geliebt zu werden.
- Ich verdiene es, dass meine Grenzen von anderen Menschen respektiert werden.
- Ich erfahre von meinen Mitmenschen Wertschätzung und Anerkennung.
- Ich werde stets mit Respekt behandelt.
- Ich befreie mich von dem Bedürfnis, anderen Menschen oder mir selbst Schuld zuzuweisen.
- Ich verdiene das Beste im Leben und von jetzt an ist nur noch das Beste für mich gut genug.
- Ich befreie mich selbst und alle Menschen in meinem Leben von alten, der Vergangenheit angehörenden Schmerzen.
- Ich löse mich jetzt von allen negativen Gedanken und sehe nur noch das Wunder und die Großartigkeit meines Seins.

15. KAPITEL

Romantische Liebesbeziehungen

Liebesbeziehungen sind etwas Wunderbares und Ehen sind etwas Wunderbares, aber sie sind immer nur vorübergehend, da sie unvermeidlich irgendwann zu Ende gehen. Der einzige Mensch, mit dem ich für alle Zeit zusammen sein werde, bin ich selbst. Meine Beziehung zu mir selbst ist ewig. Daher bin ich meine eigene beste Freundin und mein eigener bester Freund. Jeden Tag nehme ich mir ein wenig Zeit, um Verbindung zu meinem Herzen aufzunehmen. Ich werde innerlich still und spüre, wie meine Liebe durch meinen Körper strömt, Ängste und Schuldgefühle auflöst. Ich spüre buchstäblich, wie alle Zellen meines Körpers von Liebe durchflutet werden. Ich weiß, dass ich in ständiger Verbindung zu einem Universum stehe, das mich und alle anderen Wesen bedingungslos liebt. Dieses bedingungslos liebende Universum ist die Macht, von der ich erschaffen wurde. Indem ich in mir selbst einen sicheren Hort für die Liebe erschaffe, ziehe ich liebevolle Menschen und segensreiche Erfahrungen in mein Leben. Ich löse mich jetzt von allen vorgefassten Meinungen darüber, wie Beziehungen zwischen Menschen auszusehen haben.

Die Vorstellung, einen anderen Menschen zu »brauchen«, lässt Sie mit größter Wahrscheinlichkeit in eine unglückliche Liebesbeziehung hineingeraten. Wenn Sie erwarten, dass ein anderer Mensch Ihr Leben für Sie in Ordnung bringt oder zu Ihrer »besseren Hälfte« wird, ist eine Enttäuschung vorprogrammiert. Ehe Sie sich auf eine Liebesbeziehung einlassen, sollten Sie zunächst einmal lernen, sich selbst zu akzeptieren und mit sich selbst glücklich zu sein. Sie sollten alleine so glücklich sein, dass Sie auch bestens ohne eine Beziehung zurechtkommen können.

Wenn Sie eine Beziehung zu jemandem eingehen, der sich selbst nicht liebt, werden Sie sich vergeblich bemühen, diesen Menschen zufrieden zu stellen. Für jemanden, der unsicher, frustriert, eifersüchtig und verbittert ist und sich selbst ablehnt, werden Sie niemals »gut genug« sein. Oft mühen wir uns verzweifelt ab, die Zuneigung eines Menschen zu gewinnen oder zu behalten, der überhaupt nicht weiß, was er mit unserer Liebe anfangen soll – weil er sich selbst nicht kennt. Das Leben ist ein Spiegel. Das, was wir in unser Leben ziehen, spiegelt stets wider, was wir über uns selbst und unsere Beziehungen glauben. Die Ansichten, die andere Menschen über uns äußern, entspringen immer ihrer eigenen begrenzten Sichtweise. Wir müssen lernen, dass das Leben uns immer bedingungslos liebt, geliebt hat und lieben wird.

Während Sie daran arbeiten, Ihre inneren Blockaden aufzulösen, die einer glücklichen Beziehung im Wege stehen, sollten Sie sich selbst wie einen Geliebten oder eine Geliebte behandeln. Gönnen Sie sich selbst all das, was Sie Ihrem Traummann oder Ihrer Traumfrau schenken würden: Zeigen Sie sich selbst immer wieder, dass Sie etwas Besonderes sind. Verwöhnen Sie sich. Machen Sie sich Komplimente und gönnen Sie sich kleine, liebevolle Gesten der Anerkennung. Kaufen Sie sich Blumen; umgeben Sie sich mit Farben, Formen und Düften, die Ihnen angenehm sind. Das Leben spiegelt immer die Gefühle wider, die wir in uns tragen. Wenn Sie innerlich von Liebe und Wohlgefühl erfüllt sind, werden Sie den richtigen Menschen, mit dem Sie diese intimen Gefühle teilen können, geradezu magnetisch anziehen. Und was dabei am wichtigsten ist: Sie werden nichts von Ihrer Selbstliebe und inneren Intimität aufgeben müssen, wenn Sie mit diesem Menschen eine Beziehung eingehen.

Die folgenden Briefe haben romantische Liebesbeziehungen zum Thema:

Liebe Louise,
ich bin eine Frau von dreiundvierzig Jahren und immer noch allein stehend. Ich habe wieder und wieder affirmiert, dass sich ein wunderbarer, liebevoller Ehemann in meinem Leben manifestiert, habe viele Single-Treffs besucht und dergleichen mehr, aber immer noch geschieht nichts.

Ich habe beschlossen, ohne körperliche Liebe zu leben, bis ich meinen idealen Partner finde, aber die vergangenen vier Jahre waren die längsten und einsamsten meines Lebens. Niemand hat mich in den Armen gehalten oder geküsst. Dennoch respektiere ich auch weiterhin die heilige Natur meiner Sexualität, indem ich enthaltsam lebe. Ich frage mich, ob Gott meine Gebete hört oder ob ich mich an den Gedanken gewöhnen muss, für immer allein zu bleiben. Bei dieser Aussicht muss ich weinen und ich weiß nicht, wie ich all diese einsamen Jahre überstehen soll. Soll ich damit aufhören, Affirmationen anzuwenden, um meinen Wunsch nach einer liebevollen Beziehung Wirklichkeit werden zu lassen? Soll ich die Hoffnung aufgeben?

Louises Antwort:
Ich kann gut verstehen, dass Sie sich danach sehnen, den perfekten Partner zu finden, mit dem Sie Ihre Liebe teilen können. Mit diesem Wunsch stehen Sie gewiss nicht allein. Wie dem auch sei, im Moment haben Sie keinen Partner. Und *Sie* sind es, die sich negativen Gefühlen hingibt. Auch ich hätte gerne einen liebevollen Gefährten, es gibt gegenwärtig aber keinen in meinem Leben. Auch ich bin schon seit vier Jahren nicht mehr geküsst worden, aber dennoch war dies *keineswegs* die einsamste Zeit meines Lebens. Ich bin oft in den Arm genommen worden, weil *ich selbst* viele, viele Menschen zu umarmen pflege. Mein Leben ist reich und erfüllt, weil ich selbst es dazu mache. Ich empfinde Mitgefühl für Sie und ich weiß, dass Sie nicht so zu leiden brauchen. Gott oder das Leben wollen Sie nicht bestrafen.

Ja, fahren Sie fort mit Ihren Affirmationen für eine glückliche, erfüllte Partnerschaft, bejahen Sie aber darüber hinaus, dass in *allen* Bereichen Ihres Lebens ganz viel Liebe fließt. Affirmieren Sie Lebensfreude und Zufriedenheit. Affirmieren Sie Erfüllung. Affirmieren

Sie, dass Ihnen Wege aufgezeigt werden, wie Sie einen konstruktiven Beitrag zur Heilung unseres Planeten leisten können. Suchen Sie sich eine ehrenamtliche Organisation, wo man Ihre engagierte Mithilfe braucht; wagen Sie sich aus Ihrem Schneckenhaus hervor und helfen Sie anderen. Lassen Sie neue Impulse in Ihr Leben fließen. Pflegen Sie freundschaftliche Kontakte und schenken Sie vielen Menschen etwas von Ihrer Liebe. Seien Sie dankbar für all das Gute, das Ihnen tagtäglich geschenkt wird. *Genießen* Sie Ihr Leben! Wir sind hier auf Erden, um uns unseres Lebens zu freuen.

Liebe Louise,
ich bin ein Mann Mitte vierzig, dessen sehr früh geschlossene Ehe nach dreizehn Jahren mit einer Scheidung endete. Das liegt jetzt bereits fünfzehn Jahre zurück. Seit drei Jahren bin ich nun mit einer sehr liebevollen, schönen Frau liiert. Ich liebe sie, doch wenn sie das Thema Heirat zur Sprache bringt, spüre ich einen enormen inneren Widerstand – etwas in mir sträubt sich dagegen, eine feste Bindung oder gar eine erneute Ehe einzugehen.

Die Vorstellung, für einen anderen Menschen »lebenslang« finanziell verantwortlich zu sein, erschreckt mich. Doch ich spüre, dass meine Freundin in naher Zukunft von mir eine klare Antwort will, und ich weiß nicht, was ich tun soll. Ich fürchte, dass sie sehr verletzt wäre und es möglicherweise zum Bruch zwischen uns käme, wenn ich eine Heirat ablehne, oder dass sie irgendwann die Geduld verliert, wenn ich die Antwort immer weiter hinauszögere. Können Sie mir helfen, meine widerstreitenden Gefühle zu verstehen?

Louises Antwort:
Sagen Sie ihr die Wahrheit. Erklären Sie genau, was Sie empfinden und warum. Wenn es Ihnen schwer fällt, offen darüber zu sprechen, schreiben Sie es auf und geben ihr den Brief. Wenn Sie sich eine glückliche Beziehung wünschen, müssen Sie lernen, offen mit Ihrer Partnerin zu kommunizieren. Wenn zwischen Ihnen beiden keine offenen Gespräche möglich sind, bedeutet das, dass Sie sich in ernsthaften Schwierigkeiten befinden. Wenn Sie diese Frau wirklich lieben, sollten Sie bereit sein, eine Ehe- und Partnerschaftsberatung aufzusuchen oder eine Therapie in Erwägung zu ziehen. Lassen Sie sich von einem professionellen Berater oder Therapeuten dabei helfen, Licht in Ihre Beziehungsproblematik zu bringen. Möglicherweise entdecken Sie dabei wichtige Aspekte, die Ihnen bislang nicht bewusst waren.

Sie tun etwas, was viele Menschen ständig tun: Sie blicken zurück in die Vergangenheit und schließen daraus auf die Zukunft. Ich habe den Eindruck, dass Ihre erste Ehe unglücklich verlief und dass Sie froh waren, sie hinter sich zu haben. Doch Sie sind heute ein anderer Mensch als damals und dies ist eine neue, andere Situation.

Bejahen Sie: ICH LÖSE MICH JETZT VON DER VERGANGENHEIT UND ICH LEBE IM JETZT. Segnen Sie Ihre damalige Ehe liebevoll und distanzieren Sie sich innerlich von Ihren alten Erfahrungen.

Liebe Louise,
ich habe eine Beziehung zu einem Mann, den ich sehr liebe, obwohl man unser Verhältnis nicht wirklich eine Liebesbeziehung nennen kann. Er weiß um meine Gefühle, behauptet aber, noch nicht bereit für eine neue Partnerschaft zu sein, weil er »früher viele schlechte Erfahrungen mit Frauen gemacht hat«, wie er sagt. Dennoch verhält er sich, auch in Gesellschaft anderer, so, als wären wir ein Liebespaar. Er hat viele positive Eigenschaften, doch kann er auch ziemlich aufbrausend sein und mitunter benimmt er sich mir und anderen gegenüber sehr rüde.

Ich möchte gern einen Weg finden, auf gute Art mit ihm zu kommunizieren, nicht nur wegen meiner Gefühle für ihn, sondern auch weil mir seine Gesellschaft ganz einfach Freude macht. Ich möchte gern auf eine entspannte, fröhliche Art mit ihm umgehen, aber ich bin in seiner Gegenwart verwirrt und weiß nicht, wie ich mich verhalten soll.

Gegenwärtig sehen wir uns nicht, weil ich nach einem seiner »rüden Auftritte« den Kontakt für eine Weile unterbrechen wollte. Was kann ich tun, um unsere Beziehung aufrechtzuerhalten und zu erreichen, dass die Dinge zwischen uns besser laufen als bisher?

Louises Antwort:
Lesen Sie so schnell wie möglich das Buch *Wenn Frauen zu sehr lieben* von Robin Norwood. Darin werden Sie genau jenes Verhalten beschrieben finden, für das Sie gegenwärtig ein perfektes Beispiel abgeben. Was Sie »Liebe« nennen, ist in Wahrheit eine Sucht nach einer Beziehung, in der Sie sich von einem Mann missbrauchen lassen. Offenbar sind Sie in dem alten Denkmuster

gefangen, eine Frau könne einen Mann ändern, wenn sie ihn nur genug liebt. Das funktioniert niemals. Der nächste Schritt in dieser Beziehung ist, dass er Ihnen gegenüber auch körperlich gewalttätig wird.

Sie müssen noch viel daran arbeiten, ein starkes Selbstwertgefühl zu entwickeln und sich selbst lieben zu lernen. Möglicherweise haben Sie bestimmte Kindheitserfahrungen gemacht, durch die Ihre Selbstachtung untergraben wurde. Eine gute Affirmation für Sie lautet: ICH ENTWICKLE JETZT EIN STARKES, GESUNDES SELBSTWERTGEFÜHL. ICH LIEBE UND ACHTE MICH. Ich weiß, dass viel mehr in Ihnen steckt, als Sie sich gegenwärtig zutrauen – und dass Sie einen viel besseren Partner verdienen.

Liebe Louise,
vor sechs Wochen habe ich meiner Verlobten gesagt, dass die Beziehung zu ihr für mich zu schmerzhaft geworden ist, und unsere Verlobung aufgelöst. Ich hatte bei dieser Beziehung von Anfang an ein ungutes Gefühl und zuletzt wollte ich nur noch, dass sie die Trennung akzeptiert.

Doch obwohl ich sie inzwischen schon seit sechs Wochen nicht mehr gesehen habe, ist mein Leben immer noch ziemlich aus den Fugen und aus unerfindlichen Gründen sehne ich mich nach ihr – obwohl ich mir sicher bin, dass sie nicht die Richtige für mich ist. Sie schleppt aus ihrer vorigen Ehe eine Menge unverarbeitete Wut und Verbitterung mit sich herum. Immer wieder lässt sie diese Gefühle an mir aus und dieses Verhalten kann ich nicht ertragen.

Louises Antwort:
Uns allen fällt es schwer, mit dem Ende einer Beziehung fertig zu werden. Oft geben wir unsere Kraft an die andere Person ab, weil wir glauben, sie sei die Quelle jener Liebe, die wir in uns spüren. Wenn uns diese Person dann verlässt, fühlen wir uns am Boden zerstört. Wir vergessen, dass die Liebe in Wahrheit immer in uns ist. Wir haben die Macht, unsere Gefühle selbst zu wählen. Denken Sie daran, dass kein Mensch, kein Ort oder Ding Macht über Sie hat. Segnen Sie Ihre ehemalige Partnerin liebevoll und lassen Sie sie vollständig los.

Manche von uns hungern so sehr nach Liebe, dass sie eine unglückliche Partnerschaft ertragen, nur um mit einem anderen Menschen zusammen zu sein. Wir alle müssen so viel Selbstliebe entwickeln, dass wir nur noch Menschen in unser Leben ziehen, die wirklich unserem höchsten Wohl dienen.

Kein Mensch sollte seelische oder körperliche Misshandlungen hinnehmen. Wenn wir akzeptieren, dass andere uns missbrauchen, signalisieren wir dem Universum damit, dass wir eine solche Behandlung zu verdienen glauben – und dann gibt es uns noch mehr davon. Benutzen Sie die Affirmation: In meiner Welt akzeptiere ich nur freundliche und liebevolle Menschen.

Liebe Louise,
in den letzten Jahren wurden die Beziehungen zwischen Männern und Frauen ernsthaft diskutiert und ich habe selbst auch viel über dieses Problem nachgedacht. Warum lieben

manche Männer Frauen, die sie wie den letzten Dreck behandeln? Und wenn ihnen einmal eine wirklich nette Frau begegnet, finden diese Männer jedes Mal eine Ausrede, um Freundlichkeit und Liebe zurückzuweisen. Es wird immer wieder gesagt, dass es Frauen, die sich mit einem Mann einlassen, der sie schlecht behandelt, an Selbstachtung fehlt. Doch die mangelnde Selbstachtung vieler Männer kommt kaum zur Sprache. Wie denken Sie darüber?

Louises Antwort:
Wenn Ihre Mutter Sie wie den letzten Dreck behandelte, werden Sie leider ein solches Verhalten mit Liebe assoziieren. Wenn Sie dann erwachsen werden, halten Sie nach Frauen Ausschau, die Sie genauso behandeln wie Ihre Mutter früher. In Gegenwart einer netten Frau fühlen Sie sich unbehaglich, vielleicht sogar ungeliebt. Genauso verhält es sich bei Frauen, die in der Kindheit vom Vater geschlagen oder sexuell missbraucht wurden. Oft fühlen sie sich später unbewusst zu einem Mann hingezogen, der diesen Missbrauch fortsetzt.

Darum ist Vergebungsarbeit so wichtig. Nicht um das, was in der Vergangenheit geschehen ist, zu rechtfertigen oder zu entschuldigen, sondern weil Vergebung es uns ermöglicht, uns aus unserem Gefängnis aus Hass und Verbitterung zu befreien. Ich weiß, dass ich viel zu viele Jahre meines Lebens in Selbstmitleid und Groll vergraben war. Erst als ich in der Lage war, die Vergangenheit zu vergeben, wurde ich frei, mir in der Gegenwart ein gutes Leben zu erschaffen. Wenn Ihr Denken von Groll und Selbstmitleid erfüllt ist, können Sie keine Freude in Ihr Leben lassen.

Bei uns allen gibt es in unseren Beziehungen zu anderen Menschen bestimmte »Komfort-Bereiche«, in denen wir uns wohl fühlen. Diese Bereiche entstehen bereits in der frühen Kindheit. Wenn unsere Eltern uns liebevoll und mit Respekt behandelten, dann assoziieren wir ein solches Verhalten mit dem Gefühl, geliebt zu werden. Waren unsere Eltern – was leider bei vielen von uns zutrifft – nicht in der Lage, uns liebevoll und mit Respekt zu behandeln, lernten wir, uns auch mit diesem Mangel wohl zu fühlen. In diesem Fall assoziieren wir Missbrauch und Gewalttätigkeit mit dem Gefühl, geliebt zu werden. Das wird zu einem Muster, das wir später unbewusst in allen unseren Beziehungen ausagieren.

Ein solches zutiefst gestörtes Denkmuster – dass wir Missbrauch und Gewalt für Liebe halten – ist bei beiden Geschlechtern anzutreffen. Bei Frauen wird es jedoch stärker zur Kenntnis genommen, weil in unserer Kultur Frauen stärker ermutigt werden, Verletzlichkeit zu zeigen, so dass sie eher als Männer zugeben, wenn etwas in ihrem Leben nicht funktioniert. Das ändert sich jedoch allmählich und immer mehr Männer sind heute bereit, sich zu öffnen und sich und anderen ihre Verletzlichkeit einzugestehen. Eine gute Affirmation für uns alle lautet: ICH ÖFFNE MEIN HERZ FÜR DIE LIEBE.

Liebe Louise,

vor einem Jahr fand ich heraus, dass mein Mann eine Affäre hatte. Die andere Frau ist inzwischen in eine andere Stadt gezogen, aber die ganze Situation war sehr schmerzlich für mich. Ich verlor das Vertrauen in meinen Mann und auch mein Selbstvertrauen. Mein Mann behauptet jetzt, ich wäre nun einmal nicht »sein Typ«. Er sagt, unsere Beziehung sei für ihn wie ein Gefängnis geworden. (Die Religion, der wir angehören, erlaubt keine Scheidungen.) Bei verschiedenen Gelegenheiten gab er mir deutlich zu verstehen, dass er andere Frauen attraktiver findet und dass er eigentlich nicht mehr mit mir zusammenleben möchte. Ich arbeite daran, mehr Selbstvertrauen zu entwickeln, aber in seiner Gegenwart fühle ich mich minderwertig und alle guten Vorsätze lösen sich in Luft auf. Soll ich eine Eheberatungsstelle oder einen Therapeuten aufsuchen? Mein Mann lehnt es ab, Bücher über Partnerschaftsthemen oder positives Denken zu lesen, und zeigt kein Interesse an einer Beratung oder Therapie.

Ich bin nicht unattraktiv und habe eigentlich viele gute Charaktereigenschaften. Ich bin sicher, dass mancher andere Mann mich gern zur Frau hätte.

Louises Antwort:
Bei allen Herausforderungen, denen Sie sich momentan gegenübersehen, kommt es vor allem darauf an, dass Sie an sich selbst arbeiten. Sie selbst sind diejenige, die sich verändern muss. Lernen Sie, ein gesundes Selbstvertrauen aufzubauen. Machen Sie sich bewusst, dass Sie ein wunderbares göttliches Wesen sind. Versuchen Sie nicht, die Liebe eines anderen Menschen zu gewinnen – das kann niemals funktionieren. Hören Sie auf, nach der Anerkennung Ihres Mannes zu streben. Lieben Sie sich selbst, dann wird Ihnen in allen Bereichen Ihres Lebens die Liebe Ihrer Mitmenschen begegnen.

Sobald Sie sich verändern, werden die Menschen in Ihrer Umgebung diese Veränderung bemerken und darauf reagieren. Wenn Ihr Mann die positive Veränderung bei Ihnen bemerkt, wird er sich ebenfalls ändern – oder auch nicht. Das ist seine Entscheidung. Falls er es vorzieht, sich nicht zu ändern, ist er deswegen noch lange kein »schlechter« Mensch. Vielleicht sind Sie beide inzwischen einfach nicht mehr füreinander bestimmt.

Was religiöse Verbote angeht, möchte ich Ihnen sagen, dass wir nur als Kinder keine Wahl haben, welcher Religion wir angehören. Als Erwachsene können wir die verschiedenen Religionen unvoreingenommen betrachten. Dabei sehen wir, dass es Religionen gibt, die dem einzelnen Menschen sehr viel Stärkung und Ermutigung bieten, während andere durch allzu starre Gebote und Verbote das Leben der Menschen beschneiden und einengen. Angenommen, Sie haben die Freiheit, sich heute Ihre Religion selbst zu wählen – entscheiden Sie sich dann für eine, die Sie dazu verdammt, bei einem Menschen zu bleiben, der Sie nicht länger will? Ist es nicht ratsamer, sich für eine spirituelle Gemeinschaft zu entscheiden, die Sie unterstützt und Ihnen hilft, Ihr volles menschliches Potenzial zu entdecken und zu entfalten?

Selbstverständlich sollten Sie einen Therapeuten oder eine Beratungsstelle aufsuchen! Eine gute psychologische Beratung kann Ihnen bei Ihrem persönlichen Wachstumsprozess eine große Hilfe sein und Sie finden dort ein offenes Ohr, um Ihr Herz auszuschütten. Wenn Sie sich für Selbstvertrauen und inneres Wachstum entscheiden, werden Sie erleben, dass die Menschen in

Ihrer Umgebung, auch Ihr Mann, ganz anders auf Sie reagieren. Ich empfehle Ihnen die folgende Affirmation: Ich bin eine schöne, liebevolle Frau und alle Entscheidungen, die ich treffe, dienen meinem höchsten Wohl.

Liebe Louise,
ich bin ein fünfundzwanzigjähriger Mann, der von den meisten Leuten als gut aussehend bezeichnet wird. Und doch bekomme ich jedes Mal, wenn ich mich für eine Frau interessiere, einen Korb. Ich verhalte mich nicht übertrieben aufdringlich, mache keine plumpen Annäherungsversuche oder anzüglichen Bemerkungen. Meistens sage ich sinngemäß: »Ich finde, du bist eine sehr schöne Frau, und ich würde dich gerne näher kennen lernen.«

Hören Frauen denn so etwas nicht gerne? Warum finde ich keine Partnerin? Ich bin ein Einzelkind und wuchs bei meinem allein lebenden Vater auf. Kann es sein, dass ich dadurch nie gelernt habe, auf richtige Weise mit Frauen zu sprechen? Geben Sie mir bitte einen Rat.

Louises Antwort:
Ganz offensichtlich strahlen Sie irgendeine negative Schwingung aus, die Frauen auf Distanz hält. Ich glaube nicht, dass Ihr äußeres Verhalten – das, was Sie sagen oder tun – dabei eine große Rolle spielt. Haben Sie je daran gearbeitet, Ihrer Mutter zu verzeihen, dass sie Sie seinerzeit allein ließ? Welche Einstellung hat Ihr Vater zu Frauen? Warum hat er nie wieder geheiratet? Auch

sollten Sie einmal eine Liste aller Glaubenssätze erstellen, die Sie in Bezug auf Frauen hegen. Nehmen Sie sich dafür ruhig zwei oder drei Tage Zeit. Schauen Sie sich dann besonders alle negativen Glaubenssätze an, die Sie notiert haben. Möglicherweise werden Sie zu Ihrer Überraschung einige Glaubenssätze entdecken, die einer Liebesbeziehung im Weg stehen.

Ich empfehle Ihnen, für eine Weile in eine Al-Anon-Gruppe (Adresse siehe Anhang; Anm. d. Übers.) zu gehen. Dort werden Sie eine Menge über sich selbst lernen. Zwei empfehlenswerte Affirmationen für Sie lauten: ICH BIN BEREIT, MICH MIT MEINER VERGANGENHEIT AUSZUSÖHNEN. UND: DIE FRAUEN LIEBEN MICH.

Affirmationen für gesunde Liebesbeziehungen

- Ich öffne mein Herz für die Liebe.
- Ich kann meine Liebe gefahrlos zeigen.
- Meine Liebe zu mir selbst gibt mir Stärke und Geborgenheit.
- Ich habe im Leben immer den perfekten Partner oder die perfekte Partnerin.
- Ich bin offen und bereit für eine wunderbare, liebevolle Beziehung.
- Tief im Zentrum meines Seins gibt es einen unerschöpflichen Brunnen der Liebe.
- Ich bin auf dieser Welt, um zu lernen, dass es nur die Liebe gibt.
- Ich habe eine harmonische Liebesbeziehung mit dem Leben.
- Ich freue mich an der Liebe, die ich meinen Mitmenschen geben kann.
- In meinem Leben gibt es viel Raum für die Liebe.

16. KAPITEL

Spirituelles Wohlbefinden

Ich wachse spirituell, wenn ich Verantwortung für mein Leben übernehme. Das gibt mir die innere Kraft, mich selbst so zu verändern, wie es nötig ist. Beim spirituellen Wachstum geht es nicht darum, andere zu verändern. Spirituelles Wachstum vollzieht sich in einem Menschen, der bereit ist, die Opferrolle aufzugeben, Vergebung zu praktizieren und ein neues Leben zu beginnen. Das geschieht nicht über Nacht. Es ist ein sich allmählich entfaltender Prozess. Wenn ich mich selbst liebe, öffnet sich die Tür, und wenn ich bereit bin, mich zu verändern, bekomme ich alle erforderliche Hilfe.

Tief im Seinszentrum jedes Menschen gibt es einen unendlichen Quell der Liebe, der Freude, des Friedens und der Weisheit. Doch wie oft suchen wir den Kontakt zu diesen inneren Schätzen? Tun wir das jeden Tag? Oder nur ab und zu? Oder sind wir uns dieser unerschöpflichen Schätze gar nicht bewusst?

Diese inneren Reichtümer sind Teil unserer spirituellen Verbindung zum Universum und sie sind von entscheidender Bedeutung für unser Wohlbefinden. Körper, Seele und Geist – auf allen drei Ebenen müssen wir ins Gleichgewicht kommen. Ein gesunder Körper, eine glückliche Seele und eine gute geistige Verbindung zu unserem Zentrum sind notwendig, wenn in unserem Leben Gleichgewicht und Harmonie herrschen sollen. Eine starke spirituelle Verbindung ermöglicht es uns, ein wunderbares, schöpferisches und erfülltes Leben zu führen. So befreien wir uns ganz automatisch von der großen Last, die so viele Menschen mit sich herumtragen.

Wir brauchen nicht länger ängstlich zu sein und können frei von Scham und Schuldgefühlen durchs Leben gehen. Wenn wir uns mit allem Leben verbunden fühlen, werden Wut, Hass und das Bedürfnis, uns selbst und andere zu kritisieren und zu verurteilen, von uns abfallen. Wenn wir uns mit der heilenden Kraft des Universums vereinen, werden wir keine Krankheiten mehr brauchen. Und ich glaube, dass wir dann auch in der Lage sein werden, den Alterungsprozess umzukehren. Unsere seelischen Bürden sind die Ursache für vorzeitiges Altern; sie nehmen uns die Energie und lähmen unseren Geist.

Wir sollten uns die Kontaktaufnahme mit unseren inneren Schätzen zur täglichen Gewohnheit machen. Denn unsere wahre Natur ist erfüllt von bedingungsloser Liebe. Menschen, die diese Wahrheit leben, können die Welt verändern. In Wahrheit sind wir erfüllt von unglaublicher Freude, stillem, heiterem Frieden und unendlicher Weisheit. Wir müssen uns dieses Reichtums nur bewusst werden und ihn in unserem Leben zum Ausdruck bringen. Heute ist der Tag, an dem wir unsere Zukunft vorbereiten. Unsere Gedanken, Worte und Glaubenssätze bestimmen, wie diese Zukunft aussehen wird.

Denken Sie daran, dass wir nicht der Vermittlung durch Kirchen oder Gurus bedürfen, um spirituelle Verbundenheit zu erfahren. Wir können ganz mühelos für uns allein beten und meditieren. Kirchen, Gurus und Religionen sind dann begrüßenswert, wenn sie dem Menschen helfen, sein individuelles Potenzial zu entdecken und zu entfalten. Doch wir sollten nie vergessen, dass wir alle über unseren eigenen direkten Draht zur Quelle allen Lebens verfügen. Wenn wir uns bewusst mit dieser Quelle vereinigen, entfaltet sich unser Leben auf wunderbare, harmonische Weise.

Die folgenden Briefe beschäftigen sich mit Fragen, die unser spirituelles Wohlbefinden betreffen:

Liebe Louise,
wie ist Ihre Auffassung von Reinkarnation und Karma? Glauben Sie, dass alles Schlimme, was einem Menschen zustoßen kann, durch böse Handlungen in diesem oder einem früheren Leben hervorgerufen wird? Oder glauben Sie, dass einen Men-

schen auch »neues«, nicht selbst verschuldetes Karma treffen kann?

Wenn ich zum Beispiel höre, dass ein kleines Mädchen brutal vergewaltigt und ermordet wird, frage ich mich, wie so etwas möglich ist – zweifellos kann doch eine so junge Seele in diesem Leben noch keine Schuld auf sich geladen haben?

Glauben Sie außerdem, dass alle Seelen irgendwann Erlösung erlangen, sogar jemand wie Hitler? Ihre Meinung hierzu interessiert mich sehr.

Louises Antwort:
Zuerst einmal glaube ich nicht, dass wir jemals etwas »Böses« tun. Wenn Sie sich mit den Lebensgeschichten besonders brutaler Menschen, etwa auch eines Hitler, befassen, werden Sie feststellen, dass sie eine schreckliche Kindheit hatten. Damit will ich ihr Verhalten keineswegs entschuldigen. Wir müssen uns aber bewusst machen, dass Grausamkeit immer neue Grausamkeit hervorbringt. Nehmen Sie die Vorgänge im Nahen Osten: Dort werden Kinder dazu erzogen, Kinder von anderer nationaler Herkunft zu hassen. Ist es da verwunderlich, dass diese Nationen in ständigem Krieg stehen? Solange wir nicht lernen zu lieben, werden wir immer in leidvollen Erfahrungen gefangen bleiben.

Ich weiß nicht mit Bestimmtheit, ob wir Karma aus einem früheren Leben in das nächste mitbringen. Ich glaube aber, dass es sich so verhält. Ich finde dieses Konzept sehr einleuchtend, da es vieles erklärt, für das es sonst keine Erklärung gäbe, etwa Kindesmissbrauch oder die Ermordung von Kindern. Ich habe mir oft gedacht, dass der Missbrauch, den ich als Kind erdulden musste, vielleicht daher rührte, dass ich selbst in einem früheren Leben Kinder missbrauchte und deshalb lernen musste, wie sich so etwas am eigenen Leib anfühlt.

Denken Sie daran, dass viele Fragen des Lebens unseren gegenwärtigen Erkenntnishorizont übersteigen. Es gehört zu unserem spirituellen Lernprozess dazu, dass wir unsere Sicht dieser großartigen, Leben genannten Erfahrung stetig erweitern. Keine Seele ist je zu Schaden gekommen und daher benötigt auch keine Seele Erlösung. Nur unsere Persönlichkeiten müssen daran erinnert werden, dass wir spirituelle Wesen sind, die eine Erfahrung in menschlicher Gestalt machen, nicht umgekehrt.

Wenn wir spirituell wachsen, sehen wir die Vollkommenheit allen Lebens. Das Universum wartet mit lächelnder Geduld darauf, dass wir bedingungslos lieben lernen und darin den Schlüssel zu Frieden, persönlicher Kraft und einem Reichtum finden, der unsere kühnsten Träume übertrifft. Bejahen Sie: ICH TRAGE AUF BESTMÖGLICHE WEISE DAZU BEI, EINE LIEBEVOLLE, HARMONISCHE WELT ZU SCHAFFEN.

Liebe Louise,
ich habe zwei Jahre lang in einem Frauenhaus gearbeitet. Ich habe getan, was ich konnte, damit meine Erlebnisse dort nicht meine Spiritualität untergraben. Ich habe positive Affirmationen benutzt und mich bemüht, Gott oder das Gute hinter den schrecklichen Erfahrungen dieser Frauen zu sehen. Doch von Tag zu Tag wird meine Einstellung immer negativer. Inzwi-

schen habe ich die Kündigung eingereicht, da ich die Arbeit dort einfach nicht mehr ertragen kann.

Ich benötige Hilfe, um die Abwärtsspirale zu durchbrechen, in der ich mich gegenwärtig befinde. Ich glaube, dass ich dabei war, spirituelle Fortschritte zu machen, bevor ich diesen Job annahm, doch jetzt gelingt es mir offenbar nicht einmal mehr, diese frühere Ebene wieder zu erreichen. Ich wäre sehr dankbar, wenn Sie mir einige Empfehlungen oder Hinweise geben könnten.

Louises Antwort:
Ich finde es großartig, dass Sie sich der Hilfe für Frauen gewidmet haben, die vor ihren gewalttätigen Ehemännern Schutz suchen mussten. Aber niemand zwingt Sie, diese Arbeit unbegrenzt fortzusetzen. Denken Sie daran, dass Ihre eigene Spiritualität nichts mit den Mustern anderer Menschen zu tun hat. Im Frauenhaus haben Sie aus nächster Nähe miterlebt, was ein Mangel an Selbstliebe und Selbstachtung im Leben der Menschen anrichten kann.

Ich vermute, Sie haben versucht, diese Frauen zu ändern und ihr Leben für sie »in Ordnung zu bringen«. Das musste bei Ihnen zwangsläufig zu einem Gefühl persönlichen Versagens führen, denn Sie können in Wirklichkeit nichts weiter tun, als ihnen Liebe und hilfreiche Informationen anbieten. Jeder Mensch steht unter dem Gesetz seines eigenen Bewusstseins. Nur wenn diese Frauen von sich aus bereit sind, sich zu ändern und sich weiterzuentwickeln, wird ihr Leben eine positive Wendung nehmen.

Seien Sie gut zu sich selbst und gönnen Sie sich eine Erholungspause. Benutzen Sie die Negativität anderer

Leute nicht als Entschuldigung dafür, Ihre eigene spirituelle Verbundenheit mit dem Leben zu verleugnen. Suchen Sie sich eine Arbeit, die Ihnen wirklich Freude macht. Eine gute Affirmation für Sie lautet: ICH BIN EIN WUNDERVOLLER MENSCH, DER DAS LEBEN GENIESST. ICH UMGEBE MICH MIT GLEICH GESINNTEN MENSCHEN.

Liebe Louise,
in erster Linie schreibe ich Ihnen, weil ich es satt habe, mich ängstlich zu fühlen, weil ich übermäßig selbstkritisch bin und mich viel zu sehr darum sorge, was andere Leute über mich denken. Ich bin achtundzwanzig Jahre alt, weiblich und halte mich für einen spirituell eingestellten Menschen – ich praktiziere täglich Affirmationen, ich rauche und trinke nicht und nehme keine Drogen. Und ich habe ausgeprägte moralische Wertvorstellungen. Dennoch scheint es, dass ich mir bei der Erlangung echten inneren Friedens selbst im Weg stehe.

Obgleich ich in vielerlei Hinsicht vom Schicksal begünstigt bin (gute Gesundheit, gute Schulbildung, fürsorgliche Eltern etc.), habe ich eine gewisse Angst vor dem Leben, davor, mich hinauszuwagen und entschlossen meinen eigenen Weg zu gehen. Meine Suche nach einem Arbeitsplatz wird durch diese Gefühle behindert und auch persönliche Freundschaften werden dadurch erschwert. Auch frage ich mich, ob meine Ängstlichkeit nicht vielleicht eine körperliche Ursache hat oder durch falsche Ernährung hervorgerufen wird.

Für Ihren Rat wäre ich sehr dankbar, und auch für eine Affirmation, die zu meiner besonderen Situation passt.

Louises Antwort:
Sie hören auf Ihr Ego. Ihr Ego wird immer versuchen, Sie ängstlich und unsicher zu halten und Ihnen einzureden, Sie seien »nicht gut genug«. Je mehr Sie sich selbst kritisieren, desto glücklicher ist Ihr Ego. Denken Sie immer daran, dass Sie nicht Ihr Körper, Ihre Emotionen oder Ihre Probleme sind. Vielmehr sind Sie ein spirituelles Wesen, das Erfahrungen auf der menschlichen Existenzebene sammelt. Das, was Sie »Ich« nennen, ist unverletzlich und ewig.

Es ist höchste Zeit, dass Sie das negative Geplapper Ihres Egos zum Schweigen bringen. Sie sollten jeden Tag Verbindung zu Ihrem höheren Selbst aufnehmen und Ihrer inneren Weisheit lauschen. Nur wenn Sie sich täglich Zeit für stille Meditation nehmen, können Sie wirklich in Kontakt zu dem überreichen Weisheitsschatz in Ihnen treten. Uns regelmäßig ruhig hinsetzen und still meditieren gehört zum Wertvollsten, was wir tun können.

Wiederholen Sie immer wieder die folgenden Wahrheiten: ICH BIN EINE GÖTTLICHE, GROSSARTIGE AUSDRUCKSFORM DES LEBENS. ALLES, WAS ICH WISSEN MUSS, WIRD MIR STETS ZUR RECHTEN ZEIT ENTHÜLLT. ALLES, WAS ICH BRAUCHE, KOMMT ZU MIR. ICH STEHE UNTER GÖTTLICHEM SCHUTZ UND WERDE AUF ALLEN MEINEN WEGEN GÖTTLICH GEFÜHRT. ICH BIN STETS SICHER UND GEBORGEN UND ALLES IST GUT IN MEINER WELT. ICH LIEBE DAS LEBEN UND DAS LEBEN LIEBT MICH. Wenn Sie sich bei negativem inneren Geplapper ertappen, sagen Sie einfach: »Stopp!« Wiederholen Sie dann die tiefen Wahrheiten dieser Affirmation.

Liebe Louise,
meine Tochter wohnt mit ihrer Familie in einem stark erdbebengefährdeten Gebiet bei San Francisco. Ich habe sie schon oft vor einem möglichen Erdbeben und den unheilvollen Prophezeiungen für diese Gegend gewarnt und ihr geraten, von dort wegzuziehen.

Meine Tochter ist jedoch der Auffassung, dass die negative Energie solchen Katastrophendenkens zu einer sich selbst erfüllenden Prophezeiung werden könnte. Sie ist überzeugt, dass sie und ihre Familie geschützt sind, solange sie eine positive Haltung bewahren.

Ich dagegen glaube, dass bereits genügend Vorwarnungen gegeben wurden und dass es töricht ist, sie nicht ernst zu nehmen – Gott hat ihr genug Zeichen gegeben, nun muss sie endlich handeln. Wenn sie unbedingt weiter in einem so gefährlichen Gebiet wohnen bleiben will, ist das ihr gutes Recht. Aber hat sie auch das Recht, Leben und Gesundheit ihrer kleinen Kinder aufs Spiel zu setzen? Wie denken Sie darüber?

Louises Antwort:
Ich kann verstehen, dass Sie sich Sorgen um Ihre Tochter und ihre Familie machen, empfehle aber dringend, dass Sie damit aufhören, Ihre geistigen Energien auf solche Weise zu verschwenden. Es gibt viel zu viele Leute, die ein Geschäft daraus machen, Menschen wie Ihnen Angst einzujagen und die Atmosphäre mit negativer Energie aufzuladen. Unser Geist ist unser kostbarstes Werkzeug. Die Art, wie wir denken, kann heilend auf unseren Körper und die ganze Welt wirken, aber auch zerstörerisch. Jeder Gedanke, den Sie denken, wirkt entweder schwächend oder stärkend auf Ihr Immun-

system. Sie selbst sind es, die in Gefahr ist. Sie untergraben Ihre Gesundheit, wenn Sie mit diesen negativen Denkmustern fortfahren. Außerdem wollen Sie doch gewiss nicht, dass Ihre Tochter Ihre Telefonanrufe zu fürchten beginnt!

Warum messen Sie alten Prophezeiungen so viel Bedeutung bei? Erkennen Sie nicht, dass es beim Neuen Denken gerade darum geht, solche Prophezeiungen zu entschärfen und unwirksam zu machen? Leisten Sie einen positiven Beitrag für unsere Heilung und die Heilung des Planeten! Richten Sie Ihre Energie darauf, der Erde zu helfen. Machen Sie tägliche Meditationen, in denen Sie für die ganze Welt, einschließlich Ihrer Familie, eine neue Dimension von Frieden, Sicherheit und Wohlergehen visualisieren. Stimmen Sie sich meditativ auf den Frieden ein und erweitern Sie Ihre Sicht Gottes. Gott ist kein rachsüchtiger alter Mann. Gott ist eine *universale* Intelligenz, die weit über das winzige Staubkorn unseres Planeten hinausreicht. Sie sind, so wie ich, im Universum behütet und geborgen. Es kann Ihnen nichts geschehen.

Entwickeln Sie inneren Frieden. Öffnen Sie sich der Weisheit Ihres Herzens und vertrauen Sie auf das Leben. Die Intelligenz des Universums wohnt in Ihrer Tochter und jedem Mitglied ihrer Familie. Wenn es richtig ist, dass sie den Wohnort wechseln, wird diese Intelligenz sie schon zum richtigen Zeitpunkt dazu veranlassen. Sagen Sie sich immer wieder: MEINE GANZE FAMILIE STEHT JEDERZEIT UNTER GÖTTLICHEM SCHUTZ.

Liebe Louise,
ich empfinde große Liebe für alle Tiere und ziehe ihre Gesellschaft der menschlichen vor. Ich habe eine sehr schlechte Meinung von der menschlichen Rasse insgesamt. Es scheint mir, dass die meisten Menschen selbstsüchtig, gierig, böse, manipulativ und dergleichen sind.

Mich beschäftigt die Frage, ob Tiere eine unsterbliche Seele besitzen. Kann es denn sein, dass die Menschen mit all ihren Fehlern, Schwächen und Unzulänglichkeiten in den Himmel kommen, die Tiere jedoch nicht? Die Menschen begehen große Grausamkeiten gegenüber den völlig unschuldigen Tieren. Obgleich es inzwischen eine Reihe von Organisationen gibt, die sich für die Belange der Tiere einsetzen, glaube ich, dass wir diesbezüglich noch einen weiten Weg vor uns haben.

Ich möchte gerne folgendes wissen: Wohin gehen Tiere, wenn sie sterben? Haben sie Seelen, die weiterleben? Welche Rolle spielen hierbei Karma und Reinkarnation? Da ich die Tiere für die am meisten unterdrückte und geschundene Lebensform auf der Erde halte, bin ich sehr an Ihrer Meinung zu diesem Thema interessiert.

Louises Antwort:
Mir scheint, Sie waren in der Kindheit von selbstsüchtigen, gierigen und manipulativen Menschen umgeben. Wie sonst hätten Sie eine so negative Lebenseinstellung entwickeln können? Bevor wir uns selbst wirklich lieben können, müssen wir lernen, unseren Familien zu vergeben. Denken Sie daran, dass uns im Leben immer das begegnet, woran wir glauben und wonach wir suchen. Beginnen Sie jeden Tag damit, dass Sie das Gute in Ihnen anerkennen. Nehmen Sie eine der positiven

Eigenschaften, die Sie an sich selbst wahrnehmen, und konzentrieren Sie sich dann den ganzen Tag darauf, diese Eigenschaft auch bei Ihren Mitmenschen zu entdecken. Ich stelle mir immer vor, dass meine Welt von liebevollen, großzügigen, hilfsbereiten Menschen bevölkert ist und daneben auch von einigen wenigen sehr unglücklichen Leuten, die aus Unwissenheit sich selbst und anderen Probleme bereiten. Wie schnell die Menschheit insgesamt erwacht, hängt davon ab, dass wir als Einzelne unseren persönlichen Weg finden und ihm folgen.

Auch ich liebe Tiere. Ich habe vier Hunde und zwei Kaninchen und ständig besuchen mich viele Vögel und andere Tiere, die ich füttere. Ich glaube nicht, dass Himmel und Hölle Orte sind, in die wir nach unserem Tod »kommen«, sondern dass wir sie uns hier auf der Erde selbst erschaffen. Ich bin überzeugt, dass Tiere eine Seele haben und sich gemeinsam mit uns auf dem Pfad der Evolution befinden. Menschen, die zu echter Bewusstheit erwacht sind, werden niemals anderen Lebewesen willentlich Schaden zufügen, auch keinen unschuldigen Tieren. Bemühen wir uns also nach Kräften, alle Geschöpfe des Planeten, auch den Menschen, im Licht der Liebe zu sehen. Beten Sie dafür und visualisieren Sie, dass das Erwachen der ganzen Menschheit sich beschleunigt. Bejahen Sie: Ich visualisiere eine Welt der Liebe und des Mitgefühls und ich selbst trage auf bestmögliche Weise zu dieser liebevollen Welt bei.

- Jene Macht, die diese Welt erschaffen hat, lässt auch mein Herz schlagen.
- Meine spirituelle Verbundenheit mit dem Universum ist stark und unerschütterlich.
- Das Leben unterstützt mich jederzeit und überall.
- Ich fühle mich mit allem Lebendigen verbunden.
- Ich glaube an einen liebenden Gott.
- Ich vertraue darauf, dass das Leben immer für mich da ist.
- Ich habe meinen besonderen Schutzengel.
- Ich bin stets göttlich geführt und beschützt.
- Meine spirituelle Entwicklung schreitet stetig voran.
- Ich bin in ständigem Kontakt mit der göttlichen Weisheit.

17. KAPITEL

Sucht

Jede starke Abhängigkeit von äußeren Dingen ist eine Sucht. Ich kann süchtig nach Drogen und Alkohol, nach Sex und Tabak sein; und ebenso kann meine Sucht darin bestehen, krank zu sein, Schulden zu machen, ein Opfer zu sein, zurückgewiesen zu werden oder ständig andere Menschen zu kritisieren. Doch ich kann solche Abhängigkeiten überwinden. Wenn ich süchtig bin, gebe ich meine persönliche Macht auf und lasse mich stattdessen von einer Gewohnheit oder dem Verlangen nach einer bestimmten Substanz beherrschen. Ich kann mir meine Macht aber jederzeit zurückholen. Jetzt, in diesem Moment, hole ich mir meine Macht zurück! Ich entscheide mich für die positive Gewohnheit, mir ständig bewusst zu sein, dass das Leben für mich da ist. Ich bin bereit, mir zu vergeben und weiterzugehen. Ich besitze eine unsterbliche Seele, die immer bei mir ist, auch jetzt. Ich entspanne mich und lasse los, und während ich tief und gelöst atme, trenne ich mich von alten, schädlichen Gewohnheiten und praktiziere neue, positive.

Sehr häufig flüchten sich Menschen in die Sucht, um ihre Ängste zu verbergen. Süchte dämpfen und unterdrücken unsere Emotionen, so dass wir nichts spüren. Es gibt nicht nur die Sucht nach bestimmten Substanzen. Es gibt auch suchthafte Verhaltensmuster, die es uns ermöglichen, vor der Gegenwart zu fliehen. Wenn wir uns nicht mit dem befassen wollen, was unmittelbar vor uns liegt, oder wenn wir gerne ganz woanders wären, entwickeln wir ein Suchtverhalten, durch das wir unser Leben dann nicht mehr wirklich spüren. Das kann eine Sucht nach bestimmten Nahrungsmitteln oder chemischen Substanzen sein. Auch wenn es möglicherweise eine genetisch bedingte Anfälligkeit für Alkoholismus geben mag, hat der Einzelne immer noch die Wahl, ob er sich der Sucht hingibt oder nicht. Wir sind schnell geneigt, Dinge als vererbt zu betrachten, die in Wahrheit nur aus einer kindlichen Nachahmung des Stressverhaltens der Eltern resultieren.

Andere Menschen wiederum sind süchtig nach bestimmten Emotionen. Man kann süchtig danach sein, bei anderen nach Fehlern zu suchen. Was auch passiert, immer findet man jemanden, dem man die Schuld in die Schuhe schieben kann. »Sie sind dafür verantwortlich. Sie haben mir das angetan.«

Vielleicht sind Sie süchtig danach, unbezahlte Rechnungen anzuhäufen. Das ist eine weit verbreitete Form der Sucht; die Betroffenen tun, was sie können, um ständig bis über beide Ohren in Schulden zu stecken, selbst dann, wenn sie eigentlich mehr als genug Geld zum Leben hätten.

Oder Sie können süchtig nach Ablehnung sein. Wohin Sie auch gehen, immer ziehen Sie Leute an, von denen Sie abgelehnt oder zurückgewiesen werden. Doch diese äußere Ablehnung ist nur ein Spiegel dafür, dass Sie sich selbst innerlich ablehnen. Wenn Sie sich selbst mögen und akzeptieren, wird auch kein anderer Mensch Sie ablehnen, und wenn es doch einmal geschieht, wird es Ihnen nichts ausmachen. Fragen Sie sich: »Was akzeptiere ich an mir selbst nicht?«

Viele Menschen sind süchtig nach Krankheit. Sie fangen sich ständig irgendetwas ein oder sorgen sich pausenlos um ihre Gesundheit.

Wenn Sie schon nach irgendetwas süchtig sein wollen, warum dann nicht danach, sich selbst zu lieben? Werden Sie süchtig danach, häufig positive Affirmationen zu wiederholen und Dinge zu tun, die gut für Ihre Gesundheit und Ihr Wohlbefinden sind!

Süchte entstehen, weil wir nicht gelernt haben, uns selbst zu lieben. Wir haben Angst davor, unser Inneres zu erkunden. Stattdessen laufen wir vor uns selbst weg und fliehen in die Sucht. Wenn wir anfangen, anders über uns selbst zu denken, können wir mit der sinnlosen Flucht aufhören und uns auf unsere innere Kraft besinnen.

In den folgenden Briefen geht es um das Thema Sucht:

Liebe Louise,
ich bin sechsundvierzig Jahre alt und rauche seit über dreißig Jahren. Ich wüsste gerne, wie Sie über das Rauchen denken.

Das ganze öffentliche Klima ist für Raucher inzwischen sehr unfreundlich geworden, besonders hier in Kalifornien. Wir dürfen nur noch im Freien rauchen und manche Leute wollen es uns selbst dort verbieten.

Vor fast neun Jahren habe ich mit dem Trinken und den Drogen Schluss gemacht, und das war eine ziemliche Leistung für mich – ein echter Wendepunkt in meinem Leben. Noch nie habe ich mich so gut gefühlt wie heute. Aber ich rauche Zigaretten und genieße das sehr. Vermutlich bin ich, was das Rauchen angeht, so großzügig mit mir, weil es damals so ein großer Schritt für mich war, Alkohol und Drogen aufzugeben.

Ich gebe zu, ich habe Angst vor dem psychologischen Trauma, das mit der Aufgabe einer so eingewurzelten Gewohnheit einhergeht. Ich glaube nicht, dass Nichtraucher sich davon eine Vorstellung machen können; sie denken wahrscheinlich, man könne von einem Tag zum anderen »ganz einfach nein sagen«.

Was ich mir wirklich wünschen würde, ist, dass das Rauchen meiner Gesundheit nicht schadet, so dass ich für den Rest meines Lebens glücklich meine Zigaretten genießen kann. Ich wünschte, die militanten Nichtraucher würden ihre Aufmerksamkeit wichtigeren Problemen widmen. Und wenn ich mich doch irgendwann entscheide, ohne Zigaretten zu leben, würde ich mir wünschen, dass das ganz leicht und untraumatisch gelingt.

Louises Antwort:
Als Erstes möchte ich Ihnen sagen, dass ich auch viele Jahre geraucht habe. Ich fing mit fünfzehn damit an, weil ich es für ein Zeichen von Stärke und Erwachsensein hielt. Ich habe lange gebraucht, um von den Ziga-

retten loszukommen. Raucher sind sich gewöhnlich nicht bewusst, dass sie stinken wie ein voller Aschenbecher. Zeitweilig ging ich so weit, dass ich morgens, ehe ich zur Arbeit fuhr, an dem Aschenbecher in der Halle meines Apartmenthauses roch, um mir bewusst zu machen, welchen Gestank ich selbst verströmte. Zu guter Letzt war das Leben mir gnädig: Ich fuhr zu einem einmonatigen Seminar, bei dem niemand rauchte, auch ich nicht. Als ich nach Hause kam, rauchte ich eine halbe Zigarette, worauf mir furchtbar schlecht wurde. Dankbar legte ich mich ins Bett und habe seither nie wieder eine Zigarette angefasst.

Zweifellos war es ein großer Schritt für Sie, Alkohol und Drogen aufzugeben, und doch hat Ihr Leben sich dadurch sehr zum Besseren verändert. Wenn Sie mit dem Rauchen aufhören, wird es sich weiter beträchtlich verbessern. Doch das ist allein Ihre Entscheidung. Mag sein, dass Sie es zum rechten Zeitpunkt aufgeben oder dass Sie bis zu dem Tag rauchen, an dem Sie den Planeten verlassen. Ich glaube nicht, dass es sich um eine Frage von Gut oder Böse handelt, da ausschließlich Sie selbst davon betroffen sind. Es ist Ihr Leben und ich kann Ihnen nicht sagen, was Sie tun sollen. Wenn Menschen Rauchverbote fordern, hat das etwas mit der Erkenntnis zu tun, dass Passivrauchen für Nichtraucher sehr gesundheitsschädlich ist. Daher wollen sie nicht in Ihrer Nähe sein und den Qualm einatmen müssen, wenn Sie rauchen.

Bejahen wir gemeinsam, dass Ihnen, *wenn* Sie sich für das Aufhören entscheiden, der Übergang in ein nikotinfreies Leben leicht und problemlos gelingt. Nichts im

Leben ist von Dauer. Das Rauchen ist zum richtigen Zeitpunkt Teil Ihres Lebens geworden und wird auch zum richtigen Zeitpunkt auf die für Sie perfekte Weise wieder aus Ihrem Leben verschwinden. Eine gute Affirmation für Sie lautet: ICH BIN IM FRIEDEN MIT MEINEM LEBEN UND MIT MEINEN MITMENSCHEN. ALLES IST GUT.

Liebe Louise,
ich bin siebenunddreißig Jahre alt und sehr dick. Ich weiß nicht, wohin ich mich wenden soll. Ich leide unter einer langen Liste von suchthaften und zwanghaften Verhaltensweisen. Im Moment bin ich in einer Klinik, wo ich wegen meiner Bulimie behandelt werde. Sie wollen, dass ich bei einem Zwölf-Schritte-Programm mitmache, aber ich finde dieses Programm frustrierend, weil ich nicht weiß, was sie dort von mir erwarten. Davor habe ich eine Gruppe nach der anderen besucht, aber nie lange durchgehalten.

Alles, was ich weiß, ist, dass ich mich seelisch sehr, sehr unwohl fühle. Ich möchte meine Sucht und mein zwanghaftes Verhalten gerne einer höheren Macht übergeben, aber zu akzeptieren, dass ich für meine Probleme selbst verantwortlich bin, fällt mir schwer. Ich möchte mich wirklich verändern, aber ich habe Angst.

Louises Antwort:
Man merkt Ihrem Brief an, wie frustriert Sie über sich selbst sind. Bulimie wird oft mit Selbsthass in Verbindung gebracht. Es besteht ein Gefühl, das eigene Selbst buchstäblich ausspeien zu wollen, weil man es als völlig

wertlos betrachtet. Menschen, die an Bulimie leiden, haben häufig das Empfinden, dass man sie niemals so lieben wird, wie sie sind.

So schwer Ihnen das auch erscheinen mag: Machen Sie sich nicht länger Gedanken darüber, wie viel Sie wiegen oder wie viel Sie essen, und kümmern Sie sich nicht um Ihr momentanes Aussehen. Das alles ist Teil jenes Mechanismus der Selbstablehnung, der gegenwärtig in Ihnen abläuft. Stellen Sie sich vor den Spiegel und sagen Sie sich immer wieder: »Ich liebe dich. Ich liebe dich wirklich.« Machen Sie sich klar, dass Sie innerlich ein wunderschönes, göttliches Wesen sind, ganz gleich, wie viel Sie wiegen.

Sie schreiben mir, Sie hätten ohne Erfolg an verschiedenen Programmen und Gruppen teilgenommen. Zwölf-Schritte-Programme sind wundervoll. Sie brauchen keine Angst vor der Arbeit an sich selbst zu haben, die man Ihnen dort abverlangt. Doch diese Programme wirken nur, wenn Sie über einen längeren Zeitraum kontinuierlich daran teilnehmen. Nutzen Sie die Zeit zwischen den Treffen, um Ihr Leben immer wieder so zu visualisieren, wie Sie es sich wünschen? Setzen Sie sich täglich still hin, um Ihre Mitte zu finden und zu meditieren? Wenden Sie regelmäßig Ihre positiven Affirmationen an? Eine gute Affirmation für Sie ist: Ich akzeptiere meine eigene Liebe und ich finde jetzt Freude und Zufriedenheit darin, ich selbst zu sein.

Erst wenn Sie akzeptieren, dass die Lösung für Ihre Probleme in Ihnen liegt, kann Hilfe von außen etwas bewirken und ein neues Zwölf-Schritte-Programm oder eine Gruppe sich als die Wunderkur erweisen, auf die

Sie hoffen. Tun Sie Ihre Spiegelarbeit und lernen Sie sich selbst besser kennen. Wenn Sie erst einmal beginnen, sich selbst ein wenig zu mögen, werden in Ihrem Leben überall kleine Wunder geschehen.

Liebe Louise,
ich bin zweiundzwanzig Jahre alt, männlich und wurde als Kind sexuell missbraucht, geschlagen und emotional tyrannisiert. Ich glaube, dass ich meine Wut auf den Mann, der mir das damals antat, inzwischen verarbeitet habe, aber ich setze den Missbrauch noch immer selbst fort, indem ich mich sexuell in einer Weise verhalte, die meinem Körper nicht gut tut.

Ich schreibe Ihnen diesen Brief wegen meiner »Sex-Sucht«. Ich schlafe mit einer großen Zahl von Männern, ohne dass diese kurzen sexuellen Begegnungen mir wirklich Freude und Befriedigung bringen. Schon seit einigen Jahren möchte ich dieses Verhalten aufgeben, doch es gelingt mir nicht. Ein Teil von mir scheint einfach nicht von diesem Sexualverhalten lassen zu können.

Louises Antwort:
Wie gut, dass Sie Hilfe suchen! Bittet, und euch wird gegeben. Neben psychotherapeutischen Angeboten gibt es Selbsthilfegruppen für Menschen, die unter sexuellen Zwängen leiden. Informationen dazu können Sie zum Beispiel über NAKOS in Berlin erhalten (Adresse im Anhang) sowie über die örtlichen Büros der freien Wohlfahrtsverbände.

Seien Sie liebevoll und mitfühlend zu sich selbst und machen Sie sich immer wieder bewusst, dass jedes negative Muster sich auflösen lässt, wenn Sie aufrichtig bereit sind, an sich zu arbeiten. Sie verdienen es, geliebt zu werden. Sie sind liebenswert. Da wir in den Zeiten von Aids leben, sollten Sie ganz besonders darauf achten, sich selbst und Ihre Partner vor Ansteckung zu schützen. Eine heilende Affirmation für Sie könnte lauten: ALLE BEREICHE MEINES LEBENS SIND HEIL UND VON LIEBE DURCHDRUNGEN.

Liebe Louise,
meine Kindheit war nicht eben leicht, da meine Eltern beide tranken. Ich wusste nie, welches ihrer Gesichter mich erwartete, wenn ich nach Hause kam – die albernen, auf fröhliche Weise betrunkenen Leute oder ihre andere, Furcht einflößende, manchmal gewalttätige Seite. Ich brauche wohl nicht zu erwähnen, dass ich nur selten Freunde zum Spielen zu mir einlud.

Als ich mich mit achtzehn auf und davon machte, beschlossen meine Eltern endlich, zu den Anonymen Alkoholikern zu gehen. Darauf folgten bei ihnen zehn Jahre der Abstinenz. Unsere Beziehung wurde sehr eng und ich lernte sie endlich als die wunderbaren, liebevollen Menschen kennen, die sie in Wahrheit sind.

Mein Problem ist nun, dass sie ganz plötzlich wieder zu trinken begonnen haben. Obwohl ich natürlich weiß, dass sie beide ihren eigenen Weg gehen müssen und dass ich nicht für sie verantwortlich bin, frage ich mich dennoch, ob ich irgendwie verhindern kann, dass sie wieder völlig in ihre frühere, alkoholumnebelte Welt abgleiten. Wissen Sie Rat?

Louises Antwort:
Ich kann gut verstehen, wie enttäuscht Sie über den Rückfall Ihrer Eltern sind. Aber erfreulicherweise haben Sie ja bereits klar erkannt, dass es nicht *Ihr* Problem ist. Wir wollen stets das Beste für unsere Eltern und doch fällt es uns schwer, die Dinge aus einer größeren Perspektive zu sehen. Wir können nie genau wissen, welche Erfahrungen ein anderer Mensch auf der Seelenebene benötigt. Wir wissen lediglich, dass alle Erfahrungen im Leben ihren eigenen Wert besitzen. Das, was Ihre Eltern durchmachen, ist auf der Seelenebene für sie von Wert. Unsere Eltern sind unsere größten Lehrer und manchmal besteht ihre Lektion für uns darin, dass sie uns deutlich vor Augen führen, was man im Leben alles »falsch« machen kann. Seien Sie froh, dass Sie eine zehnjährige Phase großer menschlicher Nähe zu ihnen erleben durften, die Sie dankbar in Erinnerung behalten können. Lieben Sie sie und seien Sie sich immer bewusst, dass die universale Intelligenz in Ihren Eltern wirkt und ihnen jederzeit zugänglich ist.

Wenn Sie sachkundige Hilfe benötigen, um die momentane Situation zu bewältigen, empfehle ich Ihnen, zu Al-Anon (Adresse s. Anhang; Anm. d. Übers.) zu gehen. Diese wunderbare Organisation kann Sie weit besser beraten, als es mir möglich ist. Lieben Sie sich selbst, seien Sie freundlich und mitfühlend zu Ihrem inneren Kind und bejahen Sie: ICH BIN IM FRIEDEN MIT ALLEN ASPEKTEN MEINES LEBENS.

Liebe Louise,
mein Mann und ich sind seit drei Jahren verheiratet. Seit seiner College-Zeit vor fast zwei Jahrzehnten raucht er jeden Abend Marihuana. Anfangs machte es mir nichts aus, dass er sich abends nach der Arbeit diesem Vergnügen hingab, das meiner Ansicht nach eine Sucht ist. Er hat einen guten Job und ist ein gutmütiger, friedfertiger Mensch. Aber diese schlechte Angewohnheit, Marihuana zu rauchen, empfinde ich zunehmend als sehr störend.

Ich habe den Eindruck, dass Marihuana die Emotionen abtötet – es verhindert, dass ein Mensch wirklich etwas empfindet. Wenn etwas Unerfreuliches geschieht, zündet sich mein Mann einfach einen Joint an, statt sich wirklich auf seine Gefühle einzulassen. Ich glaube, dass das unser Liebesleben beeinträchtigt und die Verständigung zwischen uns erschwert. Ich habe ihn gebeten, das Marihuanarauchen aufzugeben, doch er hat nur geantwortet: »Du wusstest davon, als wir uns kennen lernten. Ich werde niemals damit aufhören, du musst dich also entscheiden, ob du mich so akzeptieren willst oder nicht.«

Mein Dilemma ist: Soll ich seinen Marihuanakonsum einfach hinnehmen oder soll ich ihm klarmachen, dass er in Wahrheit suchtkrank ist?

Louises Antwort:
Wir können andere Menschen nicht ändern – auch wenn wir ganz genau zu wissen glauben, was das Beste für sie ist! Ihr Mann hat Ihnen nie etwas vorgemacht. Sie wussten vor der Heirat von seiner Angewohnheit. Wenn Sie darauf beharren, dass er das Rauchen aufgibt, verstärken Sie damit nur seinen Widerstand. Wenn Sie einen

Krieg daraus machen, können Sie dabei nur verlieren. Möglicherweise zerbricht darüber sogar Ihre Ehe. Möchten Sie das wirklich riskieren? Ich empfehle Ihnen, dass Sie an sich selbst arbeiten, statt zu versuchen, Ihren Mann zu ändern.

Es ist wichtig, dass Sie sich gut fühlen, und ob Sie sich gut oder schlecht fühlen, liegt an Ihrem Denken. Praktizieren Sie im Stillen Affirmationen für die Art von Ehe, die Sie sich wirklich wünschen. Achten Sie dabei darauf, dass Sie Ihre Affirmationen positiv formulieren, dass Sie also beschreiben, was Sie *wollen*, nicht, was Sie *nicht* wollen. (Nicht: »Ich will nicht, dass mein Mann Marihuana raucht«, sondern: »Ich möchte, dass wir beide in unserer Ehe glücklich sind und uns wohl fühlen.«) Wählen Sie Gedanken, bei denen Sie sich wohl fühlen. Konzentrieren Sie sich auf die guten Seiten Ihrer Ehe, die Ihnen ein Gefühl von Dankbarkeit geben. Lieben Sie sich selbst. Bringen Sie allem, was das Leben Ihnen schenkt, Wertschätzung entgegen. Lassen Sie zu, dass die Energie des Universums, die Glück und Freude bringt, Sie durchströmt. Bejahen Sie: WIR FÜHREN EINE WUNDERBARE EHE UND WIR SIND BEIDE GLÜCKLICH UND FREI!

Affirmationen zur Überwindung von Suchtkrankheiten

- Wenn ich inneren Widerstand spüre, weiß ich, dass ich mich für die Heilung öffnen und diese Blockaden auflösen kann.
- Das Leben liebt mich, sorgt für mich und beschützt mich.
- Ich mache alles, so gut ich kann. Von Tag zu Tag fällt mir das Leben leichter.
- Ich bin bereit, über meine Sucht hinauszugehen und meine Bedürfnisse auf gesunde Weise zu befriedigen.
- Ich löse mich von der Sucht und werde frei.
- Ich akzeptiere mich und bin offen für Veränderungen.
- Ich bin stärker als meine Süchte.
- Ich entdecke jetzt, was für ein wunderbarer Mensch ich bin.
- Ich entscheide mich bewusst dafür, mich zu lieben und mich an meinem Wesen zu erfreuen.
- Ich finde in meinem Leben Sicherheit und Geborgenheit.

18. KAPITEL

Tod und Trauer

Ich akzeptiere den Prozess des Sterbens und der Trauer. Ich gebe mir genügend Zeit und Raum, durch diesen natürlichen, normalen Teil des Lebens zu gehen. Ich bin dabei sehr behutsam und mitfühlend mir selbst gegenüber. Ich gebe mir die Möglichkeit, meinen Schmerz über den Tod eines geliebten Menschen in Ruhe zu verarbeiten. Ich bin mir bewusst, dass ich nie einen Menschen wirklich verlieren kann und dass ich auch selbst niemals verloren gehen kann. Schon nach kurzer Zeit werde ich wieder in Kontakt mit dieser Seele sein, die den Planeten verlassen hat. Alles stirbt irgendwann. Bäume, Tiere, Flüsse und sogar Sterne werden geboren und sterben. Auch ich werde eines Tages sterben. Und jeder Tod geschieht zur rechten Zeit und am rechten Ort.

Wenn ein geliebter Mensch stirbt, löst das in jedem von uns tiefe Trauer aus. Es ist wichtig, dass Sie diese Gefühle zulassen. Die Natur hat Ihnen Gefühle gegeben, um bestimmte Erfahrungen besser bewältigen zu können, und wenn Sie diese Gefühle leugnen, verstärkt das den Schmerz nur zusätzlich. Denken Sie daran, dass der Tod kein Versagen ist. Alle Menschen müssen sterben – das ist Teil des Lebensprozesses.

Wir alle gehen auf unterschiedliche Art mit unserem Schmerz um. Es gibt dafür keine Regeln, daher sollten Sie auch sich selbst keine auferlegen. Es ist in Ordnung, wütend zu sein oder hysterische Anfälle zu bekommen. Sie können nicht so tun, als würden Sie keinen Schmerz spüren, und es ist wichtig, dass Sie Ihren Gefühlen Luft machen. Nutzen Sie die Trauerzeit, um an sich selbst zu arbeiten, so dass Sie sich von Ihren negativen Gefühlen befreien können. Sie müssen einen Punkt erreichen, wo Sie sich sicher genug fühlen, den alten, unterdrückten Schmerz herauskommen zu lassen. Würden Sie es sich einfach erlauben, zwei oder drei Tage zu weinen, könnte viel von der Traurigkeit und den Schuldgefühlen verschwinden. Falls erforderlich, gehen Sie in eine Gruppe oder lassen Sie sich von einem Therapeuten bei der Freisetzung Ihrer Emotionen helfen.

Auch wenn Sie wissen, dass das Trauern seine Zeit braucht, kann es dennoch geschehen, dass Sie sich wie in einem schwarzen Loch fühlen. Seien Sie geduldig und sanft mit sich. Machen Sie sich keine Vorwürfe, weil Sie vielleicht glauben, sich nicht genug um die verstorbene Person gekümmert oder nicht genug Zeit mit ihr verbracht zu haben, als sie noch am Leben war. Dadurch entstehen nur unnötige Schuldgefühle, die Ihren Schmerz zusätzlich verschlimmern. Wenn dieser geliebte Mensch die Möglichkeit dazu hätte, würde er Sie vermutlich wissen lassen, dass Sie sich keine Sorgen machen brauchen und alles in bester Ordnung ist.

Manchmal kommt durch das Sterben einer uns nahe stehenden Person unsere eigene Angst vor dem Tod zum Vorschein. Wir müssen unsere Gefühle bezüglich des Sterbens verstehen und aufarbeiten. Seit ich mich der Betreuung von Aidspatienten widme, habe ich Hunderte von Menschen persönlich kennen gelernt, die inzwischen gestorben sind. Dadurch, dass ich einige dieser Menschen am Ende ihres Lebens begleitete, sehe ich den Tod heute in einem ganz anderen Licht. Früher hielt ich das Sterben für eine Furcht erregende Erfahrung. Heute ist es für mich einfach ein normaler, natürlicher Teil des Lebens. Ich stelle mir gerne vor, dass wir, wenn wir sterben, einfach »den Planeten verlassen«.

Was wir über den Tod glauben, ist genauso wichtig wie das, was wir über das Leben glauben. Wenn Sie diesbezüglich viele negative Botschaften in sich tragen, dann sollten Sie daran arbeiten, diese Glaubenssätze zu verändern. Meditieren Sie, lernen Sie, lesen Sie entsprechende Literatur und bauen Sie sich einen festen Glauben an das Leben nach dem Tod auf, der Ihnen Kraft gibt. Wir sollten alle lernen, den Tod zu akzeptieren, und uns in innerem Frieden und voller Staunen auf die Erfahrungen einlassen, die er uns bietet. Erst wenn wir mit dem Tod unseren Frieden gemacht haben, können wir wirklich leben.

Die folgenden Briefe beschäftigen sich mit dem Sterben und der Trauer:

Liebe Louise,
ich hatte einen Bruder, der an einem Gehirntumor erkrankte. Er starb, als ich zwölf war; er war damals fünfzehn. Ich hatte sonst keine Geschwister und er war mein bester Freund. Ich versuchte, immer bei ihm zu sein, aus Angst, dass er sterben würde, wenn ich nicht an seiner Seite war. Ich versprach ihm, ihn niemals zu verlassen. Noch heute, als vierundzwanzigjährige erwachsene Frau, plagen mich seinetwegen große Schuldgefühle.

Im November 1982 ließ ich mich von meinen Eltern, die bei meinem Bruder im Krankenhaus waren, dazu überreden, im Haus einer Nachbarin zu übernachten, damit ich dort Thanksgiving feiern konnte. Ich selbst hatte das Gefühl, dass ich eigentlich im Krankenhaus bei ihm sein sollte, doch ich willigte ein, weil er im damaligen Stadium seiner Krankheit ohnehin niemanden mehr erkannte.

Während ich also bei den Nachbarn Thanksgiving feierte, starb er. Ich habe immer noch das Gefühl, dass ich ihn damals im Stich ließ, weil ich nicht bei ihm in der Klinik war. Ich glaube, wenn er damals im Krankenzimmer meine Liebe gespürt hätte, wäre er nicht gestorben. Ich glaube, ich habe sowohl ihn als auch meine Mutter enttäuscht.

Wenn mir etwas Negatives zustößt, habe ich das Gefühl, es nicht anders zu verdienen. Manchmal, wenn ich wirklich wütend auf mich bin, behandele ich meinen Körper so schlecht, dass ich krank werde. Oft fühle ich mich einsam, aber ich spreche mit niemandem darüber, weil ich gar nicht will, dass es mir besser geht. Ich habe das Gefühl, ich verdiene es, dass es mir schlecht geht.

Ich weiß, ich muss diese Schuldgefühle überwinden, aber ich weiß nicht, wie. Bitte helfen Sie mir. Ich möchte sehr gerne glücklich sein. Wahrscheinlich muss mir einfach nur jemand sagen, dass ich in Wahrheit doch kein so schlechter Mensch bin.

Louises Antwort:
Ihr Bruder hat den Planeten zu dem für ihn richtigen Zeitpunkt verlassen. Er wartete ab, bis Sie sich nicht mehr in seiner Nähe aufhielten, damit er in Frieden gehen konnte, ohne dass Sie ihn zum Bleiben zwangen. Es war ein Segen für ihn, dass Sie damals zu dieser Thanksgiving-Feier gingen. Wenn Menschen im Krankenhaus sterben, geschieht das meist gegen drei Uhr morgens, weil dann ihre Angehörigen nicht anwesend sind.

Ihr Bruder war doch gewiss kein Mensch, der wollte, dass es Ihnen schlecht geht! Er wäre gewiss enttäuscht, wenn er sehen würde, wie Sie gegenwärtig Ihr Leben ruinieren. Wo ist die fröhliche, liebevolle Schwester geblieben, die er einst kannte? Dieser ganze Schmerz existiert nur in Ihrem Bewusstsein. Sie, die Erwachsene, sollten der Zwölfjährigen in Ihnen verzeihen und ihr sagen, wie sehr Sie sie in Wahrheit lieben. Dann sollten Sie auf neue Art in Beziehung zu Ihrem Bruder treten. Sprechen Sie mit ihm und bitten Sie ihn, Ihnen zu helfen, sich von diesen falschen Schuldgefühlen zu befreien. Bitten Sie ihn um Liebe und Führung. Ich weiß, er möchte, dass Sie glücklich sind.

Bitte machen Sie häufig von der folgenden Affirmation Gebrauch: ICH BRINGE MEINE LIEBE ZU MEINEM BRUDER DADURCH ZUM AUSDRUCK, DASS ICH GLÜCKLICH BIN.

Liebe Louise,
in einer Ihrer Kolumnen haben Sie kürzlich geschrieben: »Wie für uns Menschen gibt es auch für Tiere eine Zeit zu kommen und eine Zeit zu gehen. Und Krankheit ist auch bei ihnen ein sozial akzeptierter Weg zu sterben.«

Als jemand, der sich mit dem Studium des »Todes« beschäftigt, denke ich, dass unsere den Tod und das Sterben betreffenden Überzeugungen unsere Art zu leben beeinflussen und bei unserem Streben nach Erleuchtung von entscheidender Bedeutung sind. Aber müssen wir uns denn zwangsläufig für eine Krankheit entscheiden, wenn wir beschließen, diese Daseinsebene zu verlassen? Und wenn ja, tun wir das, weil es leichter für uns selbst oder für die anderen oder für alle Beteiligten ist? Ich frage danach, weil es gewiss nur schwer zu akzeptieren wäre, wenn junge oder noch nicht sehr alte Menschen ohne erkennbare äußere Ursache sterben würden.

Ich würde es sehr begrüßen, wenn Sie diese Thematik einmal etwas näher beleuchten könnten.

Louises Antwort:
Die Menschen kommen auf diesen Planeten, um bestimmte Lektionen zu lernen, und wenn die Lektion abgeschlossen ist, reisen sie weiter. In welchem Alter das geschieht, ist unerheblich. Ein Säugling, der den

plötzlichen Kindstod stirbt, kann ein erfüllteres Leben gehabt haben als manch anderer, der siebenundneunzig wird. Die Entscheidungen der Seele erscheinen dem menschlichen Verstand mit seiner begrenzten Denkweise häufig sinnlos.

Ich glaube daran, dass wir, wenn unsere Zeit kommt, uns einfach ins Bett legen und im Schlaf hinübergehen können. Aber in unserer Kultur wird von uns erwartet, dass wir auf eine bestimmte Weise sterben. Daher benutzen wir Unfälle, Morde, Naturkatastrophen und vor allem Krankheiten als gesellschaftlich akzeptierte Wege des Sterbens. Selbstmord ist kein von der Gesellschaft akzeptierter Weg.

Widmen Sie sich dem Studium des »Lebens«. Je mehr sich dabei Ihre Perspektive erweitert, desto klarer werden Sie erkennen, dass der »Tod« nur ein kleiner, normaler, natürlicher Teil des Lebens ist. Ich glaube, dass das Leben ewig ist. Wenn wir diese Ebene verlassen, gehen wir neuen Erfahrungen entgegen. Je mehr Liebe wir in diesem Leben geben und empfangen, desto mehr Liebe werden wir in unseren nächsten Leben finden.

Liebe Louise,
vor einigen Monaten beging mein Vater Selbstmord. Es ist mir nicht leicht gefallen, über den Schmerz hinwegzukommen, den diese Tragödie in mir auslöste, aber meine Spiritualität hat mir in dieser Zeit sehr geholfen.

Ich bin jedoch ein wenig verwirrt, was meine Vorstellung vom Weiterleben der Seele meines Vaters angeht, und würde gerne Ihre Meinung zu diesem Thema erfahren. Eine meiner Verwandten ist praktizierende Buddhistin. Sie glaubt, dass die Seele meines Vaters keine Ruhe finden wird und er dazu verurteilt ist, die gleichen Qualen und Schmerzen immer wieder zu erleiden, bis er endlich seine Lektionen lernt und nach vielen Wiedergeburten völlige Erleuchtung erlangt. Wie denken Sie darüber?

Louises Antwort:
Jeder Mensch verlässt den Planeten auf die für ihn angemessene Weise und zum richtigen Zeitpunkt. Ich glaube, dass es sich bei den Todesumständen um eine Entscheidung der Seele handelt, die man nicht in Kriterien von »richtig« oder »falsch« beurteilen kann. Auch ich glaube an die Reinkarnation und daran, dass wir viele Male auf diesen Planeten kommen, um unterschiedliche Lektionen zu lernen, und dass die Umstände unserer Geburt und unseres Todes jedes Mal andere sind. Ich glaube außerdem, dass wir immer wieder in andere Kulturen hineingeboren werden, Hautfarbe und Geschlecht wechseln, manchmal reich, manchmal arm geboren werden. So können wir alle Aspekte des Menschseins erleben und kennen lernen.

Obwohl der Selbstmord von vielen Religionen als »schlechte«, negative Handlung angesehen wird, muss diese Auffassung keineswegs richtig sein. Schließlich entstammen religiöse Gebote und Verbote immer unserem begrenzten menschlichen Denken. Der Buddhismus hat sein eigenes System von Glaubenssätzen. Ich habe eine Zeit lang mit Buddhisten zusammengearbeitet und ihre Lehren studiert. Meines Wissens glauben sie, dass die Seele sich nur für neunundvierzig Tage im Jenseits aufhält, um dann sogleich eine neue Inkarnation zu beginnen. Da ich mit Aidskranken gearbeitet habe und viele von ihnen sterben sah, sage ich heute oft, wenn ich ein neu geborenes Baby sehe: »Bist du das, Bill? Bist du als dieses hübsche Baby zurückgekehrt? Oder könntest du das sein, Michael, oder du, Dave?« Ich habe erkannt, dass das Leben eine Kontinuität darstellt und dass jede Person, jeder Ort, jedes Ding aus Energie besteht, die sich auf vollkommene Weise im Kreislauf befindet und immer neu recycelt wird.

Ich möchte Ihnen mein Mitgefühl und meine Anerkennung dafür aussprechen, dass Sie diese schwere Zeit mit Hilfe Ihrer Spiritualität so gut gemeistert haben. Sie werden erleben, dass aus dieser Erfahrung langfristig nur Gutes entsteht. Bejahen Sie: DAS UNIVERSUM SCHENKT MIR SICHERHEIT UND GEBORGENHEIT UND DAS LEBEN LIEBT UND UNTERSTÜTZT MICH IN JEDER WEISE.

Liebe Louise,
vor kurzem habe ich den einzigen engen Freund verloren, den ich je hatte. Wir hatten eine wundervolle Beziehung, die achtundzwanzig Jahre überdauerte. Wir kümmerten uns stets umeinander und halfen uns gegenseitig, wo wir konnten. Er starb vor vier Monaten und ich fühle mich noch immer verloren, einsam und unglücklich ohne ihn. Ich brauche dringend einen Rat, wie ich meinen Schmerz überwinden und mit meinen achtundvierzig Jahren ein neues Leben beginnen kann.

Louises Antwort:
Ich kann gut nachfühlen, wie sehr Sie Ihren Freund vermissen. Trauer ist ein natürlicher und normaler Lebensvorgang. Akzeptieren Sie Ihre Gefühle; sie sind ein wunderbarer, wichtiger Teil von Ihnen. Die sehr intensiven Trauergefühle werden allmählich nachlassen. Für gewöhnlich dauert es ein ganzes Jahr (Sie müssen durch alle Jahreszeiten und Feste gehen, die Sie früher gemeinsam mit ihm erlebt haben), ehe Sie sich wirklich von Ihrem Schmerz lösen und befreien können. Machen Sie sich immer wieder bewusst, dass wir alle ewiger Geist sind. Unsere Körper hören irgendwann auf zu funktionieren, aber unsere Seele lebt ewig.

Wir kommen mitten im Film in dieses Leben und verlassen es auch wieder mitten im Film. Es gibt keinen richtigen und keinen falschen Augenblick, um zu gehen. Es gibt nur unseren Augenblick.

Erinnern Sie sich in Liebe an die nahe Beziehung, die Sie mit Ihrem Freund erleben durften, und vertrauen Sie darauf, dass Sie auch zu anderen Menschen solche nahen Beziehungen herstellen können. Und gehen Sie währenddessen gütig und sanft mit sich um. Eine gute Affirmation für Sie könnte lauten: ICH WERDE GELIEBT UND ICH LEBE FRIEDVOLL.

Liebe Louise,
vor eineinhalb Jahren verlor ich meinen Mann und es fällt mir entsetzlich schwer, zum ersten Mal in meinem Leben auf mich allein gestellt zu sein. Ich leide unter Schlaflosigkeit.

Ich bin vierundsiebzig Jahre alt, aber noch jung und aktiv. Mein Mann hat bis zu seinem siebzigsten Lebensjahr gearbeitet, so dass wir uns ein gebrauchtes Motorhome leisten konnten, mit dem wir umherreisten. Wir hatten noch so viele Pläne. Dann wurde er plötzlich krank und nach nur drei Monaten starb er. Ich habe wunderbare Freundinnen und Kinder, die mir sehr helfen, aber ich hasse die Wochenenden und die Ferienzeit. Auch beneide ich meine Freundinnen darum, dass sie weiterhin Ausflüge und Reisen mit ihren Ehemännern unternehmen können. Ich bin sehr deprimiert.

Louises Antwort:
Ich glaube, wenn ein Partner uns plötzlich verlässt, gibt uns das die Chance, mehr über uns selbst herauszufinden. Natürlich wäre es schön und wünschenswert, wenn Sie einen Mann an Ihrer Seite hätten. Aber wie wäre es, wenn Sie diese Zeit nutzen, um sich selbst auf neue Weise zu entdecken, sich auf einer tieferen Ebene lieben und wertschätzen zu lernen? So können Sie neues Selbstvertrauen finden.

Vielleicht sollten Sie einmal genau aufschreiben, was Sie gegenwärtig empfinden. Ist es Furcht? Wovor fürchten Sie sich? Könnten Sie nicht lernen, in den Spiegel zu schauen und sich zu sagen, dass Sie eine unsterbliche Seele besitzen und immer gut für sich selbst sorgen werden?

Arbeiten Sie an den Wochenenden und in den Ferien ehrenamtlich in einer karitativen Organisation mit. Wenn Sie anderen Menschen helfen, wird der Schmerz allmählich nachlassen. Gehen Sie in dieser Zeit des Neuanfangs sanft und behutsam mit sich um. Was Sie gerade durchmachen, ist ein normaler Teil des Trauerprozesses. Es gibt psychologische Beratungsdienste und Selbsthilfegruppen für Trauernde. Informieren Sie sich bei den örtlichen Kirchen oder schlagen Sie einmal im Telefonbuch nach.

Eine empfehlenswerte Affirmation für Sie: JEDEN TAG ÖFFNE ICH MICH FÜR DIE SCHÖNHEIT EINES NEUEN LEBENS. ICH BIN IM FRIEDEN.

Liebe Louise,
der Tierarzt diagnostizierte bei meiner Katze einen nicht operablen bösartigen Kiefertumor. Innerhalb von drei Tagen wurde sie immer schwächer und gestern musste ich mit ansehen, wie sie eingeschläfert wurde. Ich wusste einfach nicht, was ich noch hätte für sie tun können, und wollte nicht, dass sie weiter leiden musste. Ihr Tod schmerzt fast ebenso sehr wie der Tod einer nahen Verwandten, die uns vor neun Monaten verließ.

Sagen Sie mir bitte, ob Sie glauben, dass Tiere eine Seele haben. Und können Tiere sich selbst heilen? Spielen Liebe und Heilung in ihrem Leben eine ebensolche Rolle wie bei uns Menschen?

Louises Antwort:
Wir schließen unsere Haustier-Freunde meist tief ins Herz, und wenn sie uns dann verlassen, ist das jedes Mal sehr traurig. Ich habe schon viele Tiere gehalten und bei jedem von ihnen war der Abschied für mich sehr tränenreich. Das ist normal und natürlich. Es war

sehr mitfühlend von Ihnen, Ihrer Katze unnötige Qualen zu ersparen.

Wie für uns Menschen gibt es auch für die Tiere eine Zeit zu leben und eine Zeit zu sterben. Und wie bei den Menschen ist auch bei ihnen Krankheit ein sozial akzeptierter Weg, den Planeten zu verlassen. Wir können keine Seele zum Bleiben zwingen. Sie haben getan, was Sie konnten; bitte fühlen Sie sich nicht schuldig. Ihre Katze geht jetzt ganz neuen Abenteuern entgegen. Lassen Sie sie in Frieden ziehen. Wenn Sie vielleicht demnächst irgendwann ein neues Kätzchen in den Armen halten, ist es sehr gut möglich, dass es sich dabei um Ihre geliebte Katzenfreundin handelt, die in einem neuen, gesunden Körper zu Ihnen zurückkehrt.

Bejahen Sie: Ich weiss, dass die Liebe ewig ist. Daher lasse ich alle geliebten Wesen in Frieden ihren eigenen Weg gehen, wohl wissend, dass wir uns zur rechten Zeit auf die rechte Weise wiedersehen.

Affirmationen, die uns helfen, den Tod zu akzeptieren und Trauer zu überwinden

- Der Tod ist eine Tür in ein neues Leben.
- Ich akzeptiere meine Trauer und finde so zu innerem Frieden.
- Ich akzeptiere, dass der Abschied zur rechten Zeit erfolgte.
- Ich nehme mir die nötige Zeit, um meinen Schmerz zu verarbeiten.
- Unsere Seele kann uns niemals genommen werden, denn dieser Teil von uns ist ewig und unverletzlich.
- Der Tod ist ein natürlicher Teil des Lebens. Jeder Mensch stirbt zur rechten Zeit und am rechten Ort.
- Ich weiß, dass ich mich, wo immer ich bin, sicher, geliebt und im Leben vollkommen geborgen fühlen kann.
- Ich weiß, dass das Leben mich immer trägt und mir nichts geschehen kann, wo immer ich mich befinde.
- Ich lasse das Licht meiner Liebe leuchten, so dass es mir selbst und anderen Trost spendet.
- Es gibt keinen Tod, nur einen Wechsel der Form.

19. KAPITEL

Wohlstand

Ich öffne mich dafür, dass mein Einkommen unaufhörlich wächst, ganz gleich, was die Zeitungen oder irgendwelche Wirtschaftsexperten sagen. Ich steigere mein jetziges Einkommen, unabhängig von allen Wirtschaftsprognosen. Ich höre nicht auf die Leute, die glauben, sie wüssten besser als ich, was geht und was nicht geht. Es fällt mir leicht, ein höheres Einkommen zu erzielen als meine Eltern. Mein Bewusstsein für Geld erweitert sich ständig und ich finde immer neue Möglichkeiten, auf erfüllende, erfolgreiche und schöne Weise zu leben. Es ist eine Freude, der Welt großzügig von meinen Talenten und Fähigkeiten zu schenken und so Wohlstand und Anerkennung zu erwerben. Ich löse mich von allen Minderwertigkeitsgefühlen und akzeptiere jetzt, dass ich ein völlig neues Niveau finanzieller Sicherheit erreiche.

Bei dem Wort *Wohlstand* denken viele Leute sofort an Geld. Doch zu echtem Wohlstand gehört eine ganze Menge mehr: Zeit, Liebe, Erfolg, Komfort, Schönheit, Wissen, befriedigende zwischenmenschliche Beziehungen und Gesundheit.

Wenn Sie sich ständig abgehetzt fühlen und nicht dazu kommen, alle Dinge zu erledigen, die Sie sich vorgenommen haben, mangelt es Ihnen an Zeit. Wenn Sie glauben, dass Sie niemals Erfolg haben werden, wird sich dieser Glaube bewahrheiten. Wenn Sie der Ansicht sind, das Leben sei schwer und mühselig, werden Ihre Erfahrungen diese Ansicht bestätigen. Wenn Sie sich selbst für dumm und unwissend halten, werden Sie nie Zugang zur Weisheit des Universums finden. Wenn Sie glauben, in Ihrem Leben gäbe es einen Mangel an Liebe und befriedigenden zwischenmenschlichen Beziehungen, wird es Ihnen schwer fallen, Liebe und Nähe zu erfahren. Die Leute denken immer: *Oh, ich will dieses oder jenes haben*. Fülle und Wohlstand stellen sich jedoch nur ein, wenn wir uns innerlich öffnen und bereit sind, Gutes anzunehmen. Wenn Sie in einem bestimmten Lebensbereich nicht bekommen, was Sie sich wünschen, bedeutet das, dass Sie in diesem Bereich nicht offen und aufnahmebereit sind.

Ängste im finanziellen Bereich lassen sich auf Programmierungen aus der frühen Kindheit zurückführen. Bei einem meiner Seminare berichtete eine Frau, dass ihr Vater, ein sehr wohlhabender Mann, in ständiger Angst vor einem Bankrott gelebt hatte. Er gab diese Furcht, dass ihm sein Geld genommen werden könnte, an die Tochter weiter. Sie wuchs mit der Angst auf, finanziell nicht ausreichend versorgt zu sein. Die Unfreiheit, die sie beim Thema Geld empfand, war verknüpft mit starken Schuldgefühlen, weil ihr Vater seine Familie manipuliert hatte, indem er Schuldgefühle erzeugte. Dabei verfügte diese Frau in Wahrheit stets über genügend Geld. Ihre Lektion bestand darin, dass sie sich von ihrer Angst befreien musste, nicht gut genug für sich selbst sorgen zu können. Sie musste lernen, dass das Universum stets gut für sie sorgte und dass selbst dann, wenn sie tatsächlich einmal einen Teil ihres Vermögens verlieren sollte, dieser Verlust rasch wieder ausgeglichen würde. Dieses Vertrauen musste sie in sich aufbauen.

Viele von uns haben kritiklos die Glaubenssätze ihrer Eltern übernommen. Doch wir müssen lernen, uns von den Ängsten und einengenden Überzeugungen unserer Eltern frei zu machen. Stattdessen sollten wir uns mit Hilfe entsprechender Affirmationen den Glaubenssatz zu Eigen machen, dass es völlig in Ordnung ist, wohlhabend und finanziell unabhängig zu sein. Wenn wir wirklich darauf vertrauen, dass das Universum immer gut für uns sorgt, werden wir vorübergehende finanzielle Engpässe mit Leichtigkeit überstehen, weil wir wissen, dass uns schon bald neue Fülle geschenkt wird.

In den nachfolgenden Briefen werden Fragen zum Thema Wohlstand gestellt:

Liebe Louise,
ich bin ein verheirateter Mann Anfang vierzig. Ich habe eine wunderbare Frau, ein kleines Kind, ein schönes Zuhause und einen ziemlich guten Job. Leider bin ich in finanzieller Hinsicht ständig unzufrieden. Meine ganze Selbstachtung und innere Zufriedenheit scheint davon abzuhängen, wie viel Geld ich verdiene, wie groß mein Haus ist oder wie teuer mein Auto, verglichen mit dem Besitz anderer, wohlhabenderer Leute. Warum kann ich mich nicht einfach an dem freuen, was ich besitze, ohne immer mehr haben zu wollen?

Louises Antwort:
Sie stehen damit nicht allein. Vielen Männern wird von Kind an vermittelt, ihr Wert als Person hinge von äußeren Besitztümern ab. Ihr Vater hat vermutlich ebenso empfunden. Für Ihr spirituelles Wachstum wird es von Bedeutung sein, dass Sie das ständige Vergleichen mit anderen aufgeben und sich um Selbstannahme und eine liebevolle Offenheit dem Leben gegenüber bemühen. Ich schlage Ihnen vor, dass Sie sich einmal drei Tage frei nehmen und an einem ruhigen Ort in der Natur für sich allein zelten und wandern. Nehmen Sie dort bewusst Verbindung zu den Bäumen und anderen Pflanzen, den Tieren und den Elementen auf. Stellen Sie sich dabei Fragen wie: Gibt es Möglichkeiten für mich, wie ich von Konkurrenz- und Wettbewerbsdenken wegkommen und zu harmonischer Kooperation mit allem Leben gelangen kann? Angenommen, ich hätte kein eigenes Haus und kein Einkommen, wie würde ich dann Sinn in meinem Leben finden? Was ist *wirklich* wichtig für mich? Was kann ich in diesem Leben lernen und was kann ich andere Menschen lehren?

In Ihrem Buch *In der Mitte des Lebens* schreibt Gail Sheehy, dass wir rechtzeitig lernen sollten, einen Sinn in unserem Leben zu finden, weil wir uns sonst, wenn wir die fünfzig überschreiten, unzufrieden und unerfüllt fühlen. Männer, denen die so genannten »männlichen Wechseljahre« zu schaffen machen, befinden sich zumeist in einem sehr depressiven Geisteszustand. Lesen Sie Gail Sheehys Buch! Es ist wirklich brillant und zeigt uns Wege auf, wie wir unsere zweite Lebenshälfte mit Leidenschaft und Stärke angehen können. Ich bin fest überzeugt, dass wir nicht auf die gleiche Weise wie unsere Eltern altern müssen. Fühlen wir uns als Pioniere, die neue Muster für ein langes und erfülltes Leben kreieren!

Bejahen Sie: ICH EMPFINDE TIEFE DANKBARKEIT FÜR ALLE SEGNUNGEN IN MEINEM LEBEN. Sagen Sie diese Affirmation häufig leise vor sich hin und werden Sie sich der vielen kleinen Segnungen des Alltags bewusst, die wir so oft für selbstverständlich nehmen.

Liebe Louise,
es fällt mir furchtbar schwer, zu dauerhaftem finanziellen Wohlstand zu gelangen. Vor einigen Jahren verlor ich eine sehr gut dotierte Anstellung, wobei mir mein damaliger Arbeitgeber eine hohe Abfindung zahlte. Anschließend entschloss ich mich zu einer beruflichen Veränderung und arbeite seither als freier Handelsvertreter. Doch nun muss ich schon seit drei Jahren mit nur noch der Hälfte meiner früheren Einkünfte auskommen und habe es satt, ständig unter Geldmangel zu leiden.

Ich bin wütend auf mich selbst, dass ich es überhaupt so weit habe kommen lassen. Haben Sie ein paar Ratschläge für mich, wie ich meine Situation verbessern kann? Ich frage mich, ob die Tatsache, dass ich damals eine so hohe Abfindung bekam, bei mir vielleicht unbewusst Schuldgefühle verursacht.

Louises Antwort:
Wenn wir unter Geldknappheit leiden, spielen dabei stets Schuldgefühle und Minderwertigkeitskomplexe eine große Rolle. Falls Sie Schuldgefühle wegen der hohen Abfindungssumme verspüren, die Ihnen damals gezahlt wurde, resultieren diese Gefühle aus Glaubenssätzen, die Sie als Kind von Ihren Eltern übernommen haben. Denken Sie einmal darüber nach, welche Ansichten Ihre Eltern über das Geldverdienen hatten. Vermutlich handelte es sich dabei um ziemlich einengende Glaubenssätze. Wenn ja, vergeben Sie ihnen und machen Sie sich bewusst, dass Sie sich jederzeit neue Glaubenssätze aneignen können.

Meditieren Sie und konzentrieren Sie sich auf Ihre seelische Mitte. Ihr Denken ist zu ruhelos, zu sehr auf das scheinbare Fehlen äußerer Sicherheiten fixiert. Tief im Zentrum Ihrer Seele finden Sie Nahrung für alle Ihre Bedürfnisse.

Lernen Sie, sich selbst zu lieben, statt wütend auf sich zu sein. Diese Wut ist »Armutsdenken«, denn Sie vergeuden dabei Energie. Wenn Sie wütend auf sich sind, halten Sie damit den Wohlstand fern, den Sie herbeisehnen.

Wäre es nicht möglich, dass Sie sich auch jetzt lieben und akzeptieren, wo Sie weniger Geld verdienen als zuvor? Sind äußere Sicherheiten für Ihre Persönlichkeit wirklich so wichtig? Warum? Von Ihrer Seele werden Sie immer geliebt, ganz gleich, wie hoch Ihr Einkommen ist.

Sie haben schon einmal unter Beweis gestellt, dass Sie ein hohes Einkommen erwirtschaften können. Daher verfügen Sie zweifellos über die dafür nötigen Fähigkeiten. Ich empfehle Ihnen, sich aus Büchern über Wohlstandsvermehrung eine Übung auszuwählen, die Ihnen zusagt, und diese Übung über sechs Monate regelmäßig zu praktizieren.

Sagen Sie sich immer wieder: ICH HÖRE NIEMALS AUF, MICH SELBST ZU LIEBEN, UND DAS LEBEN HÖRT NIEMALS AUF, MICH MIT ALLEM ZU VERSORGEN, WAS ICH ZU MEINEM GLÜCK BENÖTIGE.

Liebe Louise,
warum verlangen Medien, Heiler und andere mit den metaphysischen Bereichen in Kontakt stehende Personen Geld, oft sogar sehr viel Geld für ihre Dienste? Ich finde, dass ihre besonderen Gaben dazu bestimmt sind, die Bewusstheit möglichst vieler Menschen zu steigern, und deshalb kostenlos angeboten werden sollten, damit nicht nur ein kleiner Personenkreis sie sich leisten kann.

Louises Antwort:
Das Honorar, das ein Mensch für seine Arbeit verlangt, richtet sich nach dem Wert, den er ihr beimisst. Wenn Sie die Arbeit dieser Menschen als »metaphysisch« betrachten, heißt das ja wohl noch lange nicht, dass die Betref-

fenden deshalb ihr Selbstwertgefühl aufgeben müssen. Schließlich können die Kunden oder Klienten selbst entscheiden, ob sie die jeweilige Summe zu zahlen bereit sind. Es steht mir in keiner Weise an, über die Gebühren zu urteilen, die andere für ihre Dienste erheben.

Ich weiß nicht, welcher Tätigkeit Sie nachgehen, kann mir aber kaum vorstellen, dass Sie bereit wären, auf Ihren Arbeitslohn zu verzichten. Denn wovon sollten Sie dann Ihre Rechnungen bezahlen? Ich entnehme Ihrem Brief, dass Sie sich offenbar bestimmte Dienste, die Sie gerne in Anspruch nehmen würden, nicht leisten können. Deshalb möchten Sie gerne, dass es diese Dienstleistungen umsonst gibt. Kostenlosen Leistungen wird aber im Allgemeinen von ihren Nutzern kein großer Wert beigemessen. Auch werden Sie selbst es nie zu echtem Wohlstand bringen, wenn Sie anderen dieses Recht absprechen. Ich freue mich am wirtschaftlichen Erfolg anderer Menschen und weiß, dass sich dadurch auch für mich selbst das Tor zum Wohlstand weit öffnet.

Bejahen wir also gemeinsam: Ich habe Anteil an der nie versiegenden Fülle des Universums. Voller Freude bezahle ich andere für ihre Dienste und empfange selbst dankbar, was mir zusteht.

Liebe Louise,
ich bin achtundvierzig Jahre alt und habe mein ganzes Leben hindurch immer wieder schwere Verluste hinnehmen müssen. Das betrifft persönlichen Besitz ebenso wie Freundschaften und berufliche Erfolge, die wieder zunichte gemacht wurden.

Ich wurde mehrfach um den Lohn für meine Arbeit betrogen, bin von Freunden ausgenutzt worden, und so weiter.

Im vorigen Jahr wurde gleich zweimal in meine Wohnung eingebrochen. Nach dem ersten Einbruch rief ich einen guten Freund an, einen Geistlichen, und schilderte ihm, was geschehen war. Ich fragte ihn, ob es einen Weg gibt, das psychologische Muster bei mir aufzudecken, durch das ich immer wieder solche Erfahrungen anziehe. Er sagte mir, wenn ich im Gebet aufrichtig darum bäte, würde ich auf jeden Fall Antwort auf meine Fragen erhalten. Drei Tage später enthüllte der Heilige Geist mir, dass ich mein Leben lang immer an persönliche Verluste geglaubt hätte, und jedes neue dementsprechende Erlebnis hätte diesen Glauben verstärkt.

Sofort begann ich mit der notwendigen Arbeit an meinen mentalen Mustern, benutzte Affirmationen und hoffte bereits, das negative Muster überwunden zu haben. Doch warum kam es dann trotzdem zu dem zweiten Einbruch in meine Wohnung? Was habe ich noch nicht begriffen? Was kann ich zusätzlich für eine Heilung tun?

Louises Antwort:
Wie gut, dass Sie Ihr negatives Muster, den Glauben an persönliche Verluste, selbst aufgedeckt haben. Damit sind Sie zu einer sehr wertvollen Erkenntnis gelangt. Dieser Glaube stammt vermutlich aus Ihrer Kindheit. Die mentale Arbeit, die Sie begonnen haben, um das Muster zu verändern, ist gut und sinnvoll. Gewiss sind Sie dadurch schon ein großes Stück vorangekommen; Muster, die von Kindheit an bestanden haben, lassen sich jedoch nicht über Nacht beseitigen. Der neuerliche

Einbruch in Ihre Wohnung zeigt, dass Sie noch weiter an sich arbeiten müssen.

Denken Sie daran: Das, was wirklich Teil Ihres Bewusstseins ist, kann Ihnen niemals genommen werden. Was wir geben, kommt stets wieder zu uns zurück.

Ist es möglich, dass Sie selbst anderen Leuten etwas stehlen, ohne sich dessen bewusst zu sein? Vielleicht stehlen Sie keine materiellen Dinge (noch nicht einmal Büroklammern), aber es könnte sein, dass Sie anderen Leuten die Zeit stehlen oder dass Sie in Ihren zwischenmenschlichen Beziehungen mehr nehmen als geben.

Könnte es sein, dass Sie den Glauben hegen, nichts Gutes im Leben zu verdienen? Vielleicht sollten Sie Vergebungsarbeit gegenüber jenen Leuten leisten, die Sie den Glauben an persönlichen Verlust gelehrt haben.

Wenden Sie sich erneut nach innen und bitten Sie diesbezüglich um Antworten. Vergeben Sie auch den Menschen, von denen Sie bestohlen wurden. Eine gute Affirmation für Sie lautet: ICH LEBE EHRLICH UND VERDIENE NUR GUTES UND MEINE BESITZTÜMER STEHEN UNTER GÖTTLICHEM SCHUTZ.

Liebe Louise,
ich übe einen kreativen Beruf aus, komme bislang jedoch auf keinen grünen Zweig. Ich bin in extremer Armut aufgewachsen. Heute ist mir klar, dass ich, um zu Wohlstand zu gelangen, die Glaubenssätze ändern muss, die mir in der Kindheit einprogrammiert wurden. Hier sind die Sprüche, die ich in der Kindheit ständig zu hören bekam: Niemand hier aus die-

ser Gegend hat es je zu etwas gebracht. Es gibt niemals genug Geld für alle. Es gibt keine Arbeit. Alle hier sind sehr arm. Armut ist spirituell wertvoll. Du wirst verhungern, wenn du fortgehst. Du bist unwichtig und niemand mag dich. Alle Menschen müssen leiden. Du stammst hier aus diesem Slum und deshalb wirst du niemals etwas Besseres sein, mehr Geld haben oder etwas Außergewöhnliches leisten. Die, die von hier weggingen, sind alle krank geworden und gestorben oder umgebracht worden. Alle kommen immer wieder hierher zurück, weil die Welt draußen noch viel schrecklicher ist. Deine persönlichen Wünsche zählen nicht. Wir haben nie viel besessen und das wird auch immer so bleiben. Die Leute dort draußen sind alle darauf aus, dich zu betrügen und dir wehzutun. Leute, die viel Geld haben, sind Snobs. Bleib dort, wo du hingehörst, in deiner eigenen sozialen Schicht.

Über ein paar Tipps zur Umwandlung dieser Glaubenssätze würde ich mich sehr freuen.

Louises Antwort:
Zunächst sollten Sie etwas Vergebungsarbeit leisten. Bejahen wir gemeinsam: »Ich vergebe jetzt allen Menschen aus meiner Kindheit, die mir in ihrer Unwissenheit negative und unwahre Glaubenssätze beibrachten. Ich liebe meine Eltern, doch ich löse mich jetzt von ihren alten, einengenden Ansichten. Ich erkläre jetzt, dass ich die folgenden Wahrheiten über mich selbst und das Leben zum festen Bestandteil meines Denkens mache. Ich akzeptiere diese Affirmationen als wahr und weiß, dass ich im Leben nur Gutes verdiene.«

Nun werden wir jeden Ihrer alten Glaubenssätze zu einer positiven Affirmation umformulieren:

- Ich gebe ein Beispiel für alle Leute aus unserer Gegend.
- Ich bin offen und bereit für grosse Erfolge.
- Geld ist Energie und im Überfluss vorhanden.
- Es gelingt mir stets mühelos, mir sinnvolle und finanziell einträgliche Arbeit zu verschaffen.
- Gott liebt Menschen, die zu Wohlstand gelangen, indem sie auf liebevolle Weise Gebrauch von ihren Talenten und Fähigkeiten machen.
- Ich löse mich jetzt von meinen alten, negativen Glaubenssätzen. Sie sind mir nicht länger von Nutzen.
- Ich bin wichtig – für mich selbst und für das Leben. Das Universum liebt mich und braucht mich.
- Kreative geistige Arbeit ist so wertvoll und wichtig wie harte körperliche Arbeit und oft lässt sich mit ihr weit mehr Geld verdienen.
- Wer an das Leiden glaubt, wird leiden. Ich entscheide mich bewusst dafür, nicht mehr an den Schmerz zu glauben.
- Ich erledige von nun an alle meine Aufgaben mit Leichtigkeit.
- Ich bin jetzt bereits wohlhabender als zuvor.
- Von Tag zu Tag werde ich in jeder Hinsicht erfolgreicher.
- Indem ich ein erfolgreiches und erfülltes Leben führe, werde ich zum Vorbild für andere.
- Ich gedeihe in jeder Hinsicht und entfalte meine Talente.
- Ich bin, der/die ich bin, und lebe nach meinen eigenen Regeln.

- Wer schreckliche Erfahrungen erwartet, wird schreckliche Erfahrungen machen. Ich erwarte nur Gutes und daher begegnet mir überall nur Gutes.
- Ich bin im Universum zu Hause.
- Das Universum reagiert positiv auf meine Wünsche, solange ich glaube, dies zu verdienen.
- Mein Leben hat einen Sinn.
- Ich schliesse niemals von der Vergangenheit auf die Zukunft.
- Ich bin es wert, dass alle meine Träume in Erfüllung gehen, und so geschieht es.
- Alle Menschen meinen es gut mit mir. Ich bin von Liebe umgeben.
- Alle materiell wohlhabenden Menschen, die ich kenne, sind freundlich, liebevoll und stehen mit beiden Beinen auf der Erde.
- Während mein Wohlstand beständig wächst, gehe ich frei und freudig meinen Weg. Gesellschaftliche Schranken sind für mich keinerlei Hindernis.

Viele Menschen besitzen negative Glaubenssätze zum Thema Wohlstand und Geld. Diese Überzeugungen sind ihnen in der Kindheit eingeprägt worden, doch heute, als Erwachsene, können sie sich neue Glaubenssätze zulegen und so ihr Leben zum Besseren verändern. Ich wuchs in einer sehr armen Familie auf, aber ich habe es geschafft, diese alten Prägungen hinter mir zu lassen. Heute erlebe ich in allen Bereichen meines Daseins Wohlstand und Fülle. Hier sind weitere Affirmationen für Sie. Schreiben Sie sie auf Zettel, die Sie an Stellen befestigen sollten, wo Ihr Blick häufig darauf fällt.

- Heute bin ich reich. Es ist in Ordnung, wenn meine Familie und alten Freunde weiterhin ihren einengenden Glaubenssätzen anhängen. Ich kann mich auf andere Weise entwickeln als sie.
- Ich tue heute die Arbeit, die ich liebe, und werde dafür gut bezahlt. Ich verstehe es, gut mit Geld umzugehen und mir angemessene Rücklagen zu schaffen. Ich verdiene es, stets ein gut gefülltes Bankkonto zu haben, und sorge jetzt für ein entsprechendes Einkommen. Alle meine Rechnungen werden stets pünktlich bezahlt und es bleibt Geld übrig, das ich zurücklegen kann.
- Wenn ich das Gefühl habe, mir wachsen die Dinge über den Kopf, mache ich mir sogleich bewusst, dass dies nur alte Muster aus der Kindheit sind. Ich entspanne mich, lenke meine Aufmerksamkeit auf mein inneres Zentrum und frage: »Was ist das Beste für mich?« dann schwindet alle Verwirrung und mein Weg liegt klar vor mir.
- Das Kind in mir glaubt jetzt nicht länger, dass andere Menschen darauf aus sind, mich zu übervorteilen. Ich löse mich jetzt von diesem lächerlichen Irrglauben und er verschwindet in das Nichts, aus dem er gekommen ist.

Lesen Sie sich diese Affirmationen mindestens ein bis zwei Monate lang täglich morgens und abends aufmerksam durch. Sie können Ihre Welt verändern, indem Sie Ihr Denken verändern. Bejahen Sie beharrlich Ihre neuen Glaubenssätze, dann ist Ihnen der Erfolg gewiss.

Liebe Louise,
ich bin eine fünfunddreißigjährige Frau, die sich seit zehn Jahren ziemlich mühsam als freischaffende Künstlerin durchschlägt. Wenn ich zeichne und male, fühle ich mich lebendig, in fruchtbarem Austausch mit der Welt und im Einklang mit dem Universum. Doch bislang habe ich es mit meiner Kunst nur zu sehr bescheidenen Erfolgen gebracht. Um meinen Lebensunterhalt bestreiten zu können, habe ich schon diverse Nebenjobs annehmen müssen, vom Kellnern bis zu kirchlicher Sozialarbeit.

Obwohl ich diese Jobs ziemlich gut bewältige, habe ich doch zunehmend das Gefühl, dass mir durch sie viel zu wenig Zeit und Energie für meine Kunst übrig bleibt. Ich fange an, grundsätzlich an meinem Weg zu zweifeln. Manchmal überkommt mich Eifersucht auf jene, die den künstlerischen Erfolg bereits erreicht haben, den ich herbeisehne. Dann denke ich darüber nach, ob ich die Kunst nicht ganz aufgeben und mir einen traditionellen und einträglichen Job suchen soll. Doch ich glaube, wenn ich das täte, ginge zu viel von meiner Persönlichkeit verloren.

Was raten Sie mir?

Louises Antwort:
Eifersucht entsteht immer dann, wenn wir an Mangel glauben, daran, dass nicht genug für alle da ist. In Wahrheit ist das Leben aber Fülle, für uns selbst und alle anderen. Möglicherweise gibt es in Ihnen eine alte Stimme aus der Kindheit, die Ihnen immer wieder zuflüstert: »Künstler müssen ständig ums Überleben kämpfen. Was für eine dumme Idee, mit Kunst seinen Lebensunterhalt verdienen zu wollen! Du bist es nicht wert, Erfolg zu

haben. Nur Männer können es im Kunstbetrieb zu etwas bringen. Das Leben ist schwer, und du musst immer hart arbeiten und dich abmühen.«

Ich vermute, in Ihnen gibt es alte Programmierungen, die Ihrem Erfolg im Weg stehen. Nehmen Sie sich bitte ein paar Blatt Papier und notieren Sie, was Ihnen zu den folgenden Fragen in den Sinn kommt: Wie ich über die Kunst denke; wie meine Eltern über die Kunst dachten; meine Glaubenssätze in Bezug auf Erfolg; Frauen; Selbstwert; Energie; Leistung. Formulieren Sie anschließend jede negative Aussage zu einer positiven Affirmation um.

Beenden Sie Ihren inneren Kampf. Entwickeln Sie die Bereitschaft, Ihr Leben so zu genießen, wie es gegenwärtig ist. Seien Sie dankbar für Ihre künstlerischen Talente. Das Universum liebt dankbare Menschen. Freuen Sie sich an den Erfolgen anderer. Machen Sie alles, was Sie tun, zu einem erfüllenden, schöpferischen Erlebnis. Lieben Sie sich selbst und lieben Sie Ihr Leben. Sie sind jetzt unterwegs zu Ihrer nächsten Entwicklungsstufe. Alles ist gut. Bejahen Sie: ICH VERKÖRPERE ERFOLG UND ICH GEDEIHE IN JEDER HINSICHT.

Affirmationen zur Stärkung unseres Wohlstandsbewusstseins

- Wohlstand ist mein göttliches Recht.
- Die Fülle des Universums wird mir von Tag zu Tag mehr bewusst, was sich in meinem stetig wachsenden Einkommen widerspiegelt.
- Von überall her kommt Gutes auf mich zu.
- Wohlstand und Erfolg sind meine ständigen Begleiter.
- Ich öffne mich jetzt für alle Segnungen des Lebens und nehme das Gute dankbar an.
- Ich entwickle jetzt ein starkes, sturmfestes Erfolgsbewusstsein.
- Ich weiß, ich kann erfolgreich sein, wenn ich erfolgreich sein will.
- Ich freue mich am Erfolg der anderen, denn ich weiß, es ist mehr als genug für uns alle da.
- Meine Gebete werden bereits erhört, ehe ich sie ausspreche. Das Universum sorgt in idealer Weise für alle meine Bedürfnisse.
- Ich manifestiere jetzt Wohlstand und Fülle in allen Bereichen meines Lebens.

20. KAPITEL

Verschiedenes

Ich bin auf der Welt, um mich selbst und andere Menschen bedingungslos lieben zu lernen. Auch wenn zu jeder Person messbare äußere Merkmale gehören, beispielsweise Größe und Gewicht, bin ich doch weit mehr als diese Äußerlichkeiten. Meine wahre Macht liegt in jenem Bereich, der äußerlich nicht messbar und sichtbar ist. Statt mich mit anderen zu vergleichen, wodurch ich mich entweder über- oder unterlegen fühle, akzeptiere ich mich von jetzt an einfach so, wie ich bin. Ich vergeude keine Energie mehr für sinnlose Vergleiche. Wir alle sind einzigartige, wunderbare Wesen. Jeder Mensch ist etwas Besonderes. Ich wende mich jetzt nach innen und nehme Verbindung zu jenem ewigen, einen Geist auf, der ich bin und der wir alle sind.

Wer sind Sie? Wozu sind Sie auf der Welt? Was denken Sie über das Leben? Seit Jahrtausenden wenden sich die Menschen nach innen, um Antworten auf diese Fragen zu erhalten. Aber was hat es mit diesem Blick nach innen auf sich? Ich glaube, dass es in jedem von uns eine Kraft gibt, die uns liebevoll hin zu perfekter Gesundheit, perfekten Beziehungen, perfekten Karrieren führen möchte und die uns in jeder Hinsicht wohlhabend machen kann. Um dies alles zu erlangen, müssen wir uns zunächst einmal für die Einsicht öffnen, dass es uns tatsächlich frei zugänglich ist. Dann müssen wir uns von den alten Mustern befreien, die zu jenen unerwünschten Zuständen in unserem Leben führen, die wir hinter uns lassen möchten. Das erreichen wir, indem wir uns an unsere innere Kraft wenden, die stets weiß, was das Beste für uns ist. Wenn wir bereit sind, unser Leben ganz in die Hände dieser höheren Macht zu legen, die uns liebt und erhält, können wir in unserem Leben mehr Erfolg und Wohlstand erzeugen.

Ich glaube, dass unser Geist in ständiger Verbindung zu dem einen unendlichen Geist steht; daher ist uns jederzeit alles Wissen frei zugänglich. Mit Hilfe des Lichtfunkens in uns stehen wir in Kontakt zu diesem unendlichen Geist, der universalen Kraft. Die universale Kraft liebt alle ihre Geschöpfe. Diese Kraft ist uneingeschränkt gut und lenkt unser gesamtes Leben. Sie hasst, lügt oder straft nicht. Sie ist reine Liebe, Freiheit und Mitgefühl. Es ist wichtig, dass wir unser Leben unserem höheren Selbst übergeben, denn durch es empfangen wir alle unsere Segnungen.

Wir müssen erkennen, dass wir völlige Freiheit haben, diese Kraft unseren Wünschen gemäß zu gebrauchen.

Wenn wir es vorziehen, in der Vergangenheit zu leben und ständig die alten Sorgen und negativen Erlebnisse wiederzukäuen, werden wir dementsprechend festsitzen und in unserem Leben nicht weiterkommen. Treffen wir dagegen die bewusste Entscheidung, nicht länger Opfer der Vergangenheit zu sein und uns stattdessen ein neues Leben aufzubauen, werden wir von der Kraft in uns bei diesem Vorhaben unterstützt; dann tun sich neue, schöne, aufregende Möglichkeiten für uns auf.

Wir alle sind dazu bestimmt, wunderbare, liebevolle Ausdrucksformen des Lebens zu sein. Das Leben wartet darauf, dass wir uns für seine Gaben öffnen – uns für wertvoll genug halten, all das Gute anzunehmen, das es für uns bereithält. Die ganze Weisheit und Intelligenz des Universums steht zu unserer Verfügung. Das Leben ist hier, um uns zu unterstützen. Wir müssen lediglich darauf vertrauen, dass unsere innere Kraft immer für uns da ist.

In den folgenden Briefen kommt eine Vielzahl von Themen zur Sprache:

Liebe Louise,
ich wüsste gerne Ihre Meinung zum Ausgang des O.-J.-Simpson-Prozesses. Seit der Urteilsverkündung muss ich immer wieder weinen. Ich möchte gerne glauben, dass alles im Leben seinen Sinn hat, aber diese Ungerechtigkeit tut mir im Herzen weh. Ich fühle mit allen Frauen, die von ihren Männern missbraucht und geschlagen werden. Unglaublich, dass sogar die Frauen in der Jury für Simpsons Freispruch stimmten. Warum nur?

Es muss ein göttlicher Plan hinter alledem stehen. Unsere Gesellschaft ist so hasserfüllt und krank. Warum können wir einander nicht lieben? Wie soll aus all diesem Hass, dieser Angst und Wut je etwas Gutes entstehen? Und doch spüre ich, wie auch mich angesichts dieses Freispruchs Wut und Hass erfüllen.

Bitte schreiben Sie mir ein paar Zeilen, die mir verstehen helfen, was mit Nicole, Ron und uns allen geschieht. Ich möchte so gerne glauben, dass wir gemeinsam etwas bewirken können und die Welt von all diesen Schmerzen und Wunden geheilt werden kann.

Louises Antwort:
Ich lese nur selten Zeitung und habe den Fortgang des Prozesses gegen O. J. Simpson kaum verfolgt. Ich weigere mich, mir von dem ganzen Medienrummel den Verstand vernebeln zu lassen. Die Medien verstehen sich bestens darauf, unsere Gefühle aufzuwühlen und mit den Ängsten der Leute Geld zu verdienen. Wenn Sie täglich eine Zeitung von vorne bis hinten durchlesen, werden Sie vor lauter Sorgen kaum noch Schlaf finden. Diese Verleger wollen offenbar, dass Sie jeden Tag ihre Zeitungen kaufen, um zu erfahren, wovor Sie sich heute wieder fürchten müssen. Mit den Fernsehnachrichten ist es ebenso. Wenn Sie wollen, dass Sie nicht einschlafen können, brauchen Sie sich nur die Spätnachrichten anzuschauen. Darauf kann ich dankend verzichten. Ich konzentriere mich lieber darauf, bei der Erschaffung einer Welt mitzuhelfen, in der wir alle einander gefahrlos lieben können, statt mir den Kopf mit schlechten Nachrichten zu füllen.

Da ich nicht als Zuschauerin bei der Gerichtsverhandlung anwesend war und auch nichts darüber gelesen habe, maße ich mir kein Urteil über den Ausgang des Verfahrens an. Ich bin sicher, dass es bei diesem Mordfall viele Dinge gibt, von denen die Öffentlichkeit nie erfahren wird. Ich weiß, dass alle Menschen unter dem Gesetz ihres eigenen Bewusstseins stehen und dass alles, was wir geben, Gutes und Schlechtes, in irgendeiner Form zu uns zurückkehrt. Der Mord an diesen zwei Menschen, so schrecklich er für sich genommen ist, hat zumindest bewirkt, dass die Öffentlichkeit sich verstärkt mit jener schrecklichen Gewalt gegen Frauen und Kinder befasst, die in viel zu vielen Familien bitterer Alltag ist. Ich bin im Lauf meines Lebens zu der Einsicht gelangt, dass aus allen Erfahrungen letztlich nur Gutes entsteht. Nehmen wir diesen Mordfall zum Anlass, gemeinsam einen besseren Schutz aller Frauen vor Gewalt durchzusetzen. Dann kann selbst aus dieser Erfahrung noch etwas Gutes entstehen.

Wir beide, Sie und ich, sollten jedes Mal, wenn wir an diesen Gerichtsprozess denken müssen, mit tiefer Überzeugung bekräftigen: DIE WELT WIRD VON NUN AN IMMER MEHR ZU EINEM SICHEREN ORT FÜR ALLE FRAUEN UND KINDER UND ICH SELBST LEISTE EINEN BEITRAG FÜR DIESE SICHERHEIT. Wir *können* gemeinsam etwas bewirken. Dass Sie traurig waren wegen dem, was Sie in den Medien über den Simpson-Fall gesehen und gelesen haben, ist in Ordnung. Doch jetzt sollten Sie sich auf Ihre innere Kraft besinnen und aktiv dabei mithelfen, eine lebenswerte Welt für uns alle zu erschaffen.

Liebe Louise,
nach den Bombenanschlägen von Oklahoma und Saudi-Arabien und dem möglicherweise durch ein Attentat verursachten Absturz des TWA-Jumbos bin ich voller Wut angesichts immer neuer Meldungen dieser Art. Kürzlich wurde bekannt, dass Fanatiker Sprengstoffanschläge auf drei Gebäude in Phoenix geplant hatten. Es macht mir Angst, dass es auf unserer Welt derartig gewalttätige und bösartige Menschen gibt.

Was, glauben Sie, wird geschehen, wenn sich dieser Trend fortsetzt? Haben Sie Angst um unser Land? Ich würde sehr gerne Ihre Meinung hierzu erfahren.

Louises Antwort:
Wenn man Menschen von Kind an zum Hass erzieht, erscheint ihnen Terrorismus als etwas völlig Natürliches. Er ist die letzte Konsequenz eines Denkens, bei dem man die Schuld für die eigenen Probleme anderen Leuten zuweist. Schuldzuweisungen sind immer ein Ausdruck von Ohnmacht und Hilflosigkeit. Weil die Menschen sich für ohnmächtig halten, glauben sie, keine Kontrolle über ihr Leben zu haben und nicht für sich selbst verantwortlich zu sein. Diejenigen von uns, die sich auf dem Pfad der Erleuchtung befinden, haben jedoch erkannt, dass wir selbst die Mitschöpfer unserer Lebensumstände sind. Daher ist das, was wir um uns herum wahrnehmen, auf einer bestimmten Ebene ein Spiegelbild dessen, was wir in uns tragen. Um die Welt zu heilen, müssen wir den Hass in unseren eigenen Herzen heilen. Das Beste, was wir tun können, ist, fleißig dabei mitzuhelfen, *Liebe* in der Welt zu verbreiten. Bei dieser Arbeit sollten wir uns bewusst sein, dass zunächst alles *Lieblose* sichtbar werden

muss, da wir es sonst nicht heilen können. Wir müssen der Angst, dem Hass, dem Rassismus, dem Missbrauch, dem Terrorismus ins Auge sehen und das Licht der Bewusstheit darauf lenken. Etwas, das wir nicht sehen können oder wollen, können wir auch nicht heilen.

Wir können die gegenwärtigen Ereignisse als Furcht erregend einstufen und auf sie mit Wut und Hass reagieren oder wir sehen in ihnen Gelegenheiten für einen Heilungsprozess, an dem wir alle gemeinsam arbeiten sollten. Es liegt ganz allein bei Ihnen, welchen Gebrauch Sie von Ihrem Geist machen. Sie können die Probleme größer machen oder Sie können mithelfen, sie zu heilen. Wenn ich von Terroranschlägen oder militärischen Krisen irgendwo auf der Welt erfahre, visualisiere ich sofort ein weißes Licht, das die ganze Situation umhüllt. Ich sende allen Beteiligten Liebe und heilende Energie, auch jenen, die für die Gewalt und das Blutvergießen verantwortlich sind. Wut und Angst tragen in keiner Weise zur Heilung bei. Hass erzeugt immer neuen Hass. Eine Philosophie des »Auge um Auge, Zahn um Zahn« macht die Menschen blind.

Bejahen wir daher gemeinsam: ALLE KRISEN UND PROBLEME SIND CHANCEN, MITEINANDER ZU LERNEN UND ZU WACHSEN. BEWUSSTHEIT UND LIEBE FÜHREN UNS AUF DEN WEG DER HEILUNG.

Liebe Louise,
ich bin eine dreiundachtzig Jahre alte, verwitwete Frau und habe ganz einfach keine Freude mehr am Leben. Ich habe eine

Familie großgezogen, doch meine Kinder wohnen weit weg und ich bin ganz allein. Die meisten meiner Freundinnen sind gestorben. Ich wache morgens auf und frühstücke. Dann sitze ich herum, schaue fern und frage mich, was ich mit meiner Zeit anfangen soll. Schreiben Sie mir bitte nicht, dass ich Mitglied in einem Seniorenklub werden oder als Babysitterin aushelfen soll. Daran habe ich wirklich kein Interesse. Außerdem lebe ich in einer abgelegenen Vorortsiedlung und bin auf den Bus angewiesen, so dass meine Mobilität sehr eingeschränkt ist.

Offen gesagt, manchmal möchte ich am liebsten Schluss machen, denn es gibt für mich wirklich nicht mehr viel, für das es sich zu leben lohnt. Mir schaudert bei dem Gedanken, dass das alles noch zehn oder mehr Jahre so weitergehen könnte. Was raten Sie jemandem wie mir?

Louises Antwort:
Sie scheinen ziemlich genau zu wissen, was Sie nicht wollen. Haben Sie sich denn auch einmal Gedanken darüber gemacht, was Sie *wollen?* Angenommen, alle Ihre Wünsche gingen in Erfüllung, welche Wünsche wären das? Wie würden Sie gerne den Rest Ihres Lebens verbringen? Es steht Ihnen offen, dort in Ihrer kleinen Stadt zu einem Licht der Hoffnung für Ihre Mitmenschen zu werden. Und die Segnungen, die Sie anderen Menschen schenken, kehren stets um ein Vielfaches vermehrt zu Ihnen zurück! Ist das nicht eine wunderschöne Vorstellung? Ich habe gerade von einer Gruppe Senioren in Roanoke, Virginia, gelesen, die wieder zur Schule gehen, um den Umgang mit dem Computer zu erlernen! Könnte das nicht auch für Sie ein aufregendes

Erlebnis sein, noch einmal etwas Neues zu lernen? Mit dreiundachtzig sind Sie noch jung. Ich kenne eine sechsundneunzigjährige Frau, die leitende Sozialarbeiterin in ihrer Seniorengemeinde ist. Sie ist jeden Tag eifrig damit beschäftigt, anderen zu helfen. Sie sind immer noch hier; Sie haben den Planeten noch nicht verlassen. Genießen Sie Ihr Leben. Öffnen Sie sich für neue Ideen! Schmieden Sie Pläne! Nehmen Sie liebevolle Verbindung zu den Menschen in Ihrer Umgebung auf und bringen Sie vor allem sich selbst viel Liebe und Wertschätzung entgegen.

Lernen Sie, sich selbst zu mögen. Wählen Sie Gedanken, bei denen Sie sich gut fühlen. Nur Sie selbst können sich glücklich machen. Der einzige Ort, an dem Sie wirklich leben können, ist Ihr eigener Geist. Bejahen Sie: MEIN LEBEN FÄNGT GERADE ERST AN; UND ICH LIEBE ES!

Liebe Louise,
ich bin eine sehr kleine Frau (1,30 m) und die Leute behaupten, ich sei hübsch. Ich habe ein Kind, aber es musste durch Kaiserschnitt geholt werden, weil ich zu klein für eine natürliche Geburt war. Ich habe das Gefühl, dass mein Körper sich nie zu seinem vollen Potenzial entwickelt hat und dass mit mir etwas nicht stimmt. Darüber bin ich sehr traurig.

Gibt es einen besonderen Grund, warum ich mir für dieses Leben einen so kleinen Körper ausgesucht habe? Und wenn das so ist, wie kann ich dann das Beste aus meiner Situation machen? Können Sie mir ein paar Affirmationen empfehlen, die mir weiterhelfen?

Louises Antwort:
Ebenso gut könnten Sie einen Basketballspieler fragen, warum er sich für dieses Leben einen so großen Körper ausgesucht hat. Würden Sie von ihm sagen, dass er sein Potenzial überentwickelt hat und dass deshalb etwas mit ihm nicht stimmt? Für ihn ist das Leben nicht leichter als für Sie, nur dass seine Herausforderungen anders aussehen. Sie und er betrachten das Leben beide aus Ihrer eigenen, einzigartigen Perspektive.

Ihr Körper ist nicht das Problem; problematisch ist lediglich die Art und Weise, wie Sie über ihn denken. Doch Gedanken lassen sich verändern. Mit welcher Art von Körper wir auch geboren werden, wir können lernen, uns an ihm zu freuen und unser Leben zu genießen.

Wenn Sie sich selbst nicht lieben, geben Sie Ihrem Kind damit ein schlechtes Beispiel. Kinder ahmen ihre Eltern nach und es wird dann ebenfalls Minderwertigkeitsgefühle entwickeln. Ich empfehle Ihnen, sich täglich gemeinsam mit Ihrem Kind vor den Spiegel zu stellen und zu sagen: ICH LIEBE MICH. SO WIE ICH BIN, BIN ICH PERFEKT. Tun Sie das jeden Tag. Machen Sie ein Lied daraus, das Sie leise vor sich hin singen. So wird diese Affirmation fester Bestandteil Ihres Denkens werden. Alles ist gut.

Liebe Louise,
ich bin siebenundzwanzig Jahre alt und führe mit meiner Frau eine sehr glückliche Ehe. Ich bin als Ingenieur tätig.

Meine Arbeit gefällt mir eigentlich sehr gut, aber ich habe ein ziemlich angespanntes Verhältnis zu meinem Chef, da ich mit seinem Führungsstil nicht zurechtkomme und ihn in fachlicher Hinsicht für inkompetent halte. Das geht jetzt schon seit über einem Jahr so und seit ungefähr zwei Monaten macht mir ein ziemlich lästiges körperliches Problem zu schaffen.

Ich habe schon immer unter gelegentlich auftretenden Kopfschmerzattacken gelitten, doch neuerdings bekomme ich jeden Montag gegen zwei Uhr nachmittags einen furchtbaren Migräneanfall, der bis in den Abend dauert. Wenn ich montags von der Arbeit komme, muss ich deswegen immer ein starkes Schmerzmittel nehmen, das mir der Arzt verordnet hat. Und wegen dieser Migräne graut mir die ganze Woche vor diesem Tag. Erstens: Haben Sie eine Idee, warum diese Beschwerden ausgerechnet immer am Montag auftreten? Und zweitens: Wissen Sie, wie ich mich davon befreien kann, ohne Tabletten schlucken zu müssen?

Louises Antwort:
Ihr Körper sagt Ihnen klar und deutlich, dass *Sie diesen Job aufgeben sollen!* Aus welchem Grund arbeiten Sie für jemanden, den Sie für inkompetent und unfähig halten? Kein Wunder, dass Sie montags Migräne bekommen – Sie wollen nicht in der Firma sein! Sie zwingen sich dazu, etwas zu tun, das im Widerspruch zu Ihrer inneren Überzeugung steht, und dann bestrafen Sie sich dafür, indem Sie diese Migräne erzeugen. Am Montagmorgen ereignen sich die meisten Herzanfälle. Aus dem gleichen Grund: Die Leute hassen ihren Arbeitsplatz.

Migränepatienten sind fast immer Perfektionisten. Die ganze Woche über setzen sie sich selbst unter Stress, weil sie ihre Arbeit absolut perfekt machen wollen, und wenn der Freitagabend kommt und sie sich zu entspannen versuchen, entlädt sich die ganze angestaute Spannung in einem gewaltigen Migräneanfall. Oft dauern diese Kopfschmerzen dann das ganze Wochenende. Bei Ihnen äußert sich dieses Muster lediglich ein wenig anders.

Tun Sie sich etwas Gutes und gönnen Sie sich täglich eine Viertelstunde stille Meditation. Begeben Sie sich während der Mittagspause an einen Ort, wo Sie ungestört sind, setzen Sie sich entspannt hin, schließen Sie die Augen und tun Sie fünfzehn Minuten lang *überhaupt nichts*. Sie müssen lernen, innerlich zur Ruhe zu kommen. Zum Abschluss dieser Ruhephase können Sie die folgende Affirmation verwenden: ICH ARBEITE STETS FÜR WUNDERBARE LEUTE, DIE ICH ACHTE UND RESPEKTIERE UND DIE AUCH MIR RESPEKT ENTGEGENBRINGEN. Das Leben wird dann ganz sicher einen Weg finden, diese Aussage für Sie Wirklichkeit werden zu lassen.

Liebe Louise,
ich bin dreiundzwanzig Jahre alt. Ihr Buch Gesundheit für Körper und Seele *habe ich mehrmals gelesen, aber ich kann mir einfach nicht vorstellen, dass wir für das, was in unserem Leben geschieht, selbst verantwortlich sind, denn in meinem Leben gibt es nur Misserfolge auf der ganzen Linie – mir gelingt einfach überhaupt nichts. Mein Körper funktioniert*

nicht, meine Beziehungen funktionieren nicht, im Job funktioniert es nicht – gar nichts funktioniert. Wie kann ich mein Leben heilen, wenn ich mich so verbittert und frustriert fühle und so wütend auf die ganze Welt bin?

Louises Antwort:
Sie haben Recht. Sie werden Ihr Leben in der Tat nicht heilen können, solange Sie damit fortfahren, bittere, frustrierte, wütende Gedanken in die Welt hinauszusenden. Was Sie ausstrahlen, kehrt in Form äußerer Erfahrungen wieder zu Ihnen zurück. Bittere Gedanken werden weitere bittere, schmerzliche Erlebnisse hervorbringen. Wenn Sie sich frustriert fühlen, zeigt das, dass Sie noch nicht gelernt haben, Ihre Mitverantwortung bei der Erschaffung Ihrer Welt zu akzeptieren. Wenn Sie wütende Gedanken ausstrahlen, bewirkt das oft, dass andere Menschen sich Ihnen gegenüber verletzend verhalten. Man sieht also deutlich, dass Sie sich eine Welt erschaffen, die perfekt zu Ihrem Denken passt.

Es steht Ihnen frei, weiterhin Chaos in Ihrem Leben zu erzeugen. Ebenso gut haben Sie aber auch die Macht, sich von Ihrer Negativität zu lösen und ein neues, liebevolles Leben zu beginnen. Ich nehme an, dass Sie in der Kindheit sehr schlimme Erfahrungen machen mussten. Offenbar haben Sie damals von den Erwachsenen in Ihrer Umgebung eine sehr bittere Lebensanschauung übernommen. Damals blieb Ihnen nichts anderes übrig, als zu glauben, was Ihnen die Eltern oder andere Verwandte über das Leben erzählten. Doch heute sind Sie erwachsen und können Ihre eigenen Vorstellungen von einem wünschenswerten Leben entwickeln. Ein Zwölf-Schritte-Programm wäre für Sie momentan sehr zu empfehlen. Lesen Sie mein Buch erneut und machen Sie diesmal die Übungen. Konzentrieren Sie sich für mindestens einen Monat täglich mehrfach intensiv auf die folgende Affirmation: ICH BIN BEREIT, MICH ZU VERÄNDERN. ICH BIN BEREIT, MICH SELBST LIEBEN ZU LERNEN. Schreiben Sie diese Affirmation auf einen Zettel, den Sie so anbringen sollten, dass Ihr Blick tagsüber häufig darauf fällt.

Auch wenn Sie das gegenwärtig bezweifeln mögen, versichere ich Ihnen, dass Sie ein liebenswerter Mensch sind und ganz gewiss dazu befähigt, eine positive Wende in Ihrem Leben herbeizuführen. Wenn Sie sich von Ihrer Negativität befreien, werden Sie schon bald Ihre eigene Schönheit entdecken.

Liebe Louise,
vergangenen Juni trennte sich meine Firma von fünfundzwanzig Angestellten. Nach dreiundzwanzig loyalen Arbeitsjahren erhielt ich eine sehr großzügige Abfindung, für die ich sehr dankbar bin. Ich bin seit fünfundvierzig Jahren glücklich verheiratet, habe Kinder und Enkelkinder; dennoch fühle ich mich manchmal recht einsam. Ich versuche, aktiv zu bleiben, indem ich mich um andere kümmere, aber irgendwie füllt mich das nicht genügend aus. Ich habe das Gefühl, dass irgendeine neue Aufgabe auf mich wartet, aber ich weiß nicht, um was es sich dabei handeln könnte.

Ich habe Affirmationen angewendet, um einen neuen Sinn in meinem Leben zu finden, doch bislang wache ich morgens nach wie vor ohne das klare Gefühl einer persönlichen Bestimmung auf, was mir überhaupt nicht gefällt. Bin ich zu ungeduldig? Ich spüre, dass ich nach »mehr« suche, um innere Zufriedenheit zu finden. Können Sie mir helfen, Klarheit in diese verworrenen Gefühle zu bringen?

Louises Antwort:
Mir scheint, Sie fühlen sich ein wenig nutzlos, weil Sie keiner Erwerbstätigkeit mehr nachgehen. Ich lege Ihnen sehr ans Herz, einmal das Buch *In der Mitte des Lebens* von Gail Sheehy zu lesen. Es ist brillant geschrieben und beschäftigt sich genau mit den von Ihnen angesprochenen Fragen. Sheehys Erkenntnisse über die neuen Lebenszyklen in unserer Gesellschaft und die sich daraus für uns ergebenden Chancen haben mich außerordentlich inspiriert. Im Jahre 1900 betrug unsere durchschnittliche Lebenserwartung ungefähr neunundvierzig Jahre. Für die heutigen Fünfzig- bis Sechzigjährigen besteht dagegen eine gute Chance, weit über neunzig Jahre zu leben. Es ist beinahe, als würde uns über Fünfzigjährigen ein komplettes zweites Erwachsenenleben geschenkt.

Daher dringen Sie, wie viele von uns heutzutage, in völlig unerforschtes Gebiet vor. Wir müssen darüber nachdenken, was wir mit all dieser zusätzlichen Lebenszeit Sinnvolles anfangen wollen. Wir treten in eine neue Phase der Evolution ein und müssen uns auf ganz neue Rollen vorbereiten. Lernen Sie wieder, bilden Sie sich weiter! Es liegt noch ein ganzes Leben vor Ihnen. Genießen Sie es, sich neue Welten zu erschließen.

Bejahen Sie möglichst oft: ICH BIN OFFEN UND BEREIT, NEUE ERFÜLLUNG IN MEINEM LEBEN ZU FINDEN. ALLES IST GUT!

Liebe Louise,
immer wenn ich mit Affirmationen arbeite, passiert irgendetwas Unerfreuliches. In Ihrem Buch Gesundheit für Körper und Seele *erwähnen Sie dieses Phänomen – dass wir Wohlstand affirmieren und dann prompt unsere Brieftasche verlieren. Ich wäre Ihnen sehr dankbar, wenn Sie mir möglichst rasch einen Rat geben könnten, wie ich mit diesem Problem umgehen soll, denn mich verlässt allmählich der Mut!*

Louises Antwort:
Viele von uns tragen so viele negative Botschaften im Unterbewusstsein, dass sie zunächst einmal mächtig Schlamm aufwirbeln, wenn sie mit einem Programm zur positiven Selbstentwicklung beginnen. Jede Menge alte, negative Dinge kommen an die Oberfläche. Ich weiß noch, dass ich mir anfangs jedes Mal irgendeine kleinere körperliche Verletzung zuzog, wenn ich mit positiven Affirmationen arbeitete. Dahinter stand der mir in der Kindheit aufgeprägte Glaube, ich sei ein schlechter Mensch und hätte Prügel und andere körperliche Züchtigungen verdient.

Doch Sie werden sehen, dass dieses Stadium vorübergeht. Machen Sie sich bewusst, dass es sich dabei nur um altes Zeug handelt, das jetzt an die Oberfläche kommt, Ihnen aber nicht wirklich etwas anhaben kann. Nehmen

Sie es als Zeichen dafür, dass Sie auf dem richtigen Weg sind, und lassen Sie sich nicht beirren. Sagen Sie sich: »Ich mache jetzt seelischen Hausputz und mir kann nichts geschehen!« Auch sollten Sie sich einen Monat Zeit nehmen, allen Menschen zu vergeben, mit denen Sie Probleme hatten oder haben. Für jede dieser Personen können Sie folgende Affirmation anwenden: ICH VERZEIHE DIR UND ICH GEBE DICH FREI. Denken Sie immer daran: Sie verdienen es, glücklich und frei zu sein!

Liebe Louise,
ich bin in letzter Zeit mehrfach darauf hingewiesen worden, dass ich alle meine Sätze mit einem »Vielleicht« beginne. Ich möchte mich gerne von dieser schlechten Angewohnheit befreien, aber ich bemerke meine vielen »Vielleichts« selber gar nicht. Ich weiß, dass meine Angewohnheit auf eine starke innere Unsicherheit hindeutet. Wozu raten Sie mir?

Louises Antwort:
Zunächst einmal sollten Sie sich abgewöhnen, von einer »schlechten Angewohnheit« zu sprechen. Bitte machen Sie sich nicht selbst schlecht, nur weil Sie den Wunsch haben, die Qualität Ihres Lebens zu verbessern! Wir alle sind in manchen Bereichen unseres Lebens innerlich unsicher. Und sehr viele Menschen neigen beim Sprechen dazu, bestimmte Wörter oder Wendungen häufig zu wiederholen. Das ist also nicht weiter ungewöhnlich.

Dass Sie sich einer Sache bewusst geworden sind, die Sie gerne an sich verändern möchten, ist der erste Schritt.

Achten Sie also künftig stärker darauf, was Sie sagen, welche Formulierungen Sie gebrauchen. Bewusstheit ist das Ziel, nach dem wir alle streben.

Benutzen Sie die Affirmation: ICH DENKE KLAR UND ES FÄLLT MIR LEICHT, MEINE GEDANKEN IN WORTE ZU FASSEN. Und seien Sie liebevoll und geduldig mit sich.

Liebe Louise,
ich bin eine sechsunddreißigjährige schwarze Frau und ärgere mich über die engstirnigen Ansichten mancher Leute aus meiner eigenen Rasse. An meiner Arbeitsstelle ziehen sie über Menschen mit anderer Hautfarbe her und berufen sich dabei auf Behauptungen anderer Schwarzer, die einfach als Tatsachen hingestellt werden, zum Beispiel: Die anderen müssen eben dafür büßen, dass sie uns vierhundert Jahre lang unterdrückt haben. Die Leute anderer Rassen sind böse und ihren Worten darf man keinen Glauben schenken. Mischehen schaffen nur weitere Minderheiten. Wir haben das Recht, wütend zu sein, denn wir waren immer die, die betrogen und diskriminiert wurden. Mit Leuten, die nicht meiner eigenen Rasse angehören, will ich nichts zu tun haben. Schwarze Männer müssen so viel erdulden. Und so weiter. Ich bin sicher, Sie haben alle diese Sätze schon oft gehört.

Ich bin mir der Dinge, die in der Vergangenheit geschehen sind, voll bewusst und ich sehe sehr deutlich, dass es nach wie vor Rassismus gibt. Furcht ist die Ursache für diesen immer noch andauernden Hass. Ich komme an meinem Arbeitsplatz gut mit den Menschen anderer Hautfarbe zurecht, aber die anderen Schwarzen versuchen das gar nicht erst. Sie behaup-

ten, ich würde mich bei meinem Chef »einschleimen«, weil ich immer meinen Urlaub bewilligt bekomme und für meine Arbeit gelobt werde.

Was ist daran falsch, dass ich versuche, ich selbst zu sein, mich von alten, überholten Glaubenssätzen zu befreien und meine Negativität zu überwinden? Ich praktiziere regelmäßig Affirmationsübungen, segne meinen Arbeitsplatz und bemühe mich, allen Leuten dort zu vergeben.

Louises Antwort:
Es gehört zu unserer Lebensreise, dass wir ständig mit neuen Lektionen konfrontiert werden. Nicht alle von uns sind schon dazu bereit, das Leben in seiner Gesamtheit zu lieben und zu akzeptieren. Jeder Mensch wird sich dann verändern, wenn dazu für ihn der richtige Zeitpunkt kommt. Natürlich möchten wir oft gerne alle Menschen zum Umdenken bewegen, um so den Planeten heilen zu können, doch es ist selbstgerecht, andere zu verurteilen, und wir behindern dadurch unser eigenes Wachstum. Bleiben Sie also einfach auf Ihrem Weg und schenken Sie dem, was andere sagen oder tun, nicht so viel Beachtung. So leisten Sie einen wertvollen Beitrag zur Überwindung der Trennung zwischen den Menschen und Rassen.

Konzentrieren Sie sich darauf, die Liebe in Ihrem Herzen zu stärken und zu entwickeln. Wenn Sie sich Ihre eigene Meinung bilden und Ihren eigenen Weg gehen, müssen Sie immer damit rechnen, dass man Sie verspottet und sich über Sie lustig macht. Auch ich werde von manchen Leuten wegen meiner Ansichten kritisiert, aber ich weiß, dass ich trotzdem an dem festhalten werde, woran ich glaube.

Die rassische Diskriminierung, die in diesem Land stattgefunden hat, ist ein besonders düsteres Kapitel unserer Geschichte. Es ist ein Wunder, dass es nicht schon viel früher zu großen Rassenunruhen kam. Dass es auch heute immer noch Vorurteile und Rassismus auf beiden Seiten gibt, ist sehr zu bedauern. Die Heilung unserer Gesellschaft wird dadurch sehr erschwert.

Ich stimme Ihnen zu, dass Furcht die Ursache für diesen Hass ist. Eines Tages werden wir einander nicht länger fürchten und erkennen, dass wir alle ein Volk sind und dass die Menschen jeder Hautfarbe und Herkunft gleichermaßen zur Liebe fähig sind.

Immer wenn Sie von anderen wegen Ihrer Überzeugungen verspottet oder ausgelacht werden, sollten Sie in Gedanken die folgende Affirmation wiederholen: Überall, bei allen Menschen, sehe ich Harmonie und Heilung. Das wird Ihnen helfen, Ihre Vision lebendig zu erhalten.

- Ich bringe allen Menschen Geduld und Freundlichkeit entgegen.
- Ich bin bereit, meine Sicht des Lebens ständig zu erneuern und zu erweitern.
- Ich lebe in einer Welt der Liebe und des Mitgefühls.
- Ich umgebe mich mit positiv eingestellten Menschen.
- Meine Träume sind eine Quelle der Weisheit.
- Ich bitte um Hilfe, wenn ich Hilfe brauche.
- Ich bin bereit, mich zu verändern und weiterzuentwickeln.
- Alles, was ich habe und was ich bin, ist jederzeit geborgen und behütet.
- Ich strahle liebevolle Annahme aus und werde von anderen Menschen geliebt und akzeptiert.
- Ständig finde ich mehr über mich selbst, meinen Körper und das Leben heraus.
- Ich liebe mich!

Literaturempfehlungen

Benson, Herbert: *Gesund im Streß. Eine Anleitung zur Entspannungsreaktion*. Ullstein, Berlin 1978

Blum, Jeanne E.: *Chinesische Medizin für Frauen*. Falken, Niedernhausen 1998

Borysenko, Joan: *Feuer in der Seele*. Bauer, Freiburg 1996

Borysenko, Joan: *Das Buch der Weiblichkeit*. Kösel, München 1998

Bradshaw, John: *Das Kind in uns*. Kösel, München 1994

Brinkley, Dannion; Perry, Paul: *Zurück ins Leben*. Droemer Knaur, München 1994

Davis, Phyllis K.: *Die Kraft der Berührung*. Waldthausen, Ritterhude 1994

Dean, Amy E.: *Ruhe finden. Tägliche Meditationen für alle, die sich vom Druck des Alltags befreien wollen*. Scherz, München 1996

DeAngelis, Barbara: *Wie viele Frösche muß ich küssen? So finden Sie den richtigen Mann*. Heyne, München 1996

Diamond, Harvey und Marilyn: *Fit fürs Leben. Gesund und schlank ein Leben lang*. Goldmann, München 1998

Diamond, Harvey und Marilyn: *Fit fürs Leben. Das Kochbuch*. Goldmann, München 1998

Dyer, Wayne: *Mut zum Glück. So überwinden Sie Ihre inneren Grenzen*. Rowohlt, Reinbek 1997

Dyer, Wayne: *Wirkliche Wunder. Wie man scheinbar Unmögliches vollbringt*. Rowohlt, Reinbek 1995

Gawain, Shakti: *Gesund denken. Kreativ visualisieren*. Heyne, München 1994

Gawain, Shakti: *Die vier Stufen der Heilung*. Neuausgabe Ullstein, Berlin 2004

Jampolsky, Gerald: *Lieben heißt, die Angst verlieren*. Goldmann, München 1996

Jeffers, Susan: *Selbstvertrauen gewinnen. Die Angst vor der Angst verlieren*. Kösel, München 1998
LeShan, Lawrence: *Vom Sinn des Meditierens*. Herder, Freiburg 1997
McDonald, John: *Die Botschaft eines Meisters*. Lüchow, Freiburg 1997
Moody, Raymond: *Leben nach dem Tod*. Rowohlt, Reinbek 1977
Morgan, Marlo: *Traumfänger. Die Reise einer Frau in die Welt der Aborigines*. Goldmann, München 1995
Myss, Caroline: *Geistkörper-Anatomie. Die sieben Zentren von Kraft und Heilung*. Droemer Knaur, München 1997
Northrup, Christiane: *Frauenkörper, Frauenweisheit. Bewußt leben, ganzheitlich heilen*. Zabert Sandmann, München 1994
Norwood, Robin: *Wenn Frauen zu sehr lieben. Die heimliche Sucht, gebraucht zu werden*. Rowohlt, Reinbek 1986
Redfield, James: *Die Prophezeiungen von Celestine*. Heyne, München 1996
Rinpoche, Sogyal: *Das Tibetische Buch vom Leben und Sterben*. Scherz, München 1997
Robbins, John: *Ernährung für ein neues Jahrtausend*. Nietsch, Freiburg 1995
Sheehy, Gail: *In der Mitte des Lebens. Die Bewältigung vorhersehbarer Krisen*. Droemer Knaur, München 1992
Siegel, Bernie: *Mit der Seele heilen*. Econ, München 1995
Siegel, Bernie: *Prognose Hoffnung. Liebe, Medizin und Wunder*. Econ, München 1998
Steinem, Gloria: *Was heißt schon emanzipiert? Meine Suche nach einem neuen Feminismus*. Hoffmann und Campe, Hamburg 1993
Williamson, Marianne: *Frausein als Weg. Die Wiederentdeckung des Weiblichen*. Goldmann, München 1995
Williamson, Marianne: *Rückkehr zur Liebe*. Goldmann, München 1996
Yogananda, Paramahansa: *Autobiographie eines Yogi*. Droemer Knaur, München 1992

Hilfe zur Selbsthilfe: Adressen

Informationen über Selbsthilfegruppen und andere Hilfsangebote in Ihrer Nähe erhalten Sie in der Regel bei den örtlichen Kirchengemeinden oder in den Büros der Wohlfahrtsverbände (in Deutschland z.B. Caritas, Diakonisches Werk, Arbeiterwohlfahrt).

Damit eine rasche Orientierung auch für diejenigen möglich ist, die erstmalig den Kontakt zu einer Selbsthilfegruppe suchen, gibt es NAKOS, die Internationale Kontakt- und Informationsstelle zur Anregung und Unterstützung von Selbsthilfegruppen. NAKOS ist eine Einrichtung der Deutschen Arbeitsgemeinschaft Selbsthilfegruppen und soll als zentrale Anlaufstelle dienen, um Betroffenen den Weg dorthin zu weisen, wo Hilfe zur Selbsthilfe für sie organisiert ist.

NAKOS – Internationale Kontakt- und Informationsstelle
zur Anregung und Unterstützung von Selbsthilfegruppen
Albert-Achilles-Straße 65
D-10709 Berlin
Tel. 030-8914019

Deutsche Arbeitsgemeinschaft Selbsthilfegruppen
Friedrichstraße 33
D-35392 Gießen
Tel. 0641-74503

Bundesarbeitsgemeinschaft
Hilfe für Behinderte
Kirchfeldstraße 149
D-40215 Düsseldorf
Tel. 0211-31006-0

Al-Anon Familiengruppen-
Interessengemeinschaft e. V.
Emilienstraße 4
D-45128 Essen
Tel. 0201-773007
(Zentralbüro, bei dem Adressen
örtlicher Al-Anon-Gruppen
erfragt werden können)

AIDS:
Deutsche Aids-Hilfe
Dieffenbachstraße 33
D-10967 Berlin
Tel. 030-690087-0

ALKOHOL:
Anonyme Alkoholiker
Interessengemeinschaft
Lotte-Branz-Straße 14
D-80939 München
Tel. 089-3164343

ANOREXIE, BULIMIE:
Aktionskreis Ess- und Magersucht Cinderella
Westendstraße 35
D-80339 München
Tel. 089-5021212

DROGEN:
Bundesverband der Elternkreise drogengefährdeter und drogenabhängiger Jugendlicher
Köthener Straße 38
D-10963 Berlin
Tel. 030-5567020

KREBS:
Deutsche Krebshilfe
Thomas-Mann-Straße 40
D-53004 Bonn
Tel. 0228-72990-0
Fax 0228-72990-11

Förderkreis Krebskranke Kinder
Büchsenstraße 22
D-70174 Stuttgart
Tel. 0711-297356
Fax 0711-294091

SCHULDEN:
Bundesarbeitsgemeinschaft Schuldnerberatung
Wilhelmstraße 11
D-34117 Kassel
Tel. 0561-771093

SPIELSUCHT:
Aktion Glücksspiel
Venloer Straße 865
D-50827 Köln
Tel. 0171-8348985

SUCHT:
Hilfe zur Selbsthilfe Suchtkranker
und Suchtgefährdeter
Schubertstraße 17
D-69214 Eppelheim
Tel. 06221-767655

Kreuzbund
Selbsthilfe- und Helfergemeinschaft
für Suchtkranke und deren Angehörige
Münsterstraße 25
D-59065 Hamm
Tel. 02381-67272-0

Telefon-Notruf für Suchtgefährdete
Tal 19
D-80331 München
Notrufnummer 089-282822
Tel. 089-222822
Fax 089-225096